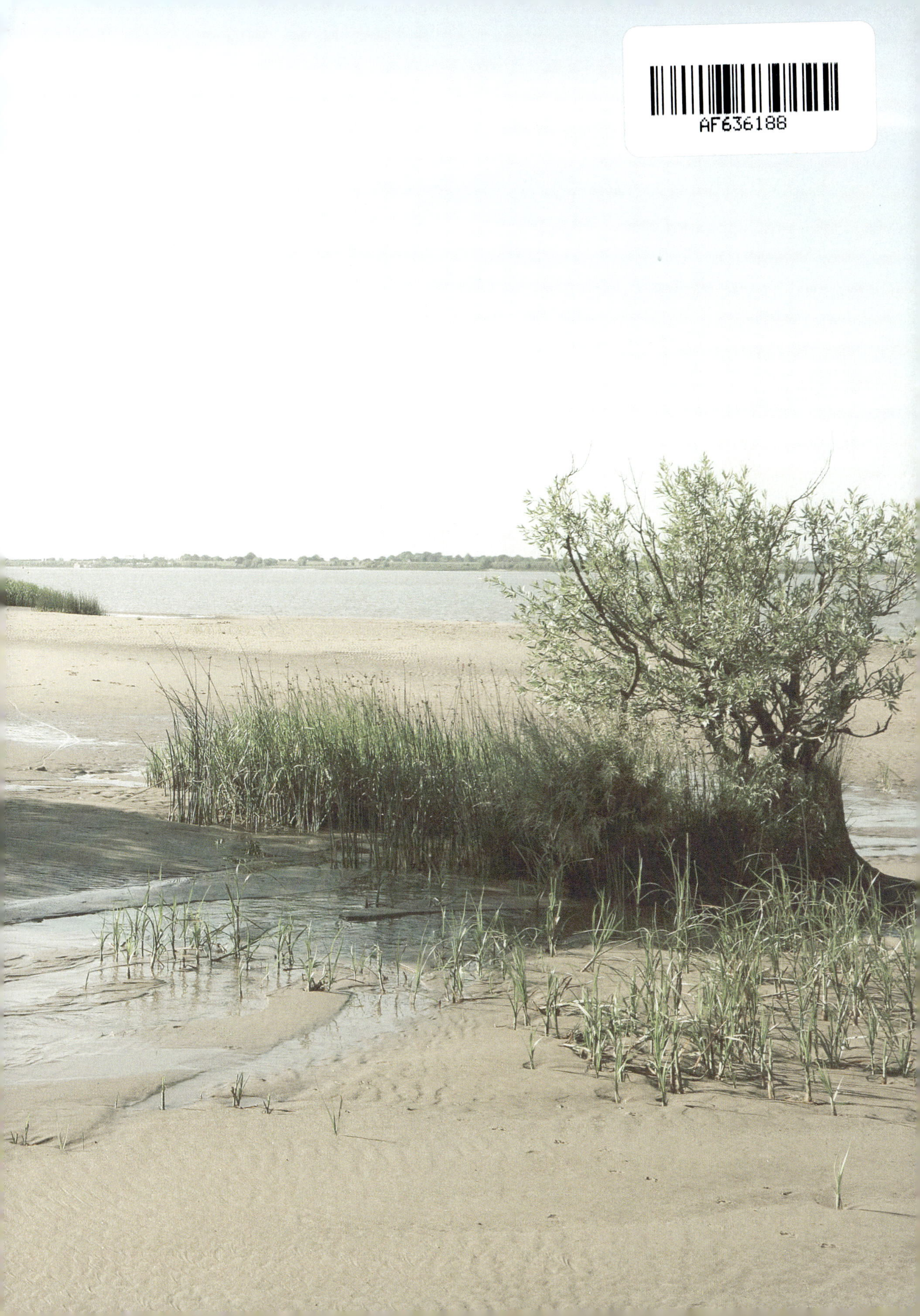

CLAUDIA LAERMANN

Pullover, Accessoires, Jacken

STRICKEN MIT KASCHMIR

EDEL, LUXURIÖS & STILVOLL

CV

INHALT

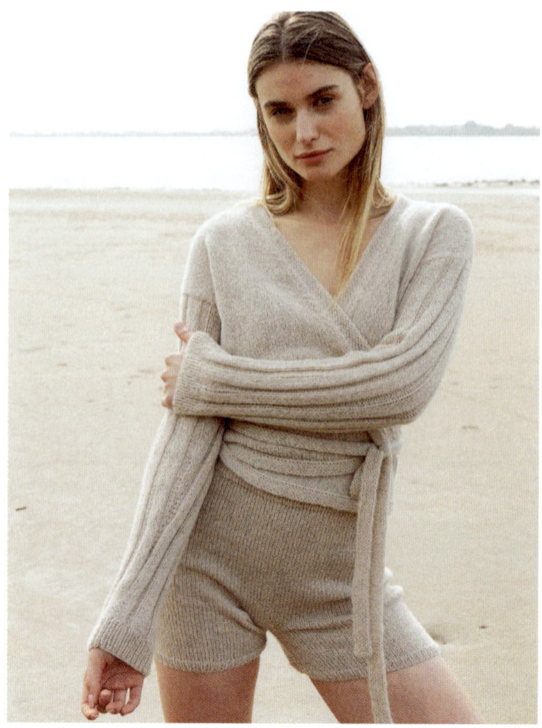

Cocooning Seiten 14–31

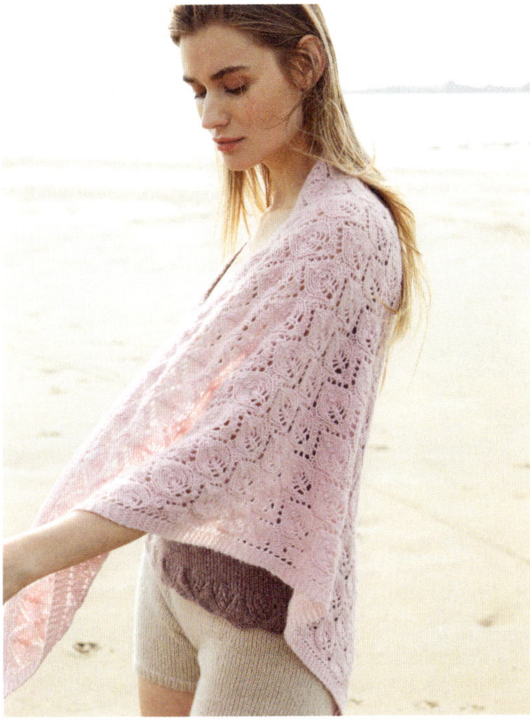

Flattering Seiten 32

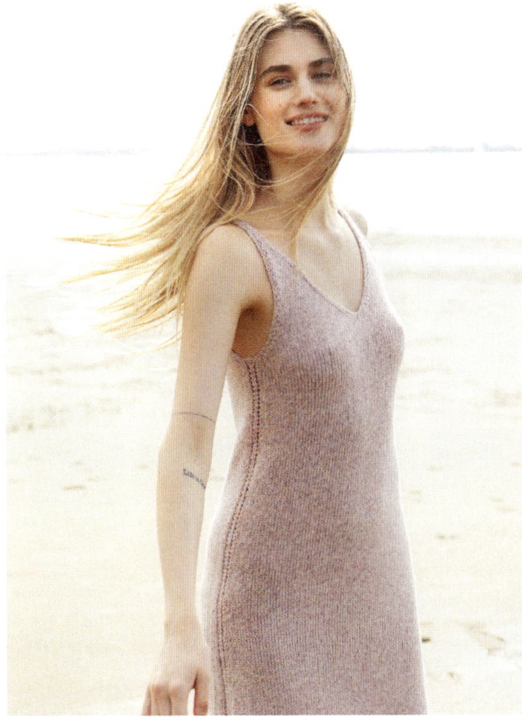

Seducing Seite 44

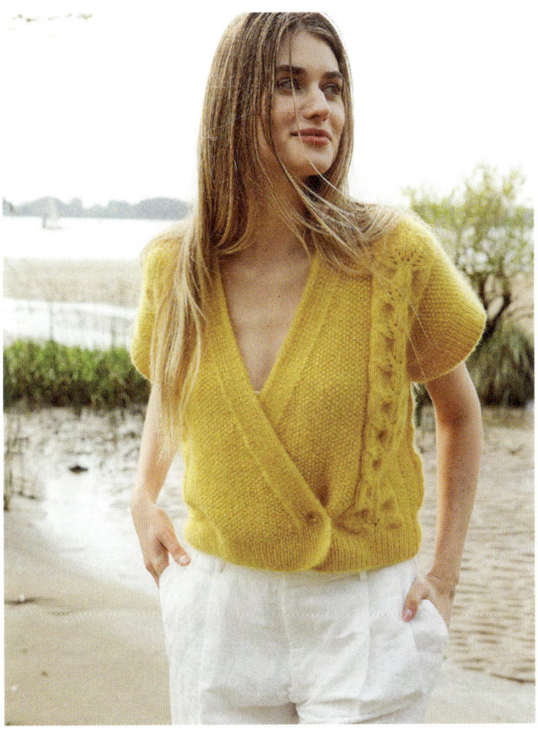

Blooming Seite 56

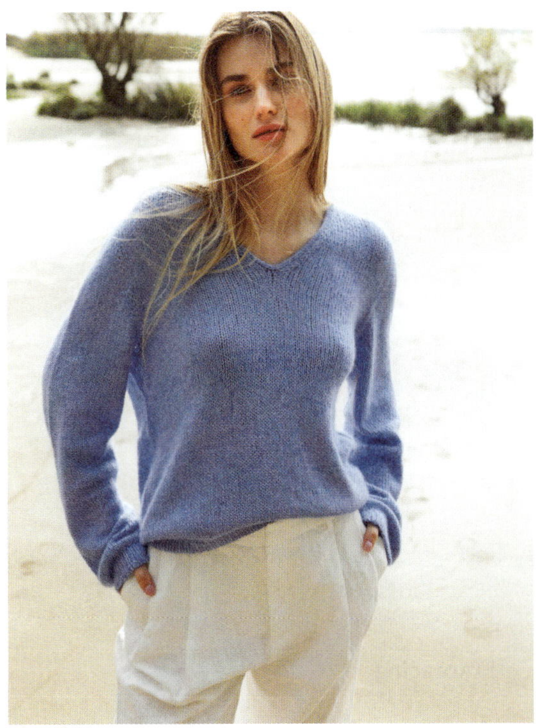

Simplifying Seite 64

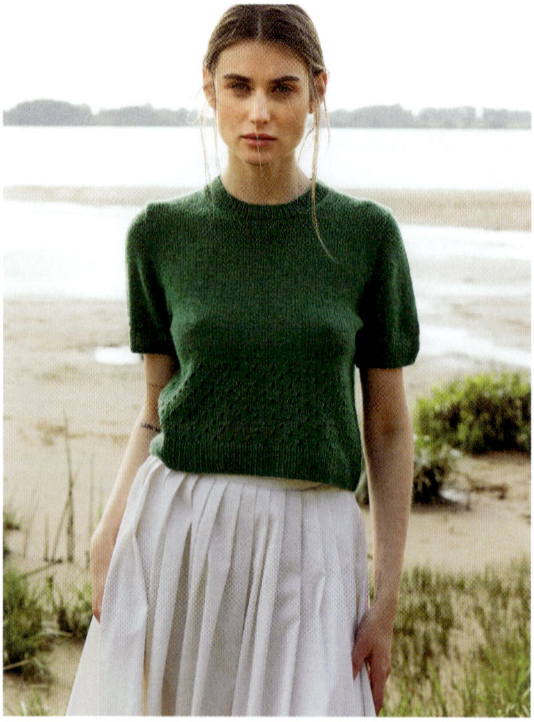

Charming Seite 72

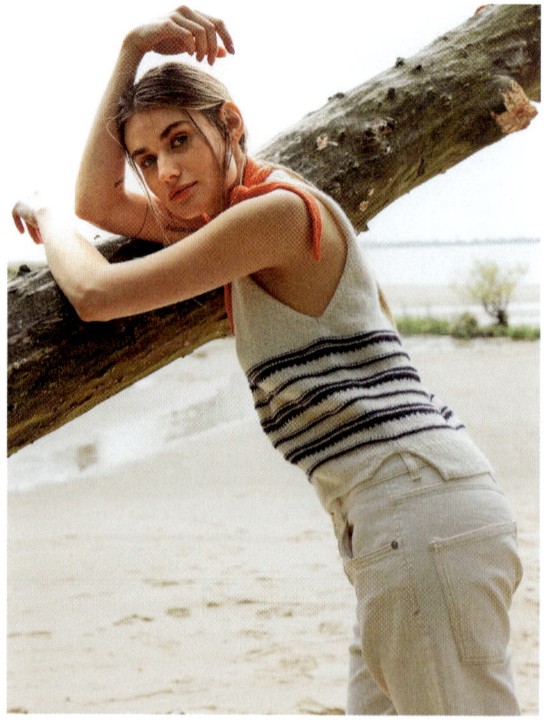

Attracting Seiten 82–93

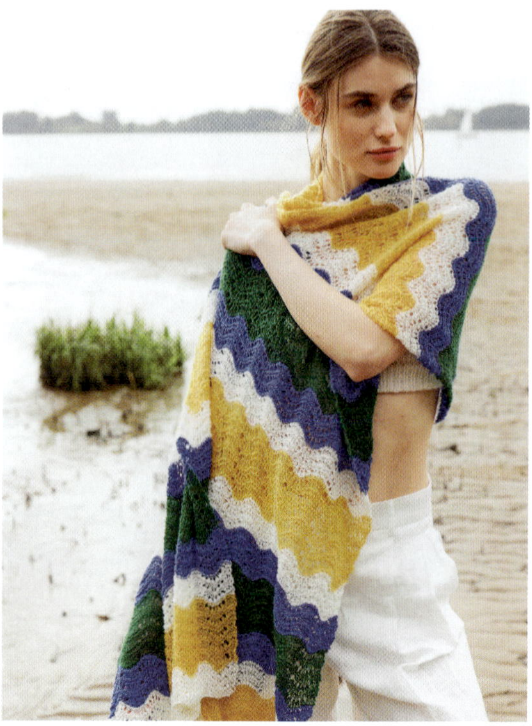

Embracing Seite 94

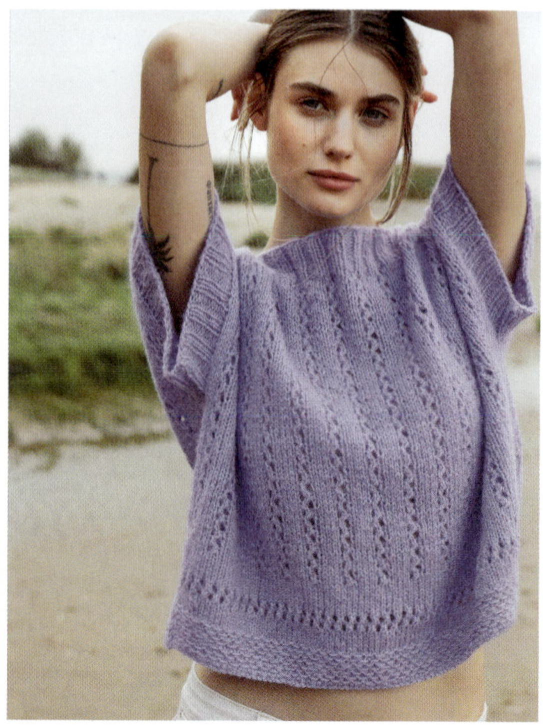

Enjoying Seite 100

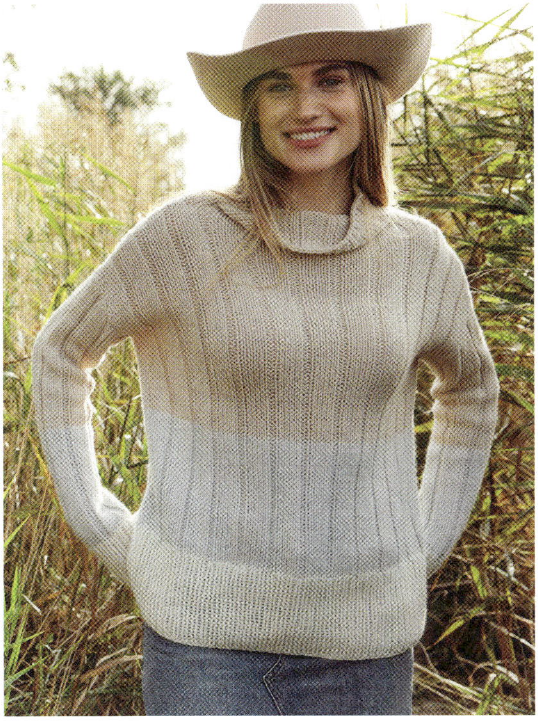

Loving Seiten 106

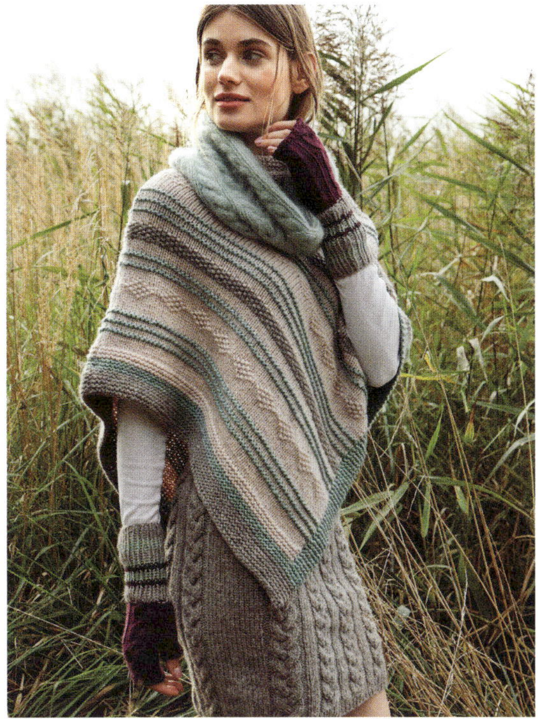

Warming Seiten 112

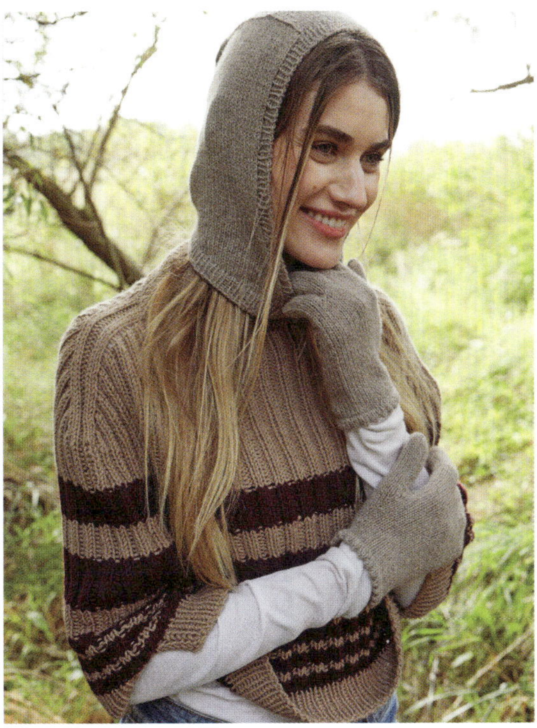

Protecting Seiten 136

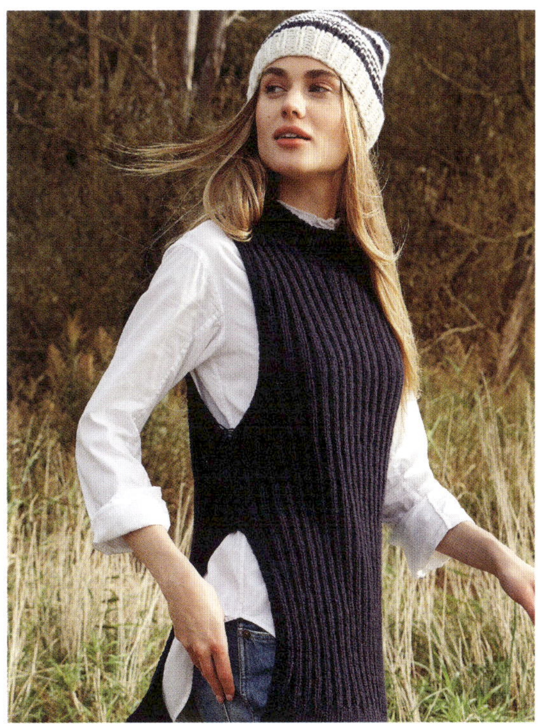

Empowering Seiten 150

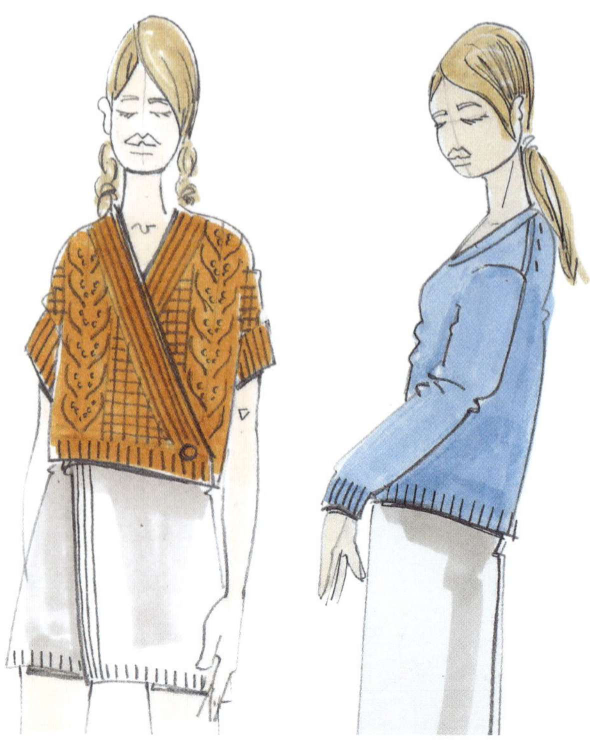

VORWORT

Kein anderes Garn ist so zart und samtig weich, so leicht und wärmend wie Kaschmir. Kein anderes Garn vermittelt so sehr das Gefühl von Luxus. Schon im alten Rom, zu Zeiten Julius Cäsars, galt es als Zeichen von Feinsinn und zeugte von Standesbewusstsein, edlen Kaschmir zu tragen.

In der Mode gelang dem Kaschmir 1937 der Durchbruch, als Lana Turner in dem Film »They won't forget« einen engen schwarzen Kaschmirpulli trug.

Mit den Modellen dieses Buchs möchte ich unterstreichen, dass Kaschmir sowohl im Frühjahr als auch im Herbst bzw. Winter einsetzbar ist, zum wohligen Einkuscheln in cremigen Sand-Rosé-Tönen, als federleichte Umarmung in frischen Farben des Frühjahrs oder als schützende Hülle in kühlen Erdtönen. Bei allen Modellen war es mir ein Anliegen, dass das Garn im Vordergrund steht, um die Qualität und die Charakteristik dieses wunderbaren Materials bestmöglich in Szene zu setzen.

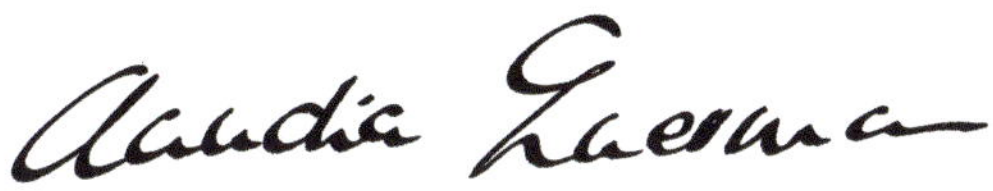

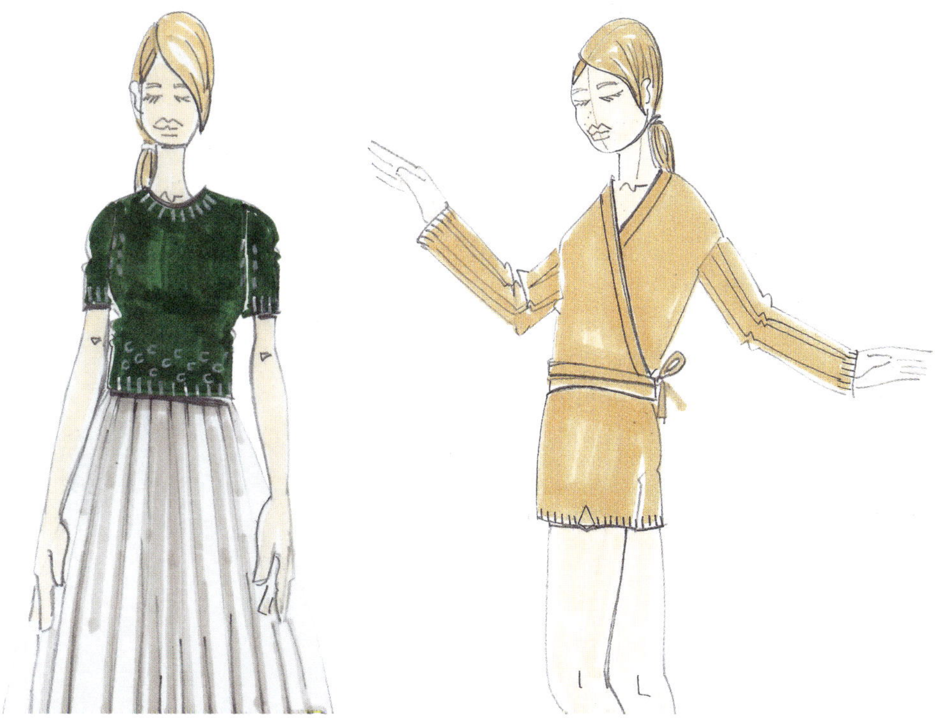

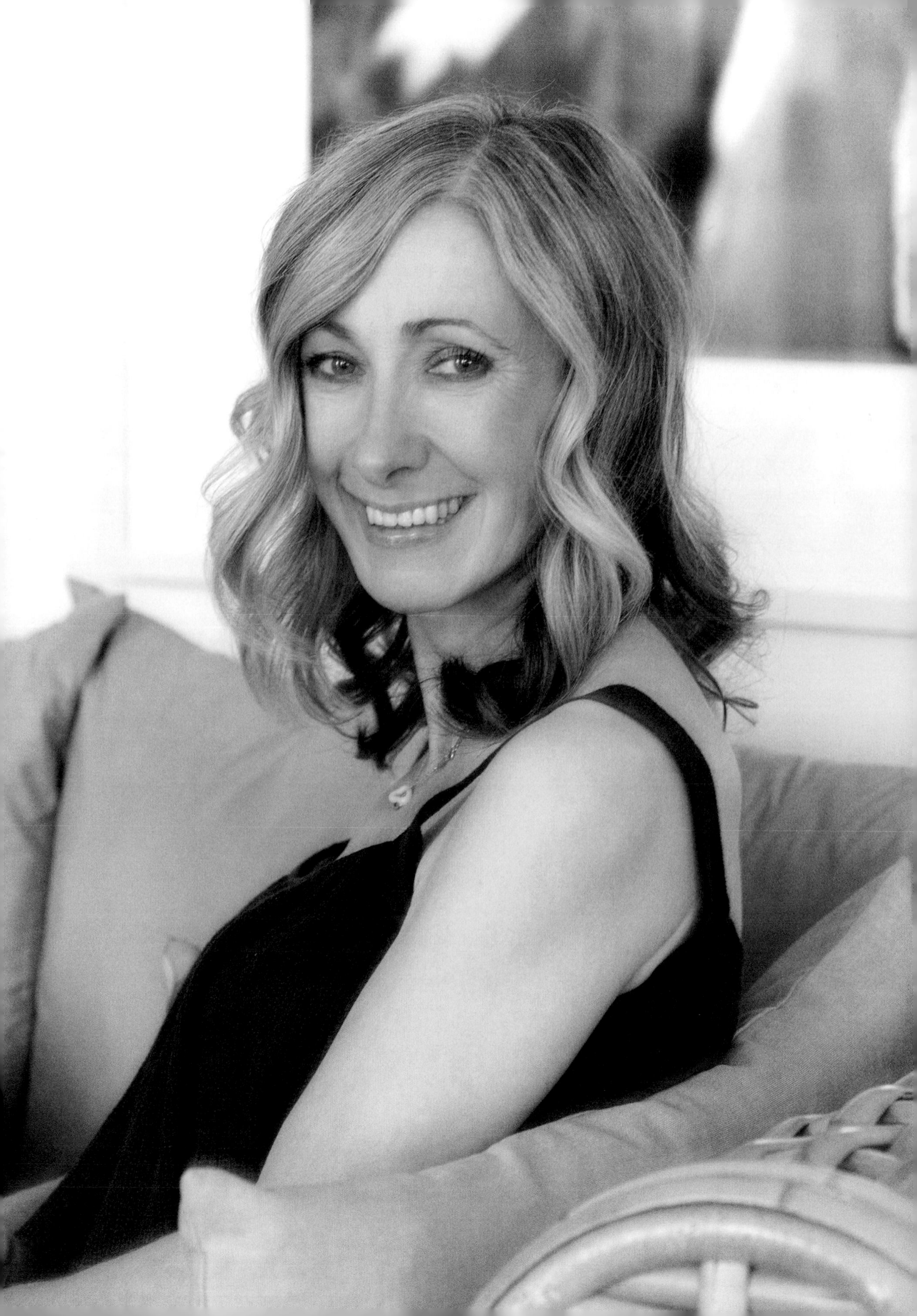

ÜBER DIE AUTORIN

Wie sind Sie zum Strickdesign gekommen?

Claudia Laermann Übers Zeichnen kam ich zur Mode und von dort zum Strickdesign. Ich habe schon als Teenager viel gestrickt, denn ich war zierlich, meine Größe gab es praktisch nur in der Kinderabteilung. Mir gefielen aber die Looks, die in Modezeitschriften wie Brigitte gezeigt wurden, und die habe ich mir dann auf den Leib gestrickt. Aus dieser Zeit stammt meine Liebe zu Garn und Nadeln, mein Fokus war aber das Zeichnen und Fashion. Deshalb studierte ich Modedesign in Hamburg, im Nebenjob hatte ich jedoch schon mit Handarbeit zu tun: für die Kreativ-Zeitschrift Nicole fertigte ich die Modezeichnungen für den Anleitungsteil anhand der fertigen Modelle, da kam mir meine Handstrickerfahrung zugute. Nach dem Studium fing ich bei Jil Sander als Assistentin an, in dem damals noch kleinen Team war ich vor allem für Modezeichnungen zuständig. Dann fragte mich Jil Sander, ob ich mir Gedanken über Strick machen wollte. High Fashion mit sehr hohem Qualitätsanspruch, maschinell aus superhochwertigen Materialien gestrickt, gehörte danach für viele Jahre zu meinem Job. Als der Hamburger Standort der Marke aufgelöst wurde, habe ich mich selbstständig gemacht, für Labels wie Wunderkind von Wolfgang Joop, Iris von Arnim oder Prada als freie Designerin gearbeitet und auch eine eigene Kollektion vorgestellt. Als die Redaktion von Brigitte wieder mehr zum Thema Handstrick gemacht hat, habe ich dort eigene Designs angeboten. Das hat sich nach und nach weiterentwickelt, und heute beschäftige ich mich überwiegend mit Entwürfen für Garnfirmen, Handarbeitszeitschriften und eigenen Strickbüchern.

Was macht für Sie gutes Handstrickdesign aus?

Claudia Laermann Es müssen wertige Kleidungsstücke dabei herauskommen, die man gern und viel trägt und in denen man sich wohl- und gut gekleidet fühlt. Um solche viel getragenen Lieblingsstücke zu kreieren, muss die Kombination von Garn, Muster, Schnitt und die daraus resultierende Passform stimmig sein. Mein Ziel ist alltagstaugliche, gut sitzende Mode, tragbar und gleichzeitig interessant und up to date.

Wie beschreiben Sie Ihren Stil?

Claudia Laermann Natürlich hat mich meine Zeit mit Jil Sander geprägt, auch bei mir steht nicht das Muster im Vordergrund, sondern das Modell, dessen Aussage, Verarbeitung und Passform. Ein hoher Qualitätsanspruch und die minimalistische Ausprägung sind geblieben, wobei ich glaube, dass meine Entwürfe ein klein wenig femininer sind, und natürlich kommt der Charakter des Handgestrickten dazu. Außerdem bin ich nicht mehr so extrem perfektionistisch, das bringt das Selberstricken mit sich. Ich denke noch immer eher in Kollektionen als in Einzelstücken. Die Zusammenstellung der Modelle genauso wie jeder einzelne Look sind mir wichtig, daher gibt es in diesem Buch auch viele Accessoires, die ein Outfit ergänzen.

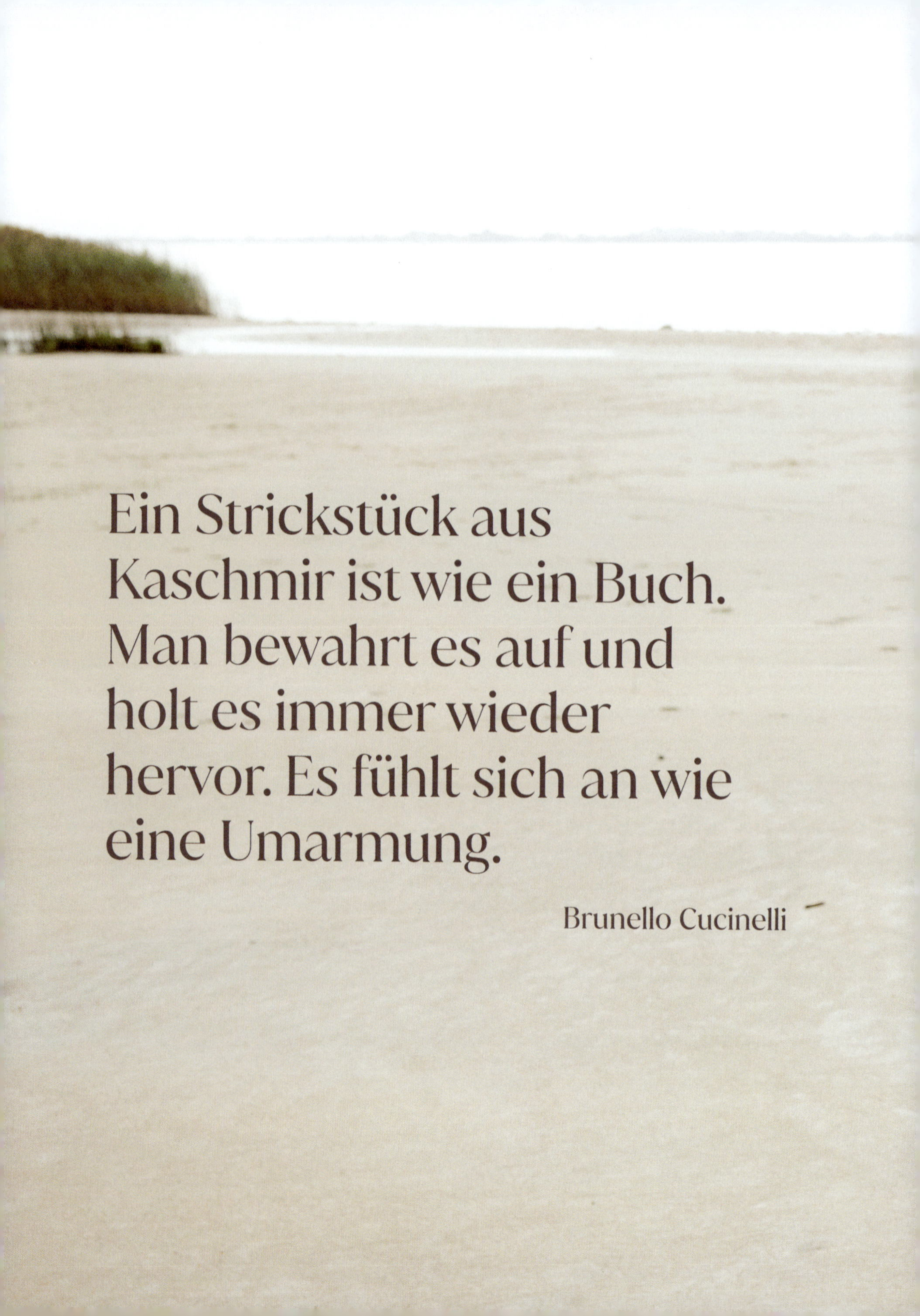

Ein Strickstück aus Kaschmir ist wie ein Buch. Man bewahrt es auf und holt es immer wieder hervor. Es fühlt sich an wie eine Umarmung.

Brunello Cucinelli

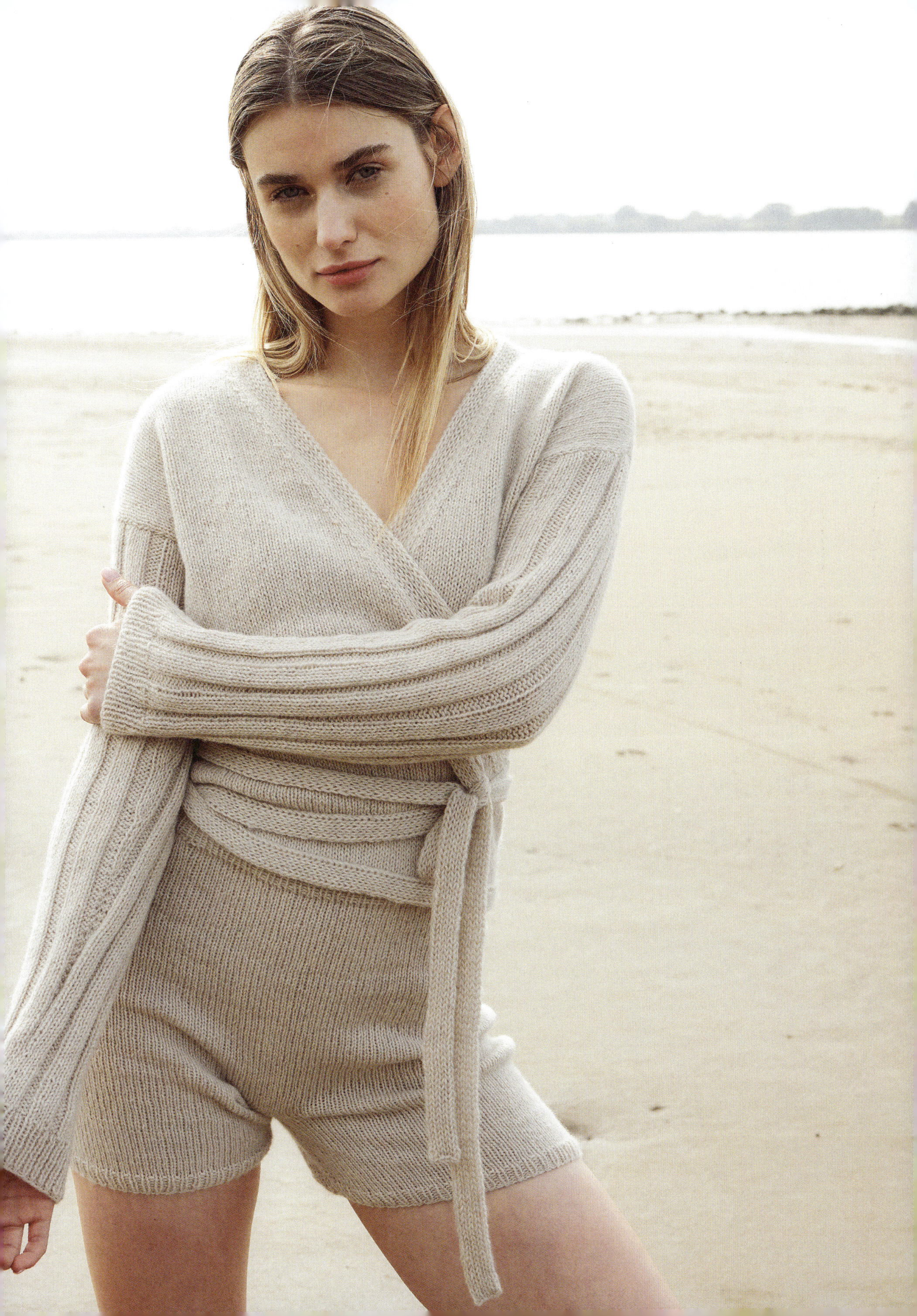

Wickeljäckchen

34/36, 38/40, 42/44 und 46/48

Die Angaben für die kleinste Größe stehen vor der Klammer, die für die größeren Größen aufsteigend in den Klammern. Einzelne Angaben gelten für alle Größen.

Schwierigkeitsgrad

mittel

Material

Schulana Cashmere fine
100 % Cashmere, davon 51 % recycled
LL = 92,5 m/25 g
350 (375/400/425) g Beige (Fb 2)

Stricknadeln 4,5 mm und 4 mm
zusätzlich 1 Nadel eines Nadelspiels 4 mm

Maschenproben

Glatt rechts mit Nadel 4,5 mm:

20 Maschen und 30 Reihen = 10 cm × 10 cm

Rippenmuster mit Nadel 4,5 mm:

22 Maschen und 30 Reihen = 10 cm × 10 cm

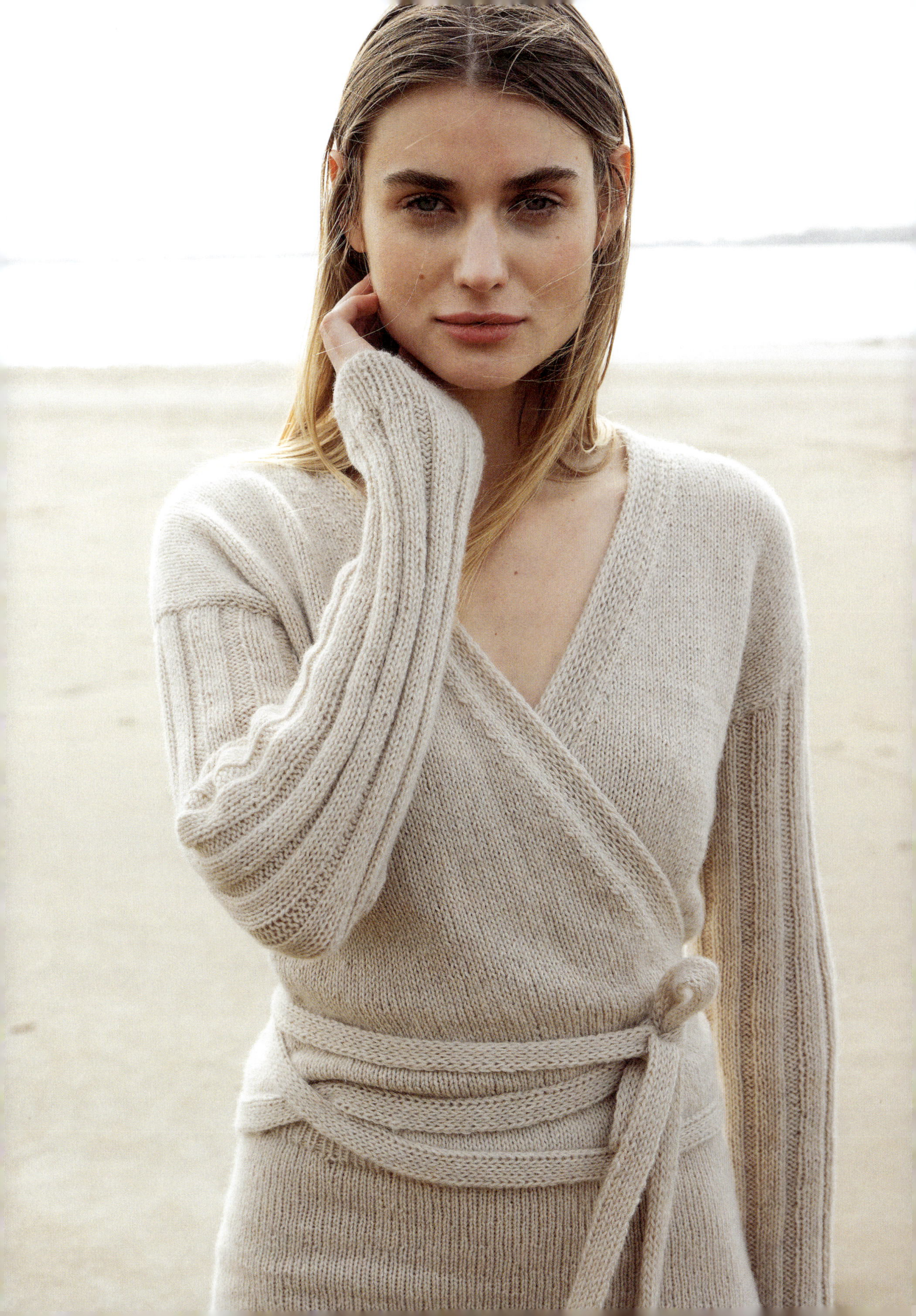

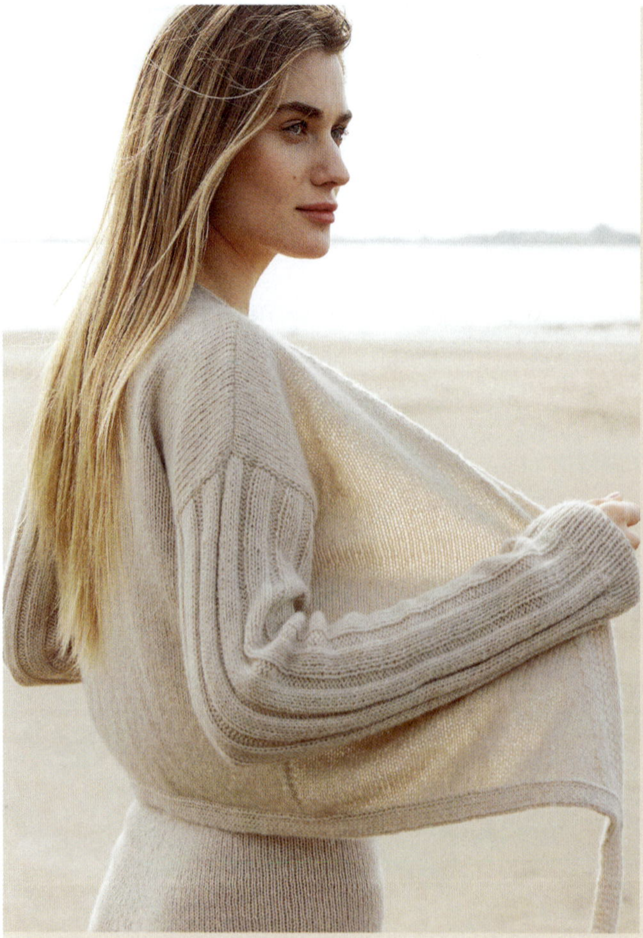

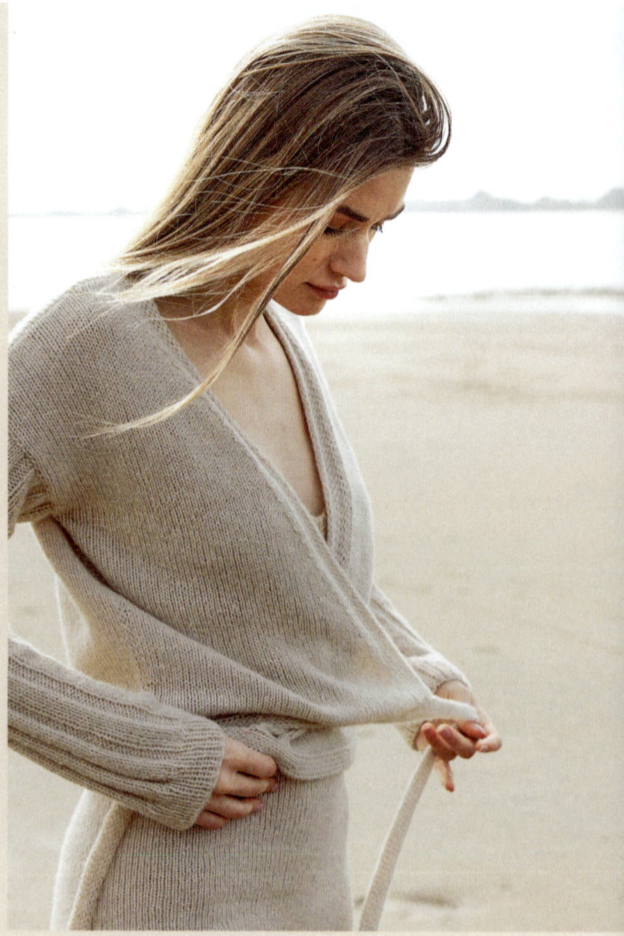

Muster und Maschen

Glatt rechts

In Hinreihen rechte M, in Rückreihen linke M stricken. In Runden stets rechte M stricken.

Rippenmuster (Ärmel)

In den Hinreihen: 4 M rechts, 3 M links im Wechsel stricken.

In den Rückreihen: die M stricken, wie sie erscheinen.

Die Anleitung beschreibt die Einteilung der M.

Bündchenmuster

In den Hinreihen: 1 M rechts, 1 M links im Wechsel stricken.

In den Rückreihen: die M stricken, wie sie erscheinen.

Doppelstrick (vordere Blende) *

In den Hinreihen: 1 M rechts, 1 M links im Wechsel stricken.

In den Rückreihen: die linken M mit dem Faden VOR der Arbeit wie zum Linksstricken abheben, die rechten M rechts stricken.

** Hinweis: damit sich die angestrickte Blende nicht verzieht, nur die Rückreihen mit Hebemaschen arbeiten.*

Doppelstrick (Bindeband und untere Blende)

In den Hinreihen: 1 M rechts, 1 M links im Wechsel stricken.

In allen folgenden Hin- und Rückreihen: die linken M mit dem Faden VOR der Arbeit wie zum Linksstricken abheben, die rechten M rechts stricken.

Doppelte Randm

Am rechten Rand: in Hin- und Rückreihen jeweils 1 M rechts, 1 M mit dem Faden VOR der Arbeit wie zum Linksstricken abheben.

Am linken Rand: in Hin- und Rückreihen jeweils 1 M mit dem Faden VOR der Arbeit wie zum Linksstricken abheben, 1 M rechts.

Nahtrandm

In Hin- und Rückreihen rechts stricken.

So wird's gemacht

Die Wickeljacke wird von unten nach oben gestrickt. Dazu werden zunächst Maschen für die untere Kante des Rückenteils angeschlagen und gerade hochgestrickt, später werden Maschen für den rückwärtigen Halsausschnitt und die Schulterschrägen abgekettet. Dann werden die Vorderteile gearbeitet, die vordere Blende wird angestrickt, die Blendenmaschen werden nach Beendigung der Schulterschrägen weiter hochgestrickt, anschließend mit den Blendenmaschen des zweiten Vorderteils verbunden und an den rückwärtigen Halsausschnitt genäht. Die Ärmel werden ebenfalls von unten nach oben gearbeitet. Wenn alle Nähte geschlossen sind, wird das Bindeband gefertigt und an die untere Kante von Vorderteilen und Rückenteilen gestrickt.

Rückenteil

90 (98/106/114) M mit Nadel 4,5 mm anschlagen und glatt rechts stricken. Für die **Seitenschrägen** an beiden Seiten 4× in jeder 20. Reihe je 1 M zunehmen = 98 (106/114/122) M. Weiter glatt rechts stricken.

In einer Höhe von 44,5 (45,5/46,5/47,5) cm für den rückwärtigen Halsausschnitt die mittleren 20 M abketten und beide Seiten getrennt fertigstellen, dabei an der Halsausschnittseite jeweils in jeder 2. Reihe 1× 5 M und 1× 4 M abketten.

Gleichzeitig in einer Höhe von 45 cm (46/47/48) cm für die **Schulterschrägung** am Strickrand in jeder 2. Reihe 3× 10 M (2× 11 M und 1× 12 M / 2× 9 M und 2× 10 M / 2× 10 M und 2× 11 M) abketten und die andere Seite gegengleich arbeiten.

Linkes Vorderteil

74 (80/86/92) M mit Nadel 4,5 mm anschlagen und die M einteilen: 63 (69/75/81) M rechts, für die Blende 9 M Doppelstrick, Doppelte Randm.

Die **Seitenschrägen am rechten Rand** wie beim Rückenteil arbeiten.

Gleichzeitig für die **Seitenschräge am linken Rand** 5× (7×/9×/11×) in jeder 2. Reihe und 32× in jeder 4. Reihe je 1 M abnehmen: bis 3 M vor den Blendenm stricken, 2 M rechts zusammenstricken, 1 M rechts, 11 Blendenm (= 9 M Doppelstrick und Doppelte Randm) = 41 (45/49/53) M.

In einer Höhe von 45 (46/47/48) cm die **Schulterschrägen** wie beim Rückenteil arbeiten. Anschließend die 11 Blendenm noch über 9 cm weiterstricken, dabei an der Schulterseite 1 M dazu anschlagen und als Nahtrandm arbeiten = 12 M. Dann die M stilllegen.

Rechtes Vorderteil

Gegengleich zum linken Vorderteil arbeiten. Die Abnahmen als Überzug stricken.

Ärmel

62 M mit Nadel 4 mm anschlagen und 4 cm im Bündchenmuster stricken. Dann zu Nadel 4,5 mm wechseln und im Rippenmuster weiterarbeiten. Für die Armschrägen an beiden Seiten 9× in jeder 14. Reihe (11× in jeder 12. Reihe / 13× in jeder 10. Reihe / 15× in jeder 8. Reihe) 1 M zunehmen und in das Rippenmuster integrieren = 80 (84/88/92) M. In einer Höhe von 50 cm ab Anschlag alle M abketten.

Fertigstellen

Die Schulternähte schließen. Die stillgelegten M der Blende im Maschenstich schließen, dann die Blende an den hinteren Halsausschnitt nähen. Die Ärmel einsetzen, dann Ärmel- und Seitennähte schließen. Aus dem unteren Rand von Vorder- und Rückenteil 232 (236/240/244) M mit Nadel 4 mm aufnehmen, dann die M stilllegen.

Für die Bindebänder 9 M anschlagen und ca. 95–100 cm wie beschrieben im Doppelstrick arbeiten. Dann das Bindeband mit den M aus der unteren Kante verbinden: in den Hinreihen 8 M im Doppelstrick, 1 M wie zum Rechtsstricken abheben, die 1. stillgelegte M rechts verschränkt stricken und die abgehobene M überziehen, in den Rückreihen alle M im Muster stricken. Die beiden Reihen so oft wiederholen, bis alle stillgelegten M aufgebraucht sind. Dann das Bindeband an der anderen Kante wieder über 9 M ca. 95–100 cm lang arbeiten. Anschließend die M abketten.

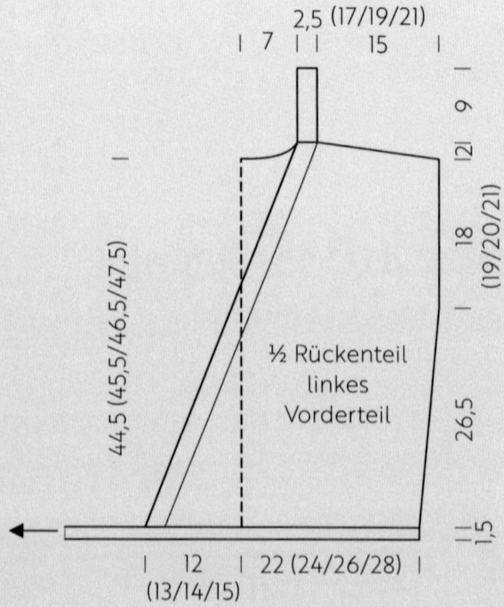

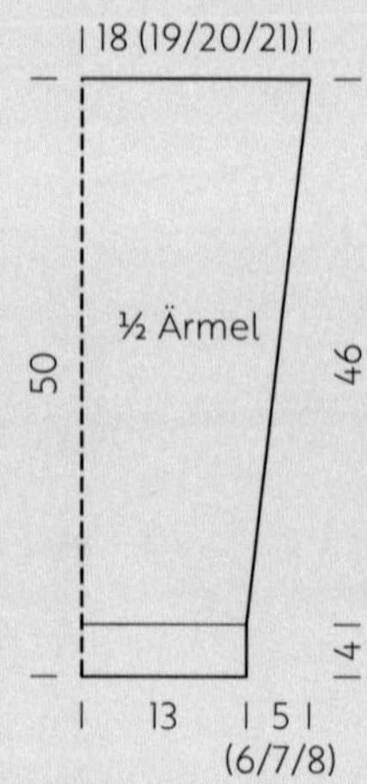

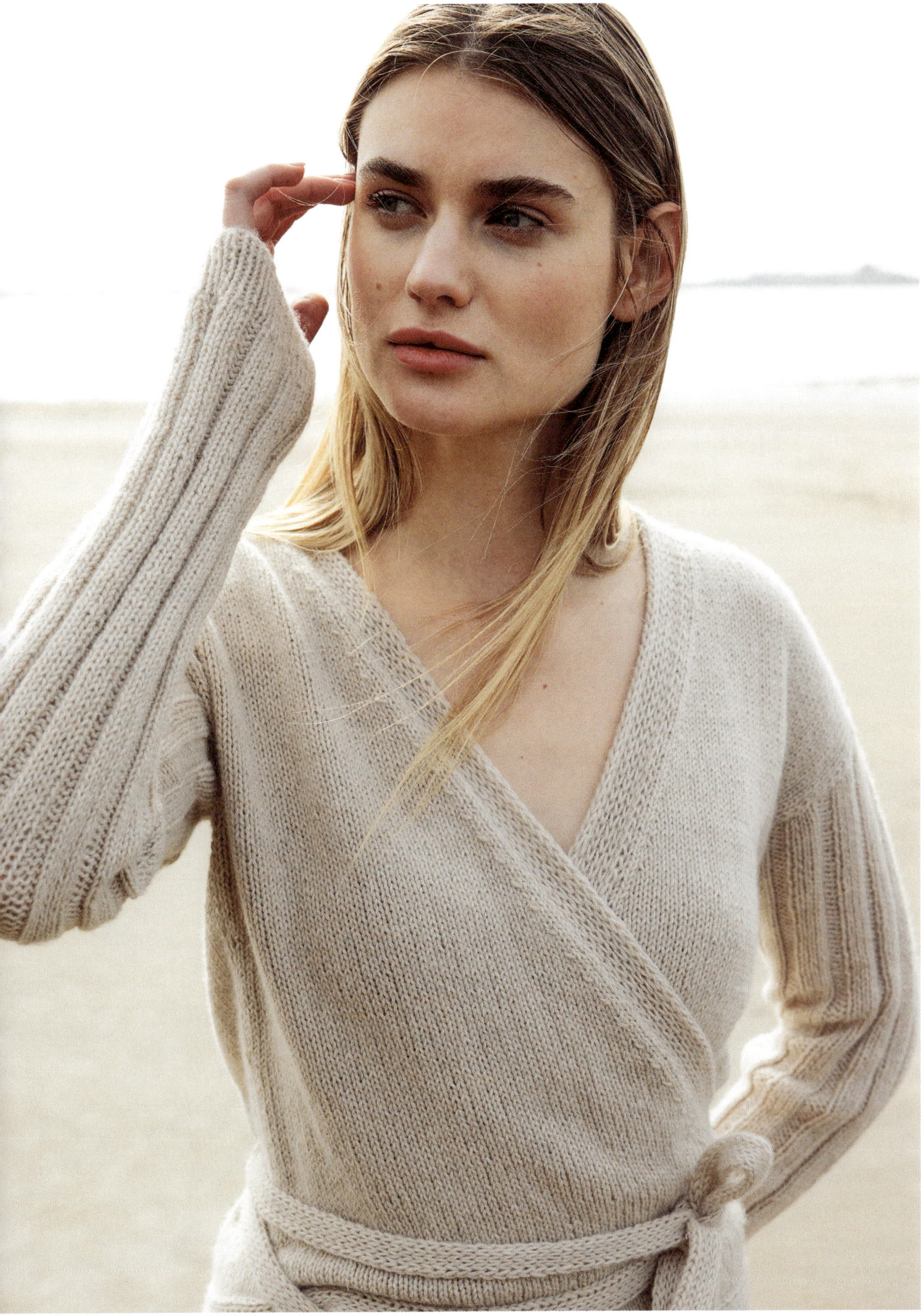

Shorts

34/36, 38/40 und 42/44

Die Angaben für die kleinste Größe stehen vor der Klammer, die für die beiden größeren Größen aufsteigend in den Klammern. Einzelne Angaben gelten für alle Größen.

Schwierigkeitsgrad

fortgeschritten

Material

Schulana Cashmere fine
100 % Cashmere, davon 51 % recycled
LL = 92,5 m/25 g
150 (175/200) g Beige (Fb 2)

je eine Rundstricknadel 4 mm und 3,5 mm

Maschenprobe

Glatt rechts mit Nadel 4 mm:

22 Maschen und 32 Reihen = 10 cm × 10 cm

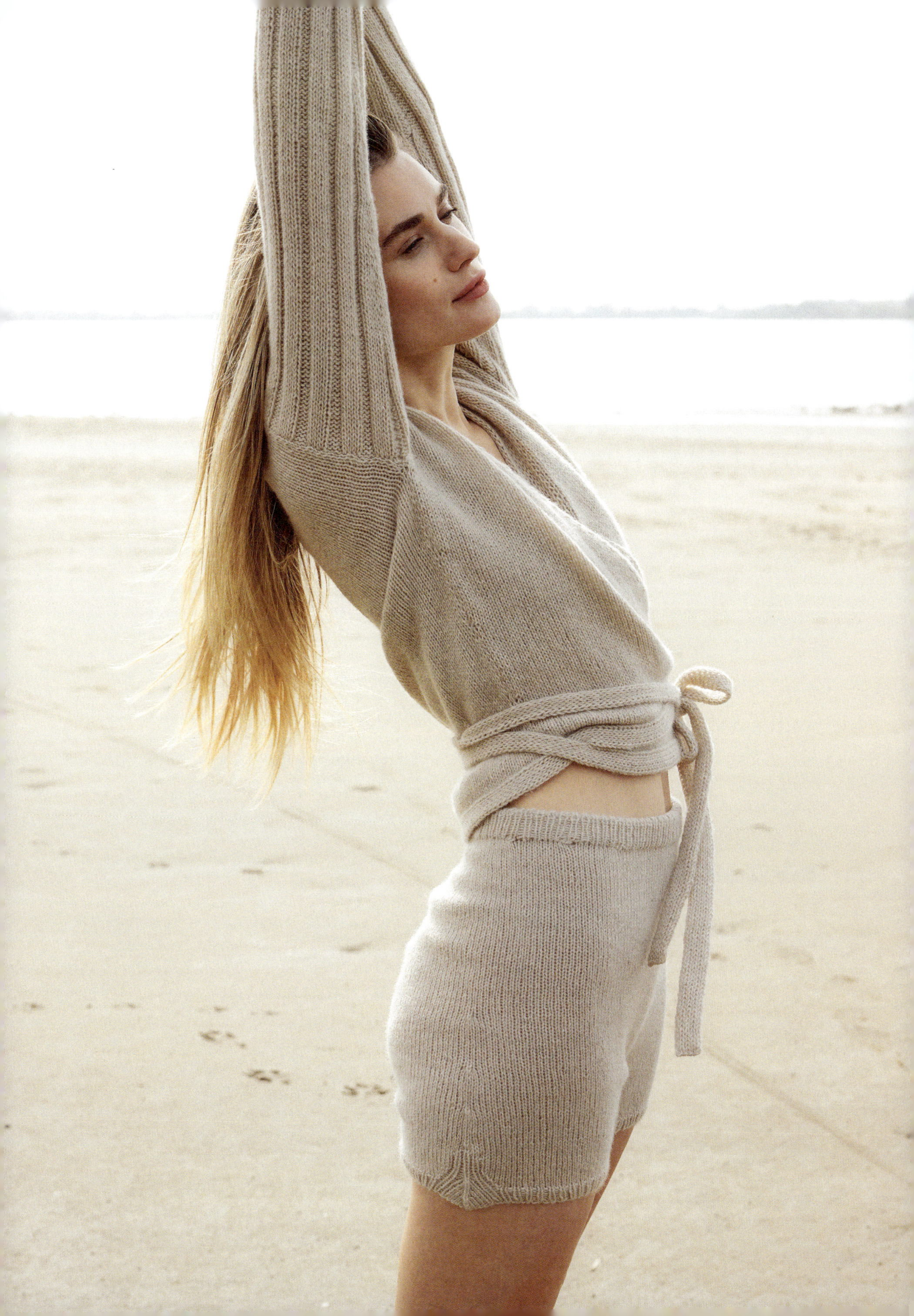

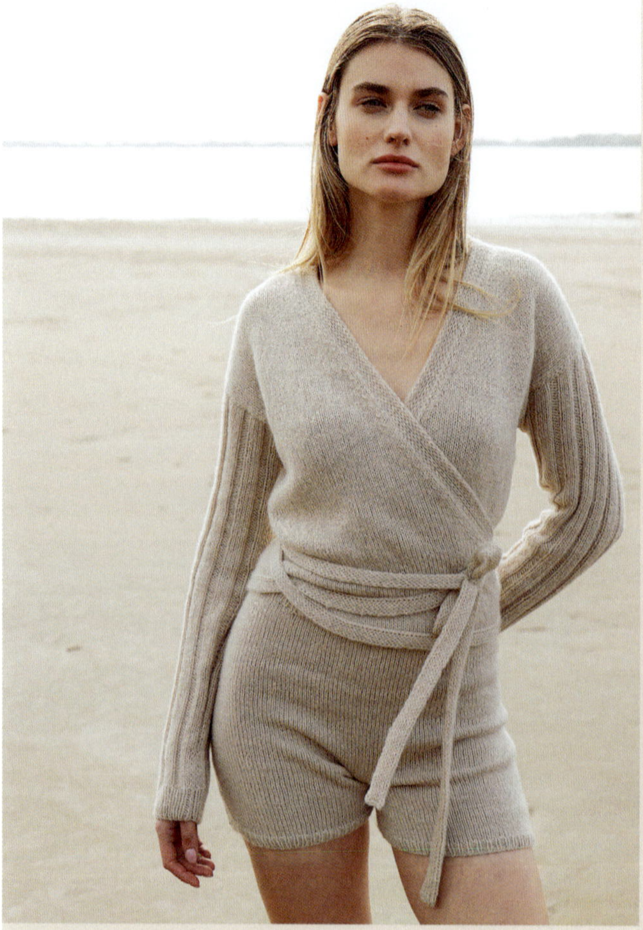

Muster und Maschen

Glatt rechts

In Hinreihen rechte M, in Rückreihen linke M stricken. In Runden stets rechte M stricken.

Bündchenmuster

1 M rechts, 1 M links im Wechsel stricken.

1 rechtsgeneigte Zunahme

Den Querfaden zwischen 2 M von hinten nach vorne aufnehmen und mustergemäß rechts oder links stricken.

1 linksgeneigte Zunahme

Den Querfaden von vorne nach hinten aufnehmen und mustergemäß rechts verschränkt oder links verschränkt stricken.

So wird's gemacht

Die Shorts werden von unten nach oben gearbeitet. Zunächst werden die beiden Hosenbeine separat in Reihen bis zur Schrittnaht gestrickt. Nach den Zunahmen für die Schrittnaht werden die Maschen auf einer Rundstricknadel zusammengefasst und in Runden weitergearbeitet.

Linkes Hosenbein

122 (126/130) M mit Nadel 4 mm anschlagen.

1. Reihe (Hinreihe): 55 (57/59) M im Bündchenmuster stricken, dabei mit Randm, 1 M rechts, 1 M links beginnen und mit 1 M rechts, 1 M links enden, 11 M rechts, 56 (58/60) M im Bündchenmuster, dabei mit 1 M links, 1 M rechts beginnen und mit 1 M links, 1 Randm enden.

2. Reihe (Rückreihe) und alle folgenden Rückreihen: die M stricken, wie sie erscheinen.

3. Reihe (Hinreihe): 55 (57/59) M im Bündchenmuster, 4 M rechts, 2 M mit aufliegender Mittelmasche abnehmen (2 M zusammen wie zum Rechtsstricken abheben, 1 M rechts, die beiden abgehobenen M überziehen, siehe Seite 167), 4 M rechts, 56 (58/60) M im Bündchenmuster = 120 (124/128) M.

5. Reihe (Hinreihe): 55 (57/59) M im Bündchenmuster, 3 M rechts, 2 M mit überzogener Mittelmasche abnehmen, 3 M rechts, 56 (58/60) M im Bündchenmuster = 118 (122/126) M.

7. Reihe (Hinreihe): 52 (54/56) M rechts, 1 linksgeneigte rechte Zunahme, 1 MM einhängen, 1 M links, 1 M rechts, 1 M links, 2 M rechts, 2 M mit überzogener Mittelmasche abnehmen, 2 M rechts, 1 M links, 1 M rechts, 1 M links, 1 rechtsgeneigte rechte Zunahme, 53 (55/57) M rechts.

9. Reihe (Hinreihe): bis zum MM rechts, 1 linksgeneigte rechte Zunahme, den MM abheben, 1 M links, 1 M rechts, 1 M links, 1 M rechts, 2 M mit überzogener Mittelmasche abnehmen, 1 M rechts, 1 M links, 1 M rechts, 1 M links, 1 rechtsgeneigte rechte Zunahme, alle übrigen M rechts.

11. Reihe (Hinreihe): bis zum MM rechts, 1 linksgeneigte rechte Zunahme, den MM abheben, 1 M links, 1 M rechts, 1 M links, 2 M mit überzogener Mittelmasche abnehmen, 1 M links,

1 M rechts, 1 M links, 1 rechtsgeneigte rechte Zunahme, alle übrigen M rechts.

13. Reihe (Hinreihe): bis zum MM rechts, 1 linksgeneigte rechte Zunahme, den MM abheben, 1 M links, 1 M rechts, 1 M links, 1 M rechts, 1 M links, 1 M rechts, 1 M links, 1 rechtsgeneigte rechte Zunahme, alle übrigen M rechts = 120 (124/128) M.

15. Reihe (Hinreihe): bis zum MM rechts, 1 linksgeneigte rechte Zunahme, den MM abheben, 1 M links, 1 M rechts, 1 M links, 1 M rechts, 1 M links, 1 M rechts, 1 M links, 1 rechtsgeneigte rechte Zunahme, alle übrigen M rechts = 122 (126/130) M.

17. Reihe (Hinreihe): bis zum MM rechts, den MM abheben, 1 M links, 1 M rechts, 1 M links, 1 M rechts, 1 M links, 1 M rechts, 1 M links, alle übrigen M rechts.

19. Reihe (Hinreihe): 59 (61/63) M rechts, dabei den MM entfernen, 1 M links, 1 M rechts, 1 M links, den MM neu einhängen, 60 (62/64) M rechts.

21. Reihe (Hinreihe): alle M glatt re stricken.

23. Reihe (Hinreihe): bis 3 M vor dem MM rechts, 2 M mit überzogener Mittelmasche abnehmen, den MM abheben, 1 M rechts, den MM einhängen, alle übrigen M rechts = 120 (124/128) M.

24.–34. Reihe: alle M glatt re stricken.

35. Reihe (Hinreihe): bis 3 M vor dem MM rechts, 2 M mit überzogener Mittelmasche abnehmen, den MM abheben, 1 M rechts, den MM einhängen, alle übrigen M rechts.

36.–46. Reihe: alle M glatt re stricken.

47. Reihe (Hinreihe): bis 3 M vor dem MM rechts, 2 M mit überzogener Mittelmasche abnehmen, den MM abheben, 1 M rechts, den MM einhängen, alle übrigen M rechts.

Gleichzeitig in einer Höhe von 10 (11/12) cm ab Anschlag **an der rechten Seite** für die rückwärtige Naht in jeder 2. Reihe 1× 6 M, 1× 3 M und 1× 1 M abnehmen

und **an der linken Seite** für die vordere Naht in jeder 2. Reihe 1× 4 M, 1× 2 M und 1× 1 M abketten = 99 (103/107) M. Mit einer Rückreihe enden, dann die M stilllegen.

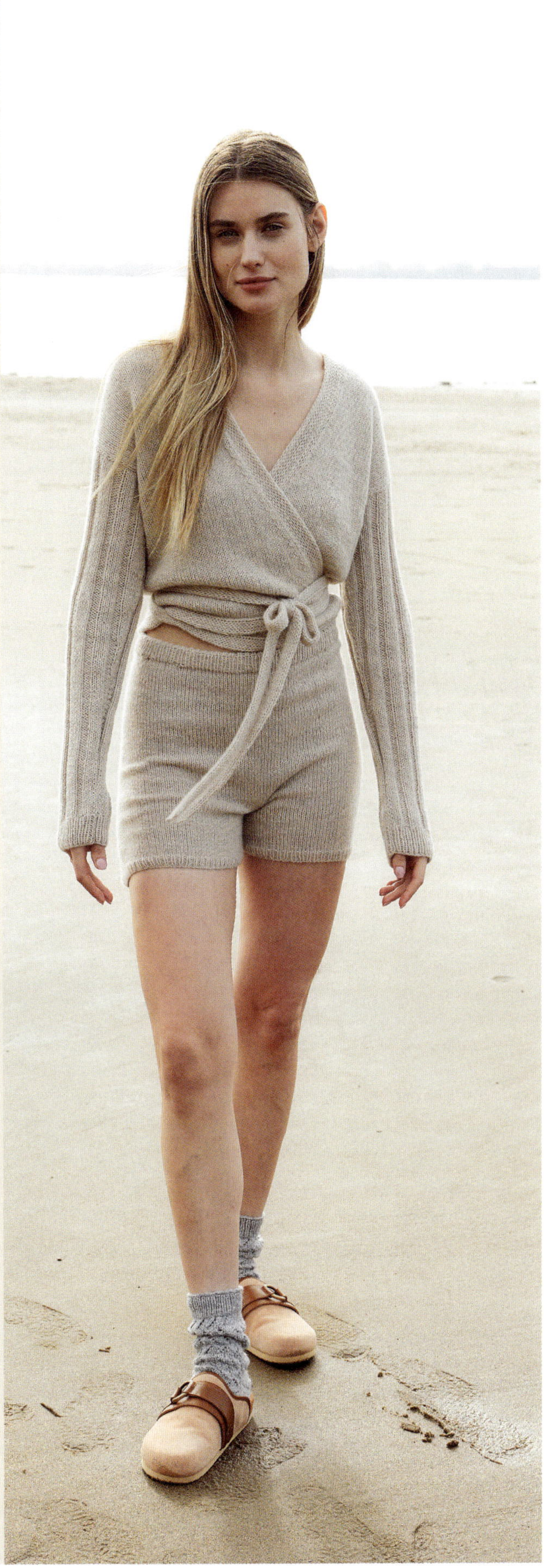

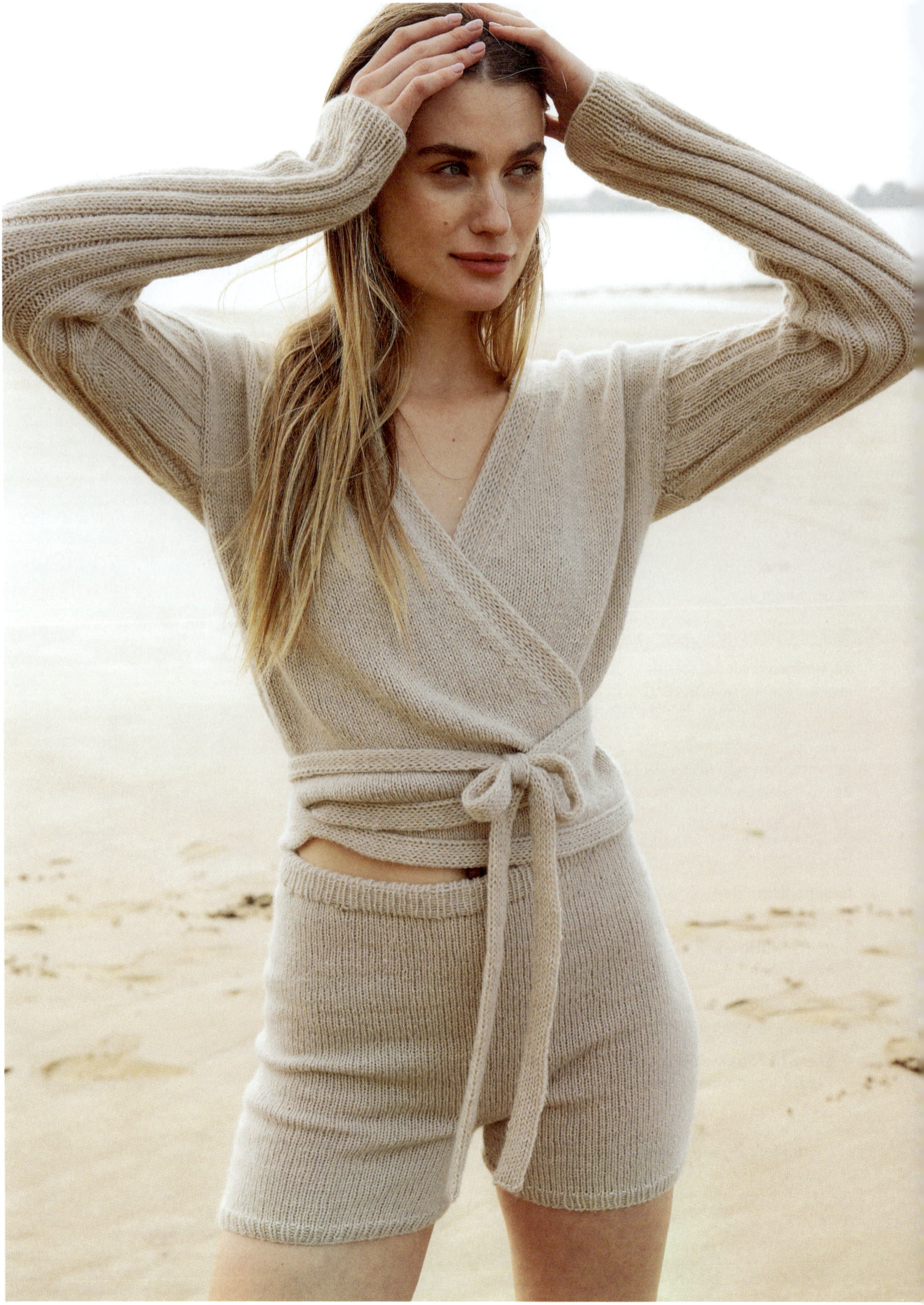

Rechtes Hosenbein

Gegengleich zum linken Hosenbein arbeiten.

Beide Hosenbeine verbinden

Nun die M beider Hosenbeine auf die Nadel nehmen und zur Runde schließen: zunächst die ersten 99 (103/107) M des linken Hosenbeins stricken, die letzten 2 M mit der 1. M des rechten Hosenbeins rechts zusammenstricken, bis zu den letzten 2 M des rechten Hosenbeins rechts stricken, dann die letzten 2 mit der 1. M des linken Hosenbeins rechts zusammenstricken. Diese Stelle als hintere Mitte und als Rundenanfang markieren = 194 (202/210) M.

Weiter in Runden über alle M stricken, dabei 20× (21×/22×) in jeder 4. Runde 2 M abnehmen: 2 M rechts, 2 M rechts zusammenstricken, bis zu den letzten 4 M stricken, 1 M wie zum Rechtsstricken abheben, wieder zurück auf die linke Nadel heben und mit der folgenden M rechts verschränkt zusammenstricken, 2 M rechts.

Gleichzeitig in der Beinmitte noch einmal oberhalb der Mittelmasche 16 Reihen über der letzten Abnahme 1 Abnahme mit aufliegender Mittelmasche arbeiten = 152 (158/164) M.

Außerdem in einer Höhe von 34 (36/38) cm ab Anschlag nach 18 (19/20) Abnahmen in der rückwärtigen Mitte für die rückwärtige Erhöhung in verkürzten Reihen arbeiten, dabei die Abnahmen in der hinteren Mitte wie beschrieben weiterarbeiten:

1. Reihe (Hinreihe): 55 (57/59) M rechts stricken, wenden.

2. Reihe (Rückreihe): 1 Doppelm, 109 (113/117) M links, wenden.

3. Reihe (Hinreihe): 1 Doppelm, bis 9 M vor der Doppelm stricken, wenden.

4. Reihe (Rückreihe): 1 Doppelm, bis 9 M vor der Doppelm stricken, wenden.

Die 3. Reihe und 4. Reihe noch 2× wiederholen.

Nach der letzten verkürzten Rückreihe noch einmal wenden und 1 Runde über alle M glatt rechts stricken, dabei die Doppelm als 1 M arbeiten.

Für das Bündchen zu Nadel 3,5 mm wechseln:

1.–10. Runde: im Bündchenmuster arbeiten.

11. Runde: * 1 M rechts, 1 M mit dem Faden VOR der Arbeit wie zum Linksstricken abheben, ab * stets wiederholen.

12. Runde: * 1 M mit dem Faden HINTER der Arbeit wie zum Linksstricken abheben, 1 M links, ab * stets wiederholen.

13. Runde: wie die 11. Runde arbeiten.

14.–23. Runden: im Bündchenmuster arbeiten.

Dann alle M abketten.

Fertigstellen

Das Bündchen nach innen umlegen und von innen festnähen, dabei eine Öffnung für den Gummizug offenlassen. Die vordere und rückwärtige Schrittnaht schließen. Die Beinnähte schließen.

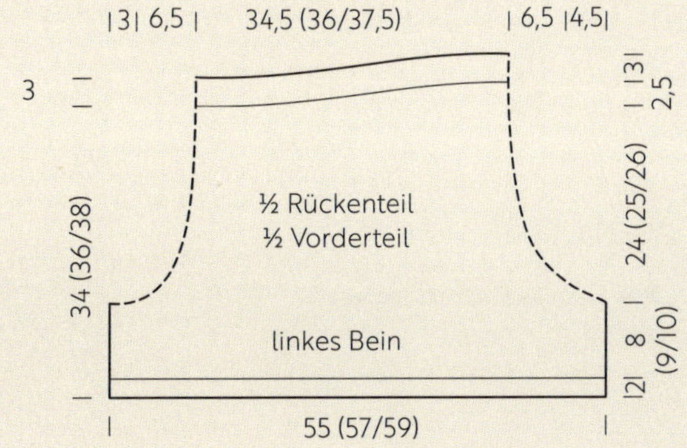

BH

34/36, 38/40, 42/44 und 46

Die Angaben für die kleinste Größe stehen vor der Klammer, die für die beiden größeren Größen aufsteigend in den Klammern. Einzelne Angaben gelten für alle Größen.

Schwierigkeitsgrad

mittel

Material

Lana Grossa Cashmere verde
100 % Cashmere
LL = 90 m/25 g
je 50 g Taupe (Fb 03) oder Weiß (Fb 01)

2 Rundstricknadeln 3,5 mm
Rundstricknadel 4 mm
Häkelnadel 4,5 mm
Maschenmarkierer
ein Stück Faden in einer Kontrastfarbe

Maschenproben

Glatt rechts mit Nadel 4 mm:

22 Maschen und 34 Reihen = 10 cm × 10 cm

Bündchenmuster mit Nadel 3,5 mm:

21 Maschen und 40 Reihen = 10 cm × 10 cm

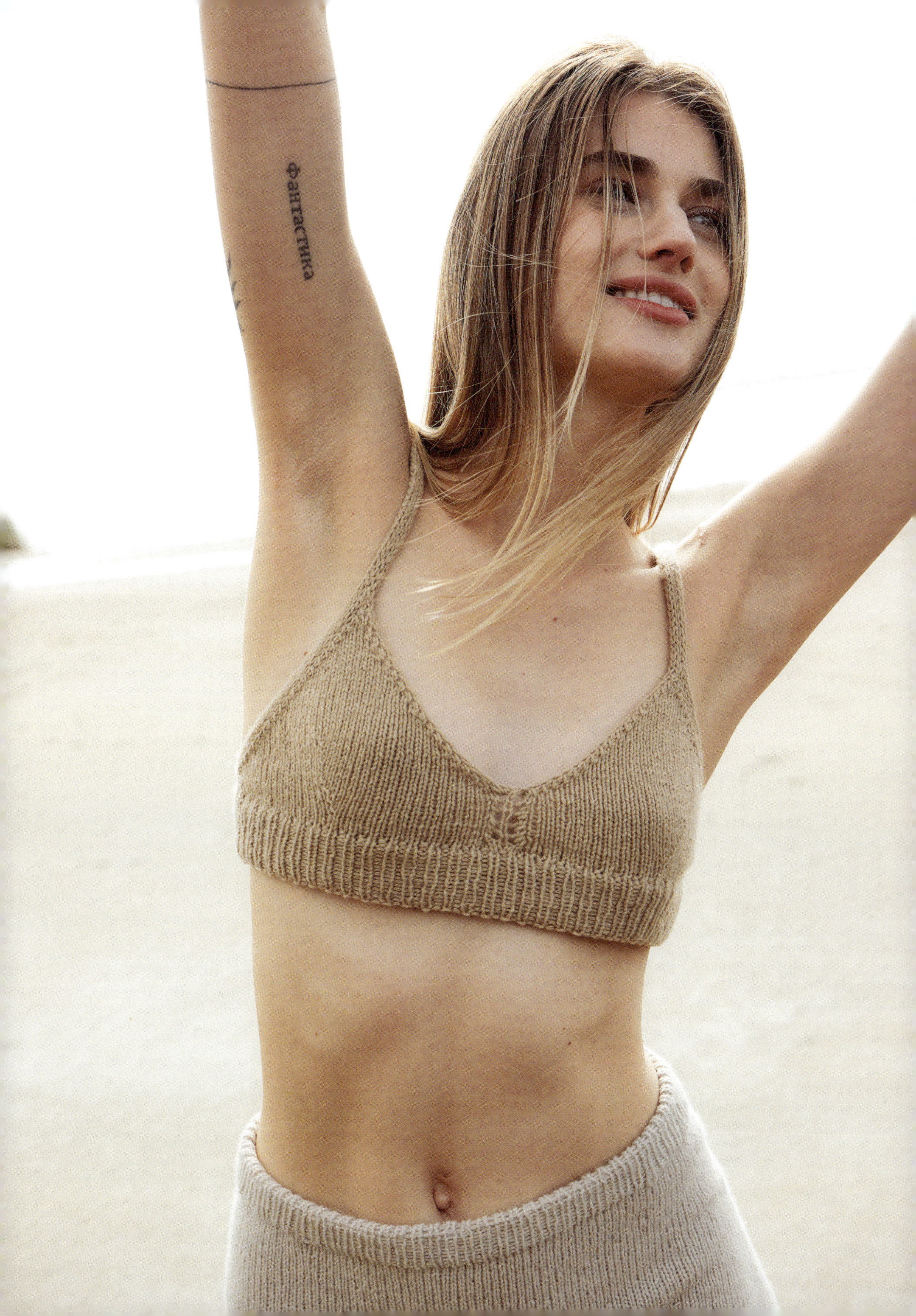
Фантастика

Muster und Maschen

Glatt rechts

In Hinreihen rechte M, in Rückreihen linke M stricken. In Runden stets rechte M stricken.

Bündchenmuster

1 M rechts, 1 M links im Wechsel stricken.

Doppelte Randm

In den Hinreihen: 1 M mit dem Faden VOR der Arbeit wie zum Linksstricken abheben, 1 M rechts, bis zu den letzten 2 M stricken, die vorletzte M rechts, 1 M mit dem Faden VOR der Arbeit wie zum Linksstricken abheben.

In den Rückreihen: 1 M rechts, 1 M mit dem Faden VOR der Arbeit wie zum Linksstricken abheben, bis zu den letzten 2 M stricken, 1 M mit dem Faden VOR der Arbeit wie zum Linksstricken abheben, 1 M rechts.

Blendenm (über jeweils 5 M)

1. Reihe (Hinreihe): [1 M mit dem Faden VOR der Arbeit wie zum Linksstricken abheben, 1 M rechts] 2×, 1 M mit dem Faden VOR der Arbeit wie zum Linksstricken abheben, bis zu den letzten 5 M stricken, [1 M mit dem Faden VOR der Arbeit wie zum Linksstricken abheben, 1 M rechts] 2×, 1 M rechts.

Alle folgenden Hin- und Rückreihen: die rechten M rechts stricken, die linken M mit dem Faden VOR der Arbeit wie zum Linksstricken abheben.

Betonte Abnahmen (Armausschnitte)

Am Anfang der Reihe: in einer Hinreihe nach den 5 Blendenm, 1 M rechts, 2 M rechts zusammenstricken.

Am Ende der Reihe: bis vor die letzten 8 M stricken, 1 Überzug arbeiten.

Betonte Abnahmen (Halsausschnitt)

Am Anfang der Reihe: doppelte Randm, 2 M rechts zusammenstricken.

Am Ende der Reihe: bis 4 M vor Ende der Reihe stricken, 1 Überzug, Doppelte Randm.

Elastisches Abketten

1 M rechts stricken, * 1 M rechts stricken, beide M zurück auf die linke Nadel heben und rechts zusammenstricken, dabei in die hinteren Maschenglieder einstechen, ab * stets wiederholen.

So wird's gemacht

Zunächst werden Maschen für das doppelte Bündchen angeschlagen, nach der angegebenen Höhe zur Hälfte umgeschlagen und die Maschen mit der Anschlagkante zusammengestrickt. Dann werden Maschen im Rücken abgenommen und über die Maschen des Vorderteils die „Körbchen" durch Zunahmen für den Brustabnäher geformt. Die Träger werden im Verlauf der seitlichen Blendenmaschen und die Halsausschnittkante im Doppelstrick in der angegebenen Länge gearbeitet.

Für den provisorischen Maschenanschlag 142 (146/150/154) Luftm mit dem Kontrastgarn und der Häkelnadel 4,5 mm anschlagen und die Arbeit beenden. Aus der Rückseite der Luftm 132 (140/148/156) M mit der Rundstricknadel 3,5 mm herausstricken, die M zur Runde schließen und 16 (18/20/22) Runden im Bündchenmuster arbeiten.

In einer Höhe von 4 (4,5/5/5,5) cm für den Bruch 3 Runden im Doppelstrick arbeiten:

1. Runde: * 1 M rechts, 1 M mit dem Faden VOR der Arbeit wie zum Linksstricken abheben, ab * stets wiederholen.

2. Runde: * 1 M mit dem Faden HINTER der Arbeit wie zum Linksstricken abheben, 1 M links, ab * stets wiederholen.

3. Runde: wie die 1. Runde.

Dann noch einmal 16 (18/20/22) Runden im Bündchenmuster stricken. Den provisorischen Maschenanschlag auflösen, die M auf einer 2. Rundstricknadel aufnehmen und in der folgenden Runde jede M mit ihrer Anschlagsschlinge rechts zusammenstricken.

51 (55/59/63) M abketten. Über die verbliebenen 81 (85/89/93) M mit Nadel 4 mm glatt rechts in Hin- und Rückreihen weiterarbeiten, dabei die ersten und letzten 5 M jeweils als Blendenm arbeiten.

In der 3. Reihe: 5 Blendenm, 33 (35/37/39) M rechts, 2 M rechts zusammenstricken, 1 Umschlag, 1 M rechts, 1 Umschlag, 1 Überzug, 33 (35/37/39) M rechts, 5 Blendenm. Die 3. Reihe noch 4× in jeder 2. Reihe wiederholen.

Gleichzeitig **in der 5. Reihe** für die Brustabnäher 1 MM nach der 23. (25./27./29.) M und vor der 58. (60./62./64.) M setzen. Nach dem 1. MM 1 M rechtsgeneigt zunehmen (siehe Seite 166), vor dem 2. MM 1 M linksgeneigt zunehmen (siehe Seite 166). Diese Zunahmen noch 3× (4×/5×/6×) in jeder 2. Reihe und 2× (2×/3×/3×) in jeder 4. Reihe wiederholen.

Außerdem **in der 11. Reihe** für die Armausschnitte nach und vor den je 5 Blendenm an beiden Seiten je 1 M betont abnehmen. Diese Abnahmen noch 19× (21×/24×/26×) in jeder 2. Reihe wiederholen.

Und gleichzeitig in einer Höhe von 3,5 (4/5/5,5) cm ab Bündchen (es sind 3 (4/5/6) seitliche Abnahmen und 4 (5/6/7) Zunahmen für die Brustabnäher gearbeitet = 83 (87/91/95) M) die Arbeit teilen und beide Hälften getrennt zu Ende stricken: die ersten 41 (43/45/47) M (einschließlich der Abnahme am rechten Rand) stilllegen, die mittlere M verdoppeln und zunächst die rechte Hälfte beenden.

Für den inneren Ausschnittrand die ersten beiden M als Doppelte Randm arbeiten und 17× (18×/20×/21×) in jeder 2. Reihe nach den Doppelten Randm jeweils 1 M betont abnehmen. In der folgenden Hinreihe über die mittleren 3 M 2 M mit aufliegender Mittelmasche abnehmen (siehe Seite 167) und diese Abnahme noch 1× in der nächsten Hinreihe wiederholen = 6 M.

Dann über die verbliebenen 6 M den Träger stricken: * 1 M mit dem Faden VOR der Arbeit wie zum Linksstricken abheben, 1 M rechts, ab * noch 2× wiederholen. Nach einer Trägerlänge von 32 (36/40/42) cm (ungedehnt gemessen) die M stilllegen und die linke Hälfte gegengleich beenden.

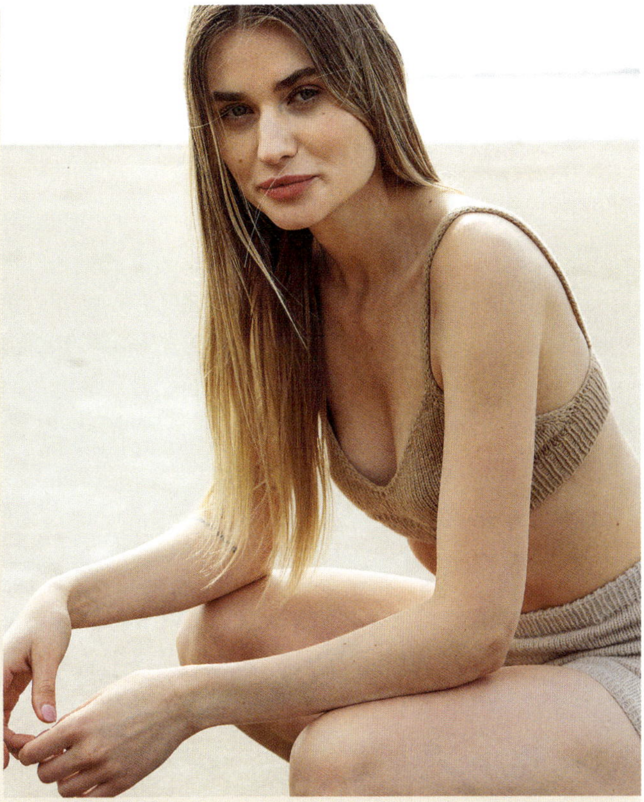

Fertigstellen

Die Träger im Maschenstich an die obere Kante des Bündchens nähen.

Durch die Ausformung der Körbchen in 3 Dimensionen können die oberen Maße im Schnitt nicht in der Ebene dargestellt werden. Die oberen Maße entsprechen in der Summe also nicht den unteren Maßen.

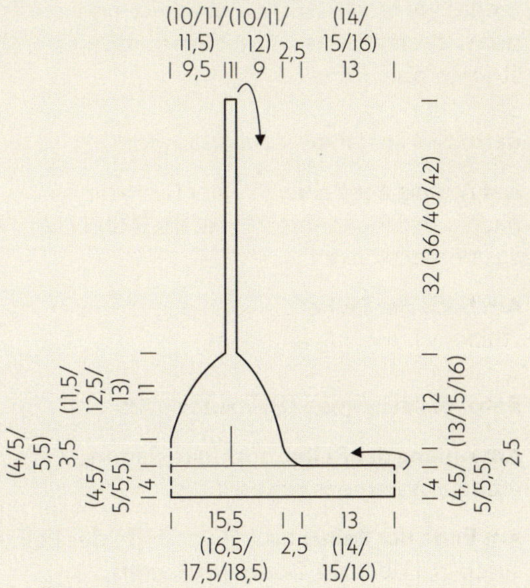

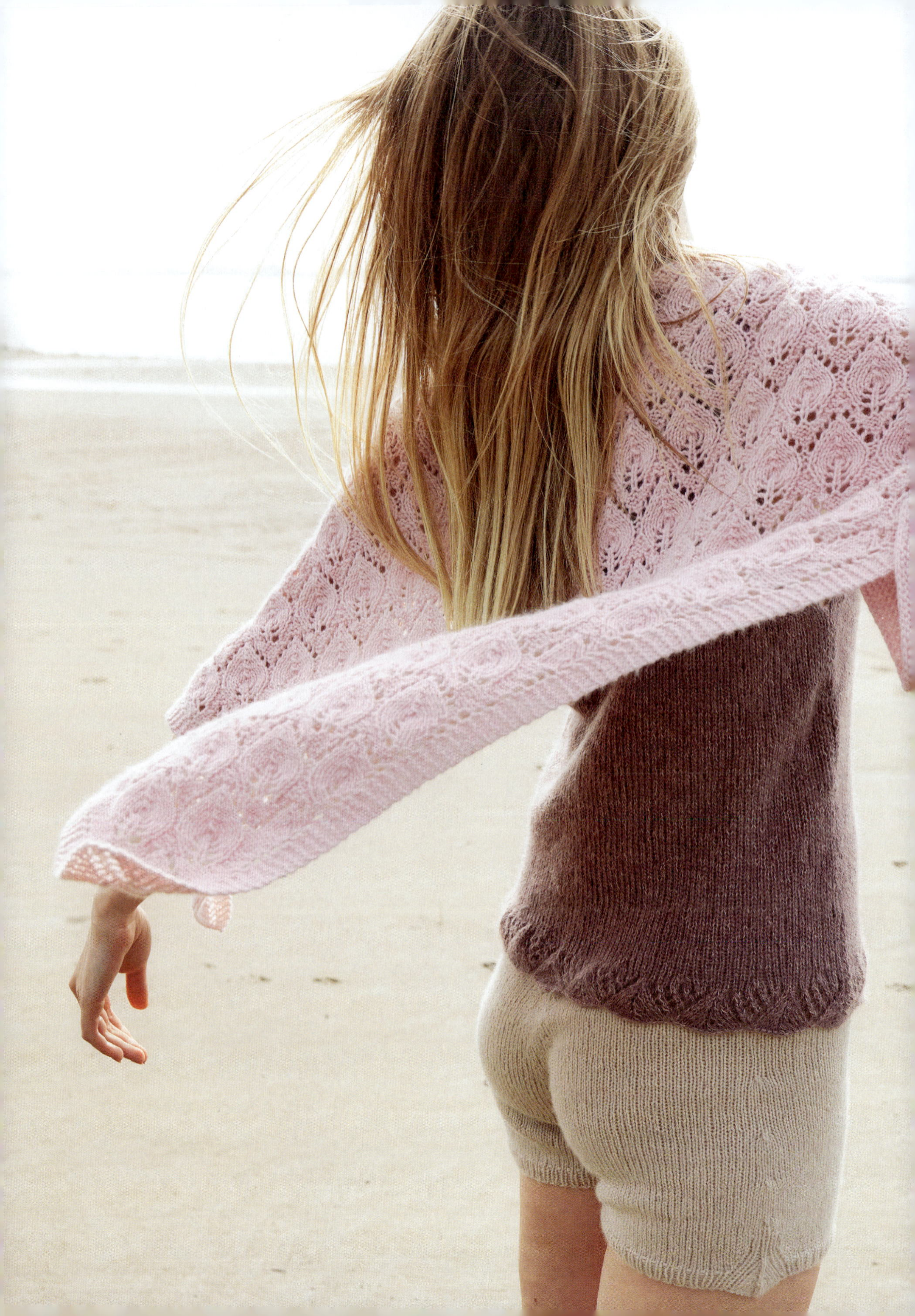

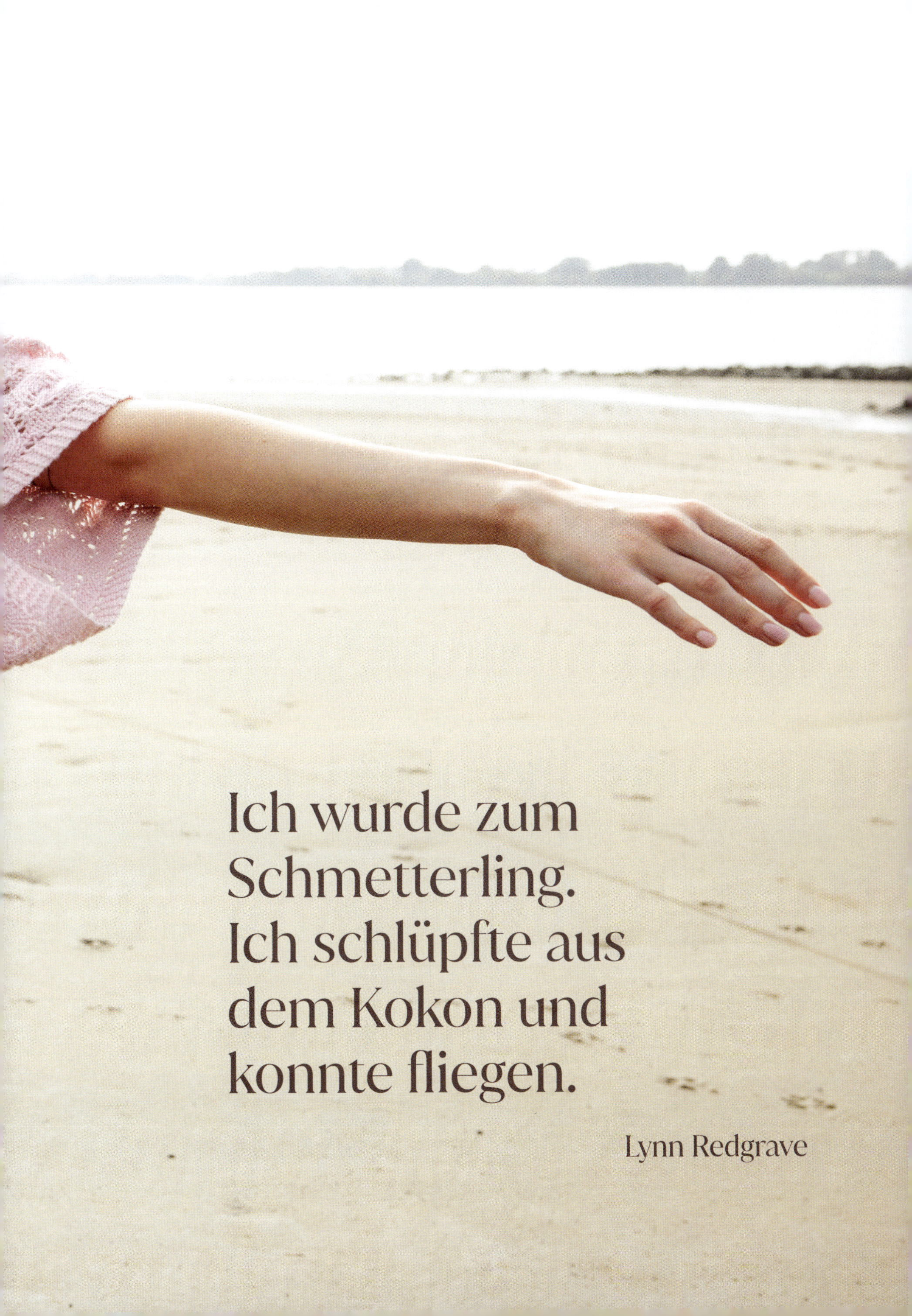

Ich wurde zum
Schmetterling.
Ich schlüpfte aus
dem Kokon und
konnte fliegen.

Lynn Redgrave

Tanktop mit Ajoursaum

34/36, 38/40, 42/44 und 46/48

Die Angaben für die kleinste Größe stehen vor der Klammer, die für die beiden größeren Größen aufsteigend in den Klammern. Einzelne Angaben gelten für alle Größen.

Schwierigkeitsgrad

mittel

Material

Langyarns Cashmere Lace
100 % Kaschmir
LL = 165 m/25 g
100 (100/125/125) g Altrosa (Fb 0048)

und

Langyarns Mohair 21
58 % Mohair, 42 % Seide
LL = 375 M/25 g
50 (50/75/75) g Altrosa (Fb 0048)

Rundstricknadel 4,5 mm

Maschenproben

Glatt rechts mit Nadel 4,5 mm:

20 Maschen und 32 Reihen = 10 cm × 10 cm

Ajourborte mit Nadel 4,5 mm:

22 Maschen und 30 Reihen = 10 cm × 10 cm

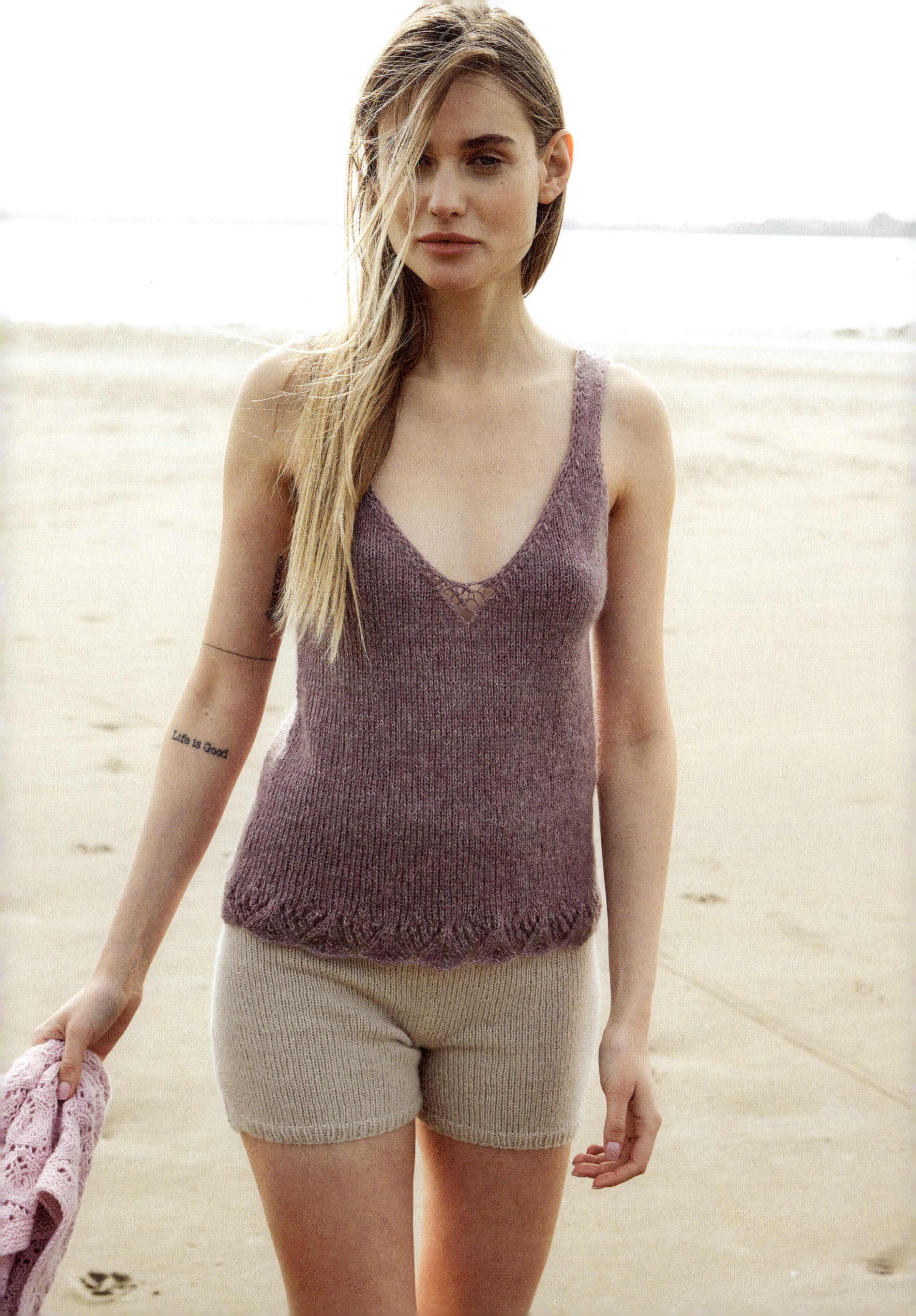
Life is Good

Muster und Maschen

Glatt rechts

In Hinreihen rechte M, in Rückreihen linke M stricken. In Runden stets rechte M stricken.

Ajourborte

(M-Zahl teilbar durch 11 M)

Nach der Strickschrift arbeiten. Es sind Hin- und Rückreihen gezeichnet. Den Rapport von 11 M stets wiederholen. Die 1.–10. Reihe stets wiederholen.

Ajourmotiv

(M-Zahl teilbar durch 9 M)

Nach der Strickschrift arbeiten. Es sind Hin- und Rückreihen gezeichnet. Das Motiv von 9 M 1× arbeiten Die 1.–8. Reihe stets wiederholen.

Nahtrandm

In Hin- und Rückreihen rechts stricken.

Doppelte Randm (Arm- und Halsausschnitt)

In Hin- und Rückreihen: die 1. M mit dem Faden VOR der Arbeit wie zum Linksstricken abheben, 1 M rechts, bis zu den letzten 2 M stricken, die vorletzte M mit dem Faden VOR der Arbeit wie zum Linksstricken abheben, 1 M rechts.

So wird's gemacht

Es wird stets zweifädig mit je einem Faden beider Garne gearbeitet. Rückenteil und Vorderteil werden jeweils mit einer Ajourmusterborte am Saum separat von unten nach oben gearbeitet. Im Vorderteil wird unterhalb der Ausschnittspitze ein Ajourmotiv gearbeitet.

Rückenteil

101 (112/123/134) M nicht zu fest anschlagen und 10 Runden Ajourborte nach der Strickschrift arbeiten, dazu zwischen den Nahtrandm 9× (10×/11×/12×) die 11. M des Rapports wiederholen.

Glatt rechts weiterstricken, dabei **in der 3. Reihe** 18 (20/22/24) M abnehmen: Randm, * 4 M rechts, 2 M mit aufliegender Mittelmasche abnehmen (2 M zusammen wie zum Rechtsstricken abheben, 1 M rechts, die beiden abgehobenen M überziehen, siehe Seite 167), 4 M rechts, ab * stets wiederholen, Randm = 83 (92/101/110) M.

In einer Höhe von 31 (33/34/35) cm für die Armausschnitte in einer Hinreihe an beiden Seiten je 1 M abnehmen: doppelte Randm, 1 M rechts, 2 M rechts zusammenstricken, bis 5 M vor Ende der Reihe stricken, 1 Überzug, 1 M rechts, Doppelte Randm. Diese Abnahmen noch 4× (5×/6×/7×) in jeder 2. Reihe und 7× (8×/9×/10×) in jeder 4. Reihe wiederholen.

Gleichzeitig in einer Höhe von 38 (40/42/44) cm für den rückwärtigen Halsausschnitt das Rückenteil in der Mitte teilen: in einer Hinreihe bei ungerader M-Zahl die mittlere M mit der nächsten M rechts zusammenstricken, bei gerader M-Zahl alle M rechts, am Reihenende wenden und zunächst die linke Rückenteilhälfte glatt rechts mit Doppelter Randm an beiden Seiten fertigstellen, dabei in der nächsten Hinreihe am rechten Rand (Halsausschnittseite) 1 M abnehmen: doppelte Randm, 1 M rechts, 2 M rechts zusammenstricken. Diese Abnahmen noch 18× (19×/20×/21×) in jeder 2. Reihe wiederholen = 10 (12/13/15) M.

Die restlichen 10 (12/13/15) M inklusive der Doppelten Randm an beiden Seiten bis zu einer Höhe von 23 (23/24/25) cm ab Armausschnittbeginn und 54 (56/58/60) cm ab Anschlag die M abketten.

Dann die rechte Rückenteilhälfte gegengleich fertigstellen. Die Armausschnittabnahmen wie zuvor beschrieben weiterarbeiten und für den Halsausschnitt bis 5 M vor Ende der Reihe stricken, 1 Überzug, 1 M rechts, Doppelte Randm.

Vorderteil

Wie das Rückenteil arbeiten. In einer Höhe von 29 (32/33/35) cm in einer Hinreihe das Ajourmotiv platzieren, dazu bei ungerader M-Zahl bis 1 M vor die mittlere M stricken,

2 M rechts zusammenstricken, bei gerader M-Zahl bis zur mittleren M stricken, dann in beiden Fällen 1 Umschlag, 1 Überzug (= 1. Reihe des Ajourmotivs). In der Mitte die 8 Reihen des Ajourmotivs nach der Strickschrift weiterarbeiten.

Gleichzeitig in einer Höhe von 31 (33/34/35) cm die Armausschnitte wie beim Rückenteil arbeiten.

Außerdem nach der letzten Reihe des Ajourmotivs in ca. 33 (35/36/38) cm Höhe ab Anschlag in der nächsten Hinreihe die Arbeit für den Halsausschnitt teilen und zunächst die linke Vorderteilhälfte beenden. Dafür am rechten Rand (Halsausschnittseite) Doppelte Randm, 1 M rechts, 1 Überzug arbeiten. Diese Abnahmen noch 7× (8×/8×/9×) in jeder 2. Reihe und 11× (11×/12×/12×) in jeder 4. Reihe wiederholen = 10 (12/13/15) M.

Die 10 (12/13/15) verbleibenden M bis zu einer Höhe von 23 (23/24/25) cm ab Armausschnittbeginn und ca. 54 (56/58/60) cm ab Anschlag weiterarbeiten, dann die M abketten. Die rechte Vorderteilhälfte gegengleich beenden, für die Abnahmen bis zu den letzten 5 M stricken, 2 M rechts zusammenstricken, 1 M rechts, Doppelte Randm.

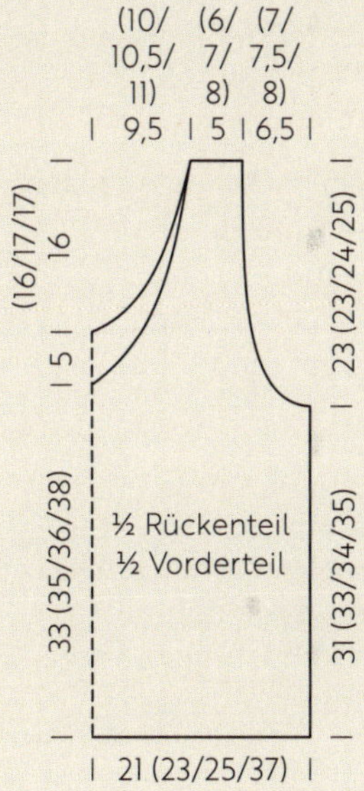

Fertigstellen

Die Schulter- und Seitennähte schließen.

Ajourborte

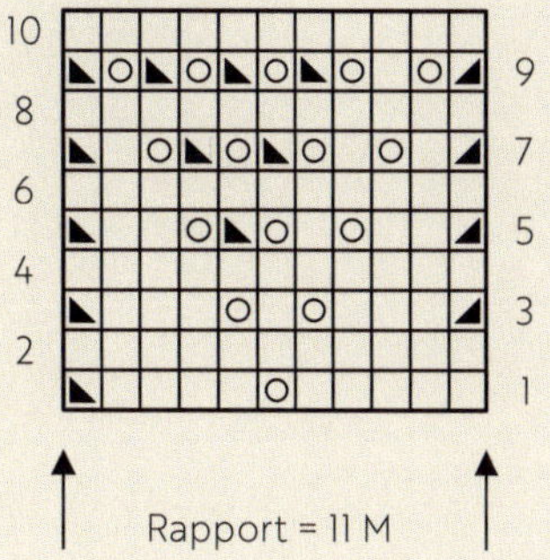

Ajourmotiv

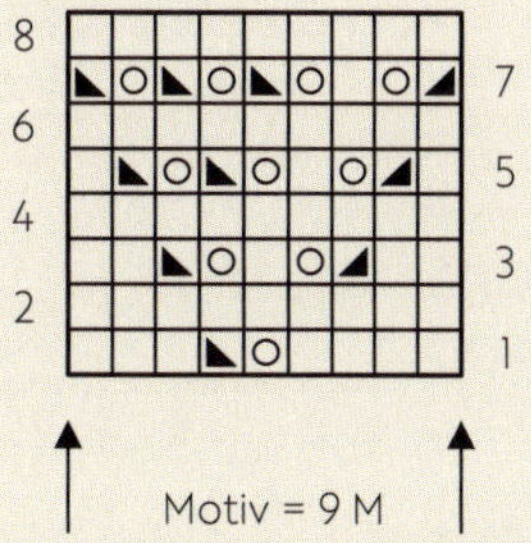

[leeres Kästchen] = 1 M glatt rechts: in Hinreihen rechts, in Rückreihen links stricken

[Kreis] = 1 Umschlag

[Dreieck rechts] = 2 M rechts zusammenstricken

[Dreieck links] = 1 Überzug: 1 M wie zum Rechtsstricken abheben, 1 M rechts stricken, dann die abgehobene M über die gestrickte M ziehen

Dreiecktuch

längste Seite 150 cm, 90 cm breit bis zur Spitze

Schwierigkeitsgrad

mittel

Material

Lana Grossa Cashmere verde
100 % Cashmere
LL = 90 m/25 g
250 g Rosa (Fb 006)

Stricknadeln 5 mm

Maschenprobe

Blattmuster mit Nadel 5 mm:

18 Maschen und 28 Reihen = 10 cm × 10 cm

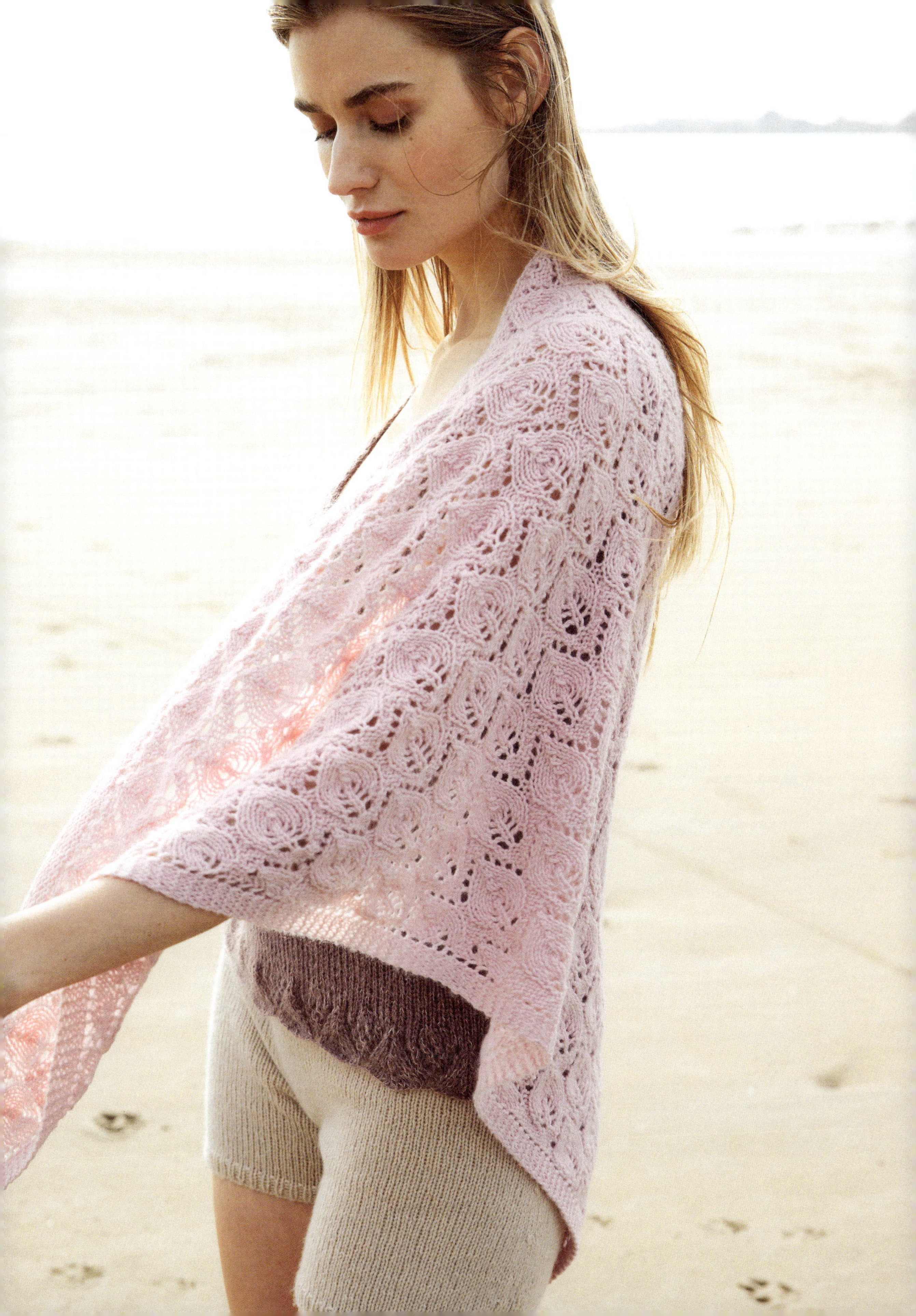

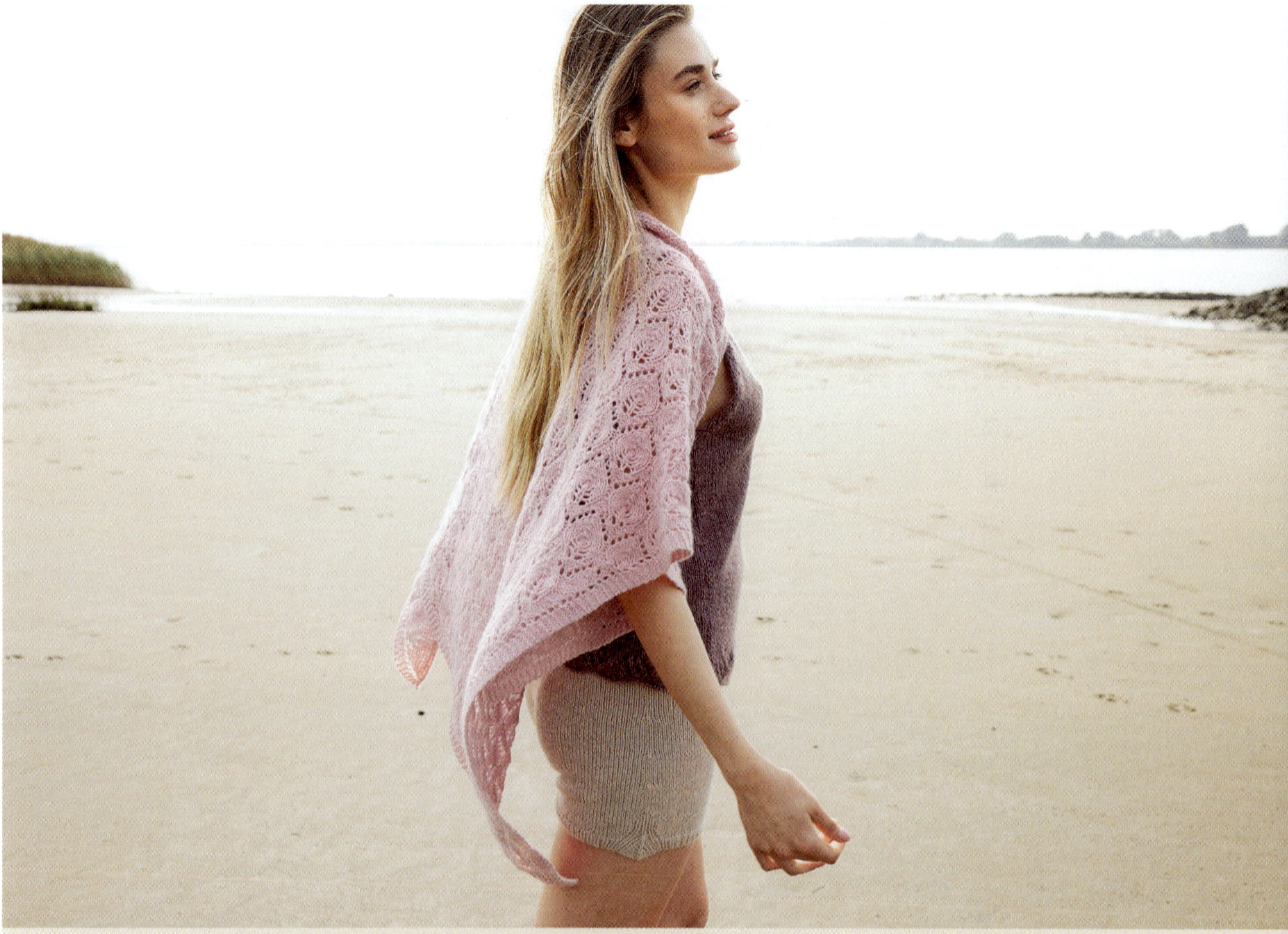

Muster und Maschen

Kraus rechts

In Hin- und Rückreihen rechte M stricken.

Blattmuster

Nach der Strickschrift arbeiten. Es sind nur die Hinreihen gezeichnet. In den Rückreihen alle M und Umschläge stricken, wie in der Zeichenerklärung angegeben. Mit der 1.–22. Reihe beginnen, dabei 1× die notierten M arbeiten. Dann die 23.–118. Reihe stets wiederholen, dabei mit den M vor dem Rapport beginnen, dann die 10 M des Rapports im 1. Durchgang 1× arbeiten, ab dem 2. Durchgang den Rapport stets wiederholen und mit den M nach dem Rapport enden. Die Reihen enden nach dem Rapport dabei jeweils gegengleich zum Reihenanfang.

So wird's gemacht

Das Tuch wird an der unteren Spitze begonnen und mit Zunahmen an beiden Seiten von unten nach oben nach der Strickschrift gearbeitet.

3 M mit Nadel 5 mm anschlagen und im Blattmuster nach der Strickschrift arbeiten. Nach 282 Reihen (1× die 1.–118. Reihe, dann 1× die 23.–118. Reihe und noch 1× die 23.–90. Reihe) liegen 285 M auf der Nadel.

Nun über alle M kraus rechts stricken, dabei weiter nach den ersten 5 M und vor den letzten 5 M die Umschläge wie zuvor arbeiten. Nach 8 Reihen liegen 293 M auf der Nadel.

In der folgenden Reihe die M abketten.

Fertigstellen

Das Tuch spannen und unter feuchten Tüchern trocknen lassen.

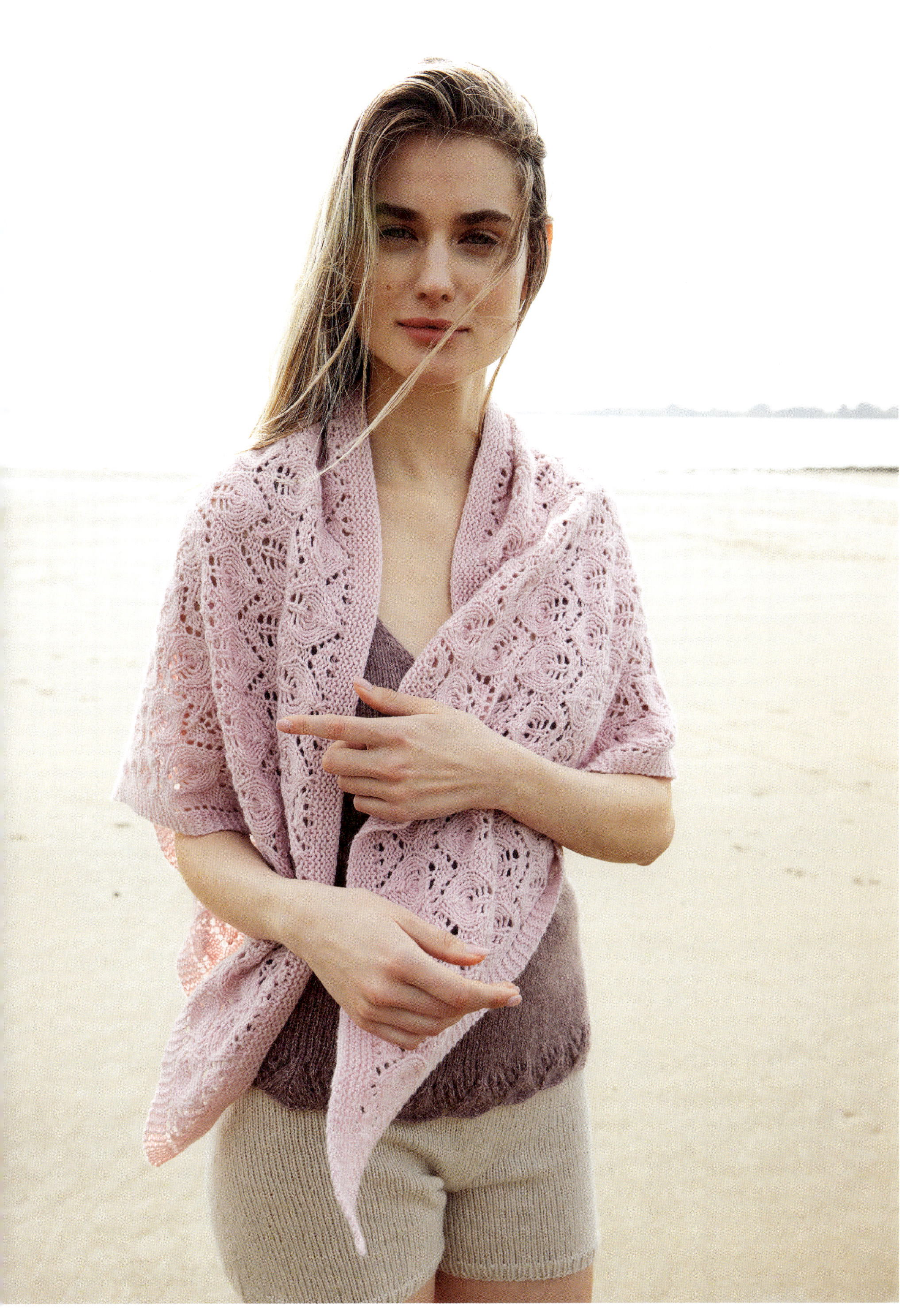

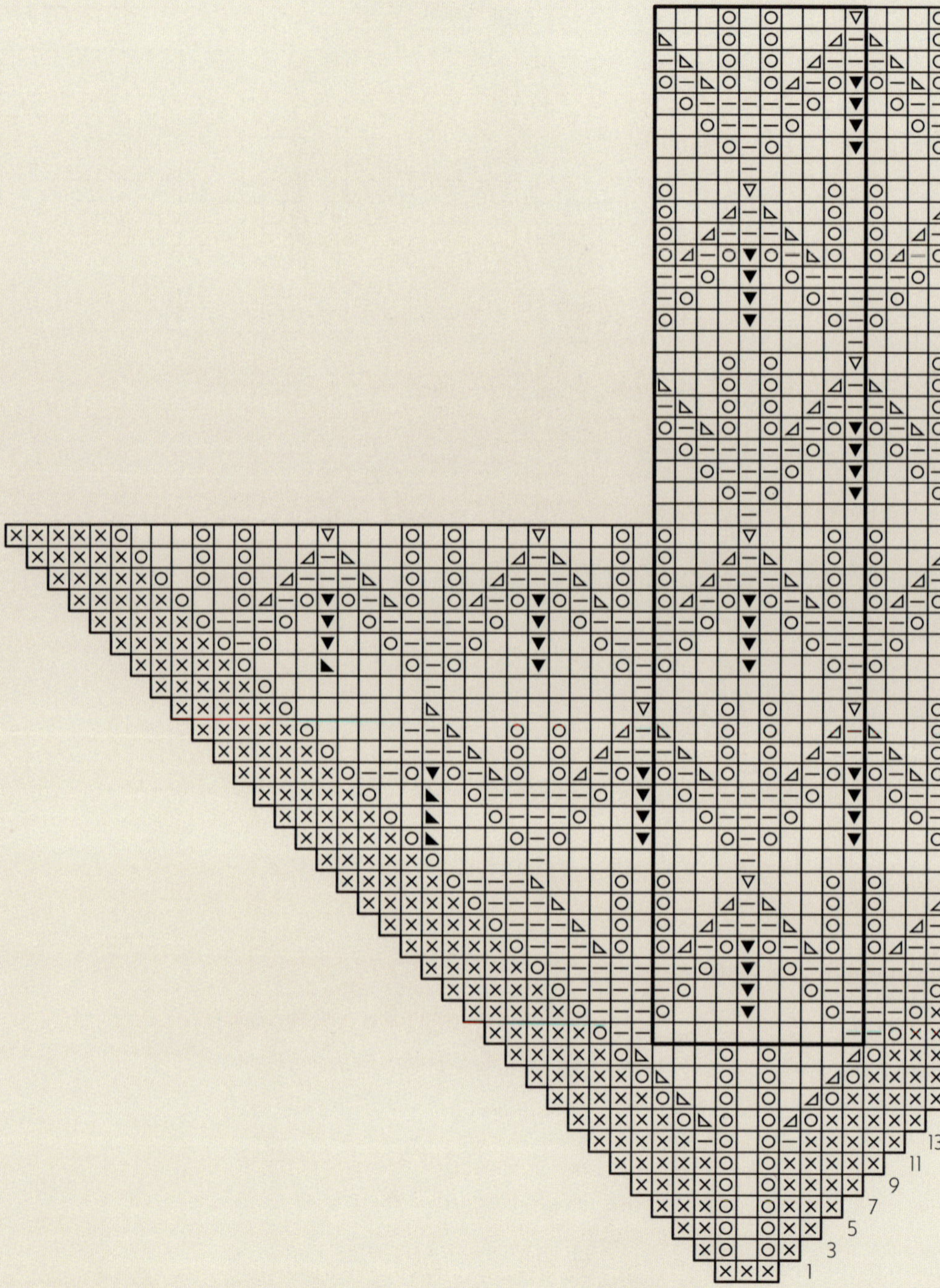

Rapport = 10 M

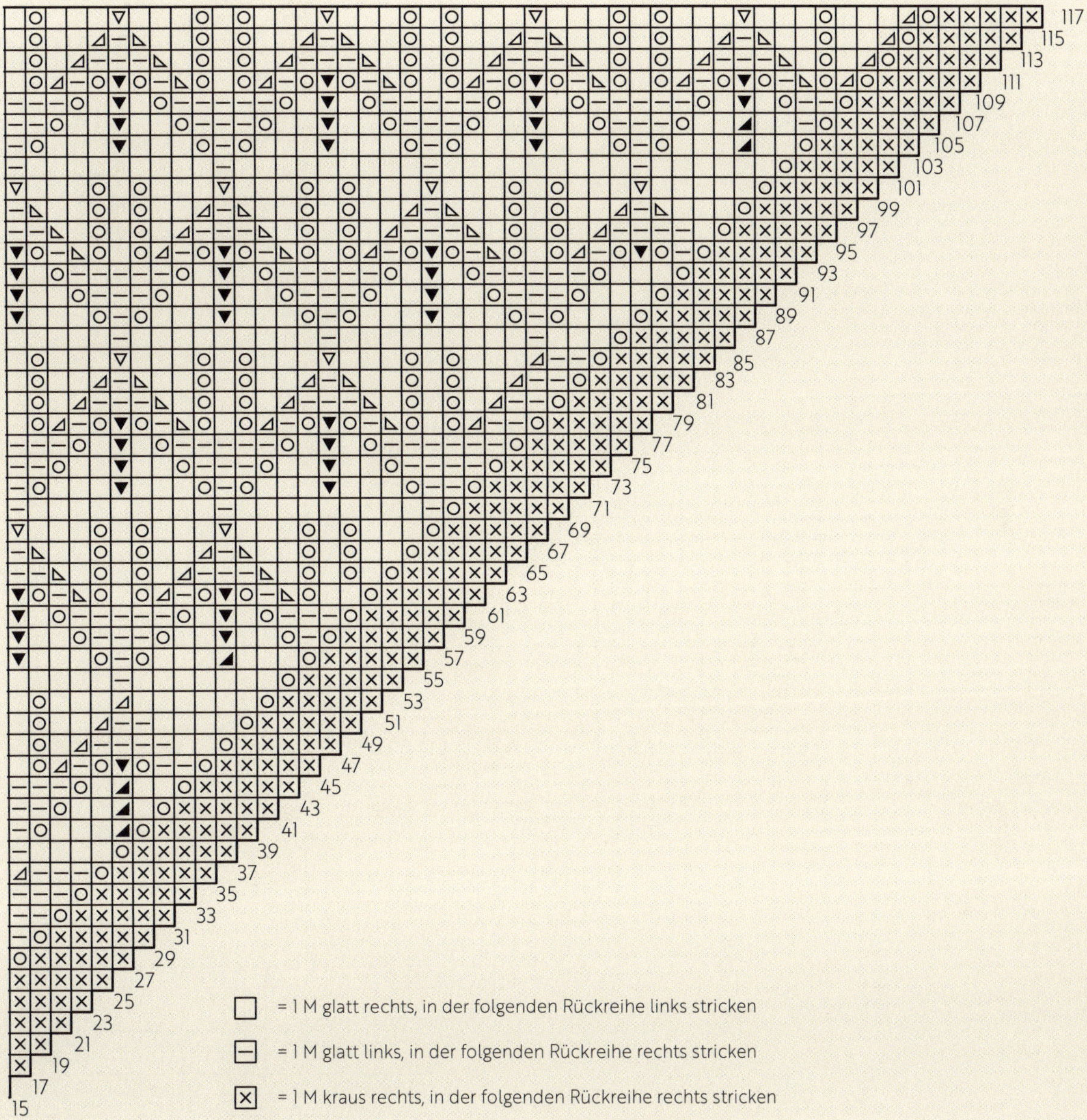

□ = 1 M glatt rechts, in der folgenden Rückreihe links stricken

– = 1 M glatt links, in der folgenden Rückreihe rechts stricken

× = 1 M kraus rechts, in der folgenden Rückreihe rechts stricken

○ = 1 Umschlag, in der folgenden Rückreihe links stricken

◢ = 2 M rechts zusammenstricken, in der folgenden Rückreihe links stricken

◣ = 1 Überzug: 1 M wie zum Rechtsstricken abheben, 1 M rechts stricken, dann die abgehobene M über die gestrickte M ziehen, in der folgenden Rückreihe links stricken

▼ = 1 M wie zum Rechtsstricken abheben, 2 M rechts zusammenstricken, dann die abgehobene M über die zusammengestrickten M ziehen, in der folgenden Rückreihe links stricken

◿ = 2 M links zusammenstricken, in der folgenden Rückreihe rechts stricken

◺ = 2 M nacheinander wie zum Rechtsstricken abheben, wieder zurück auf die linke Nadel heben und links verschränkt zusammenstricken, in der folgenden Rückreihe rechts stricken

▽ = 2 M wie zum Linksstricken abheben, 1 M links stricken, dann die abgehobenen M über die gestrickte M ziehen, in der folgenden Rückreihe rechts stricken

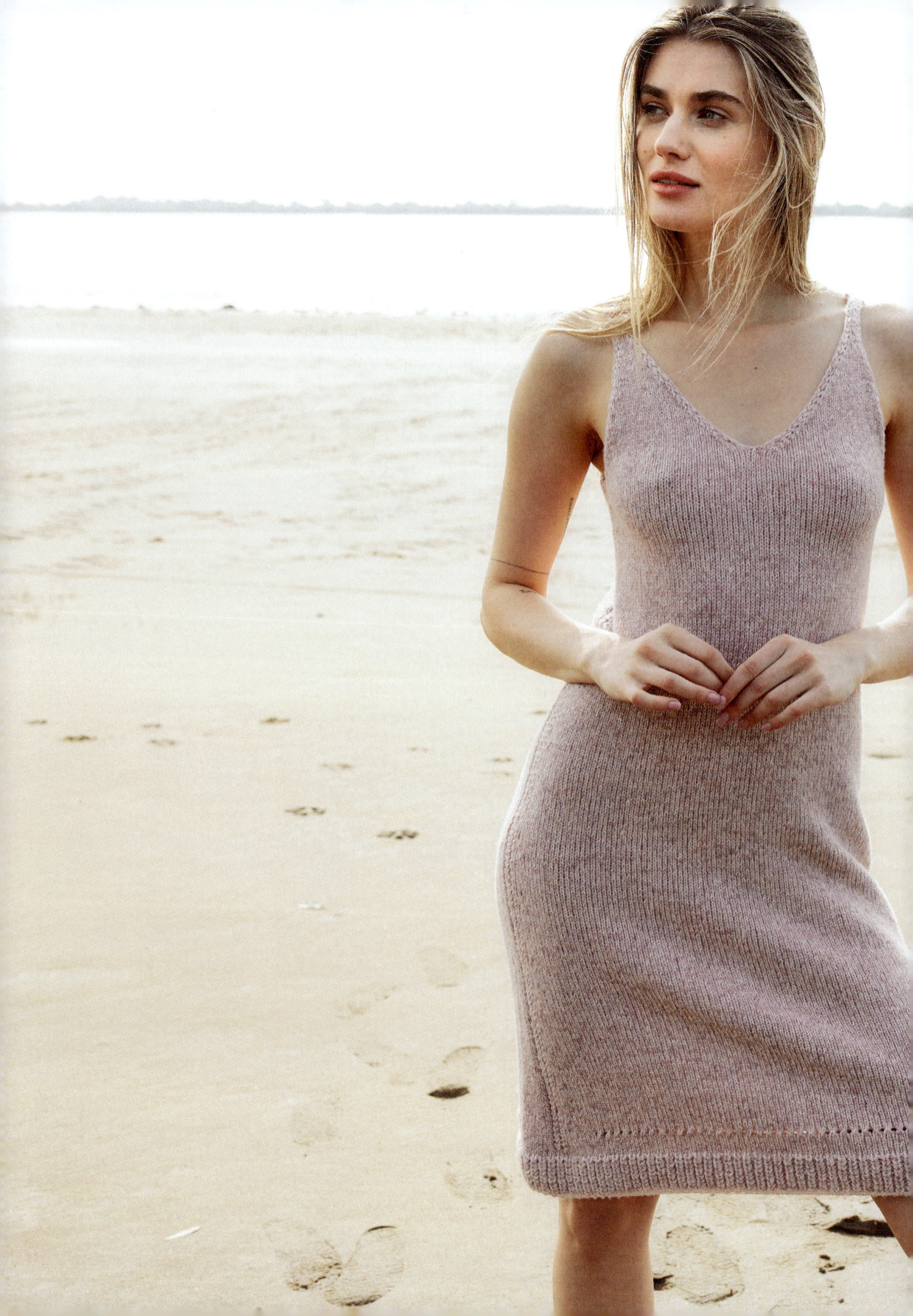

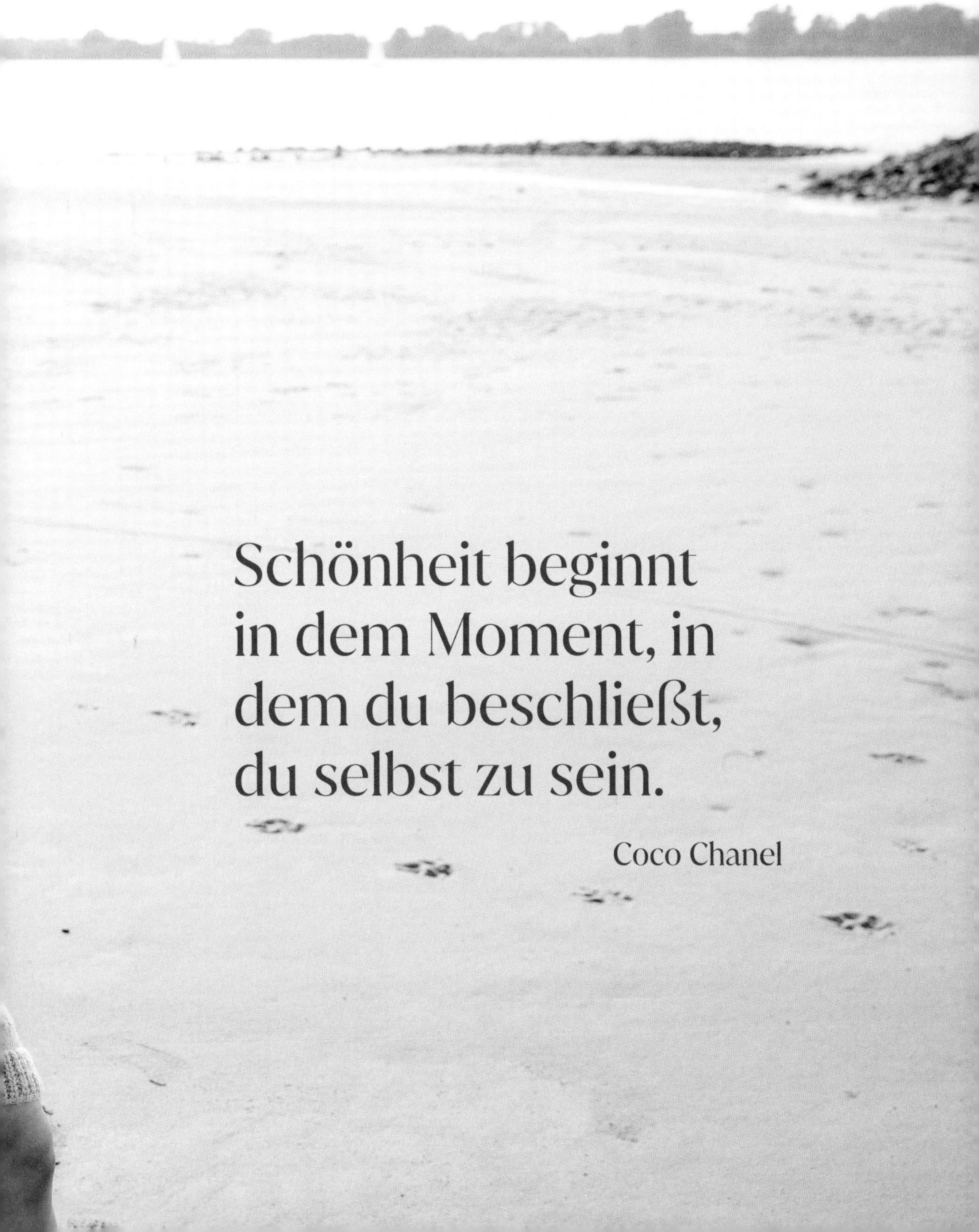

Schönheit beginnt
in dem Moment, in
dem du beschließt,
du selbst zu sein.

Coco Chanel

Slipdress

34/36, 38/40, 42/44 und 46/48

Die Angaben für die kleinste Größe stehen vor der Klammer, die für die beiden größeren Größen aufsteigend in den Klammern. Einzelne Angaben gelten für alle Größen.

Schwierigkeitsgrad

fortgeschritten

Material

Lana Grossa Cashmere fine
10 % Polyamid, 10 % Cashmere,
80 % Schurwolle
LL = 320 m/50 g
300 (300/350/350) g Rosa (Fb 019)

und

Cool Wool Lace
100 % Schurwolle
LL = 400 m/50 g
150 (150/200/200) g Pastellrosa (Fb 30)

je eine Rundstricknadel 5 mm, 5,5 mm und 6 mm
Maschenmarkierer
Kontrastgarn

Maschenprobe

Glatt rechts mit Nadel 5 mm doppelfädig:

21 Maschen und 32 Reihen = 10 cm × 10 cm

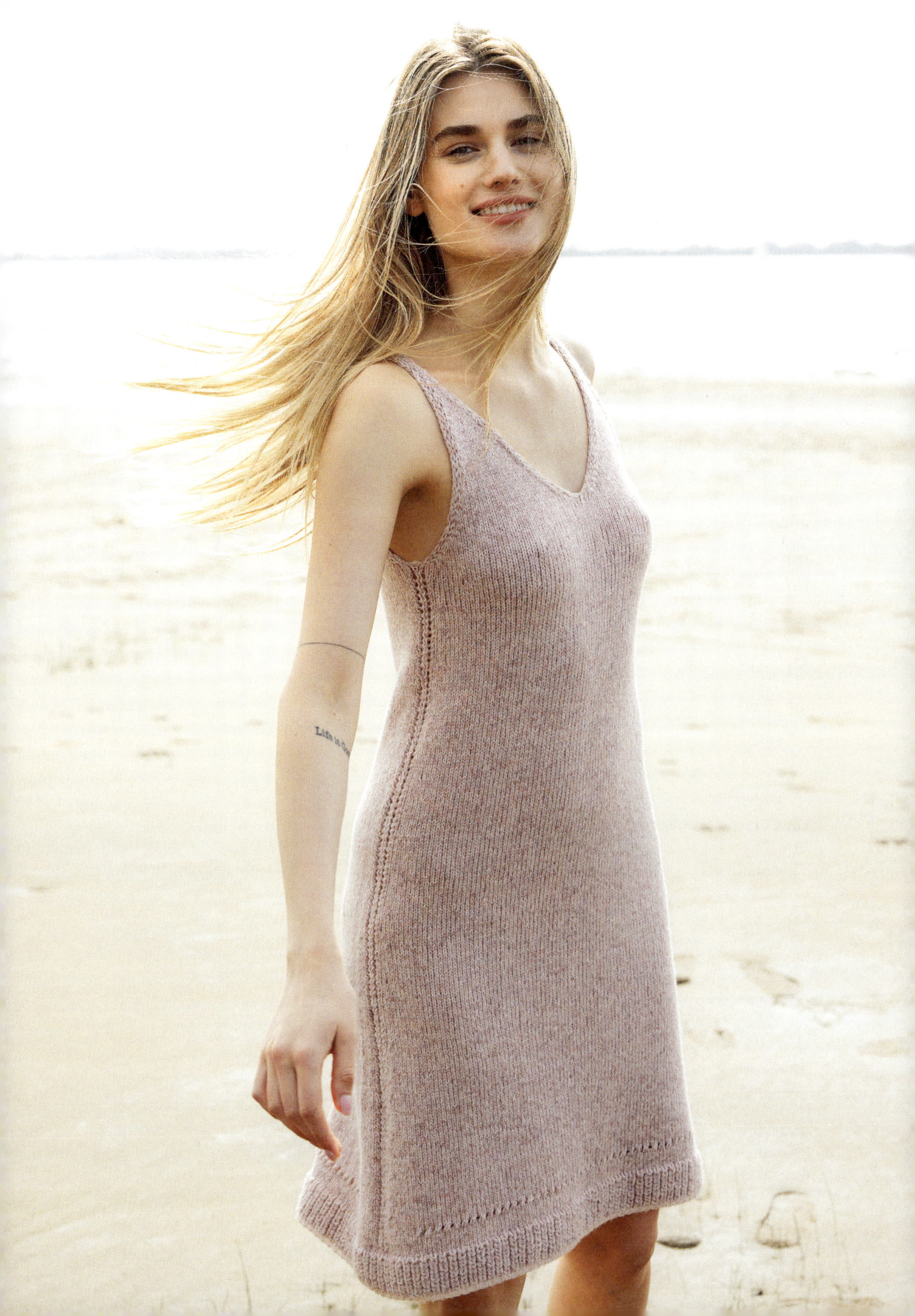

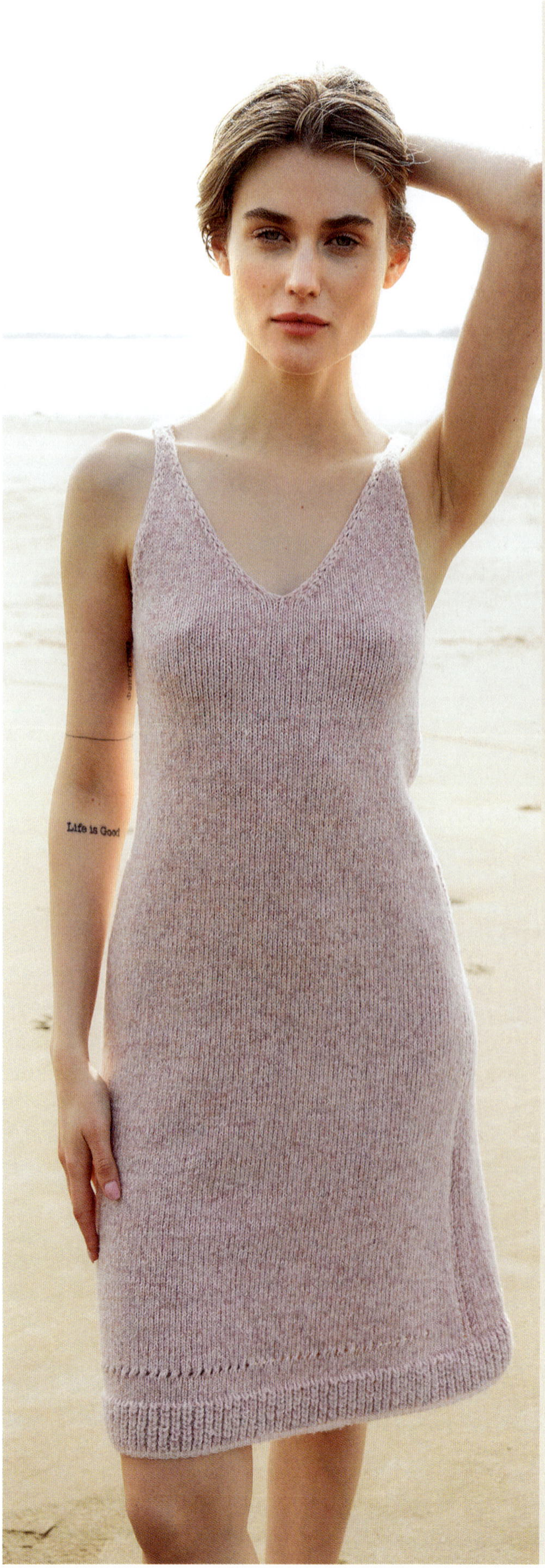

Muster und Maschen

Glatt rechts

In Hinreihen rechte M, in Rückreihen linke M stricken. In Runden stets rechte M stricken.

Halbpatent in Runden

1. Runde: * 1 M rechts, 1 M mit Umschlag wie zum Linksstricken abheben, ab * stets wiederholen.

2. Runde: * 1 M rechts, 1 M mit dem Umschlag links zusammenstricken, ab * stets wiederholen.

Die 1.–2. Runde stets wiederholen.

So wird's gemacht

Das Kleid von unten nach oben in Runden stricken, an den Armausschnitten teilen und Rücken- und Vorderteil separat fertigstellen.

Hinweis: *wenn nichts anderes beschrieben ist, wird doppelfädig mit je einem Faden beider Garne gearbeitet.*

Hinweis: *aus dem Kontrastgarn 2 Fäden von ca. 12–13 cm Länge abschneiden und jeweils zu einem Fadenring verknoten. Die beiden Fadenringe dienen als Markierer, die sich von den übrigen Maschenmarkierern deutlich unterscheiden.*

260 (268/276/284) M italienisch mit einem Faden Cool Wool Lace mit Nadel 5,5 mm anschlagen und 4 Übergangsreihen stricken (siehe Seite 162/163). Dann einen Faden Cashmere fine dazunehmen, zu Nadel 6 mm wechseln, die M zur Runde schließen und im Halbpatent mit je einem Faden beider Garne weiterarbeiten. Der Rundenanfang liegt in der hinteren Mitte.

In einer Höhe von 5 cm zu Nadel 5 mm wechseln.

1. Runde: 73 (75/77/79) M rechts, 2 M rechts zusammenstricken, 1 Umschlag, einen Fadenring einhängen, 1 M rechts, 1 Umschlag, 1 Überzug, 105 (109/113/117) M rechts, 2 M rechts zusammenstricken, 1 Umschlag, einen

Fadenring einhängen, 1 M rechts, 1 Umschlag, 1 Überzug, 72 (74/76/78) M rechts.

2. Runde: alle M rechts stricken.

3. Runde: * bis 2 M vor dem Fadenring rechts, 2 M rechts zusammenstricken, 1 Umschlag, den Fadenring auf die rechte Nadel heben, 1 M rechts, 1 Umschlag, 1 Überzug, ab * noch 1× wiederholen, die übrigen M rechts.

4. Runde: alle M rechts stricken.

Die 3. und 4. Runde stets wiederholen, dabei gleichzeitig:

In der 9. Runde: * 2 M rechts zusammenstricken, 1 Umschlag, ab * noch 31× (32×/33×/34×) wiederholen, 9 M rechts, 2 M rechts zusammenstricken, 1 Umschlag, 1 M rechts, 1 Umschlag, 1 Überzug, 8 M rechts, * 2 M rechts zusammenstricken, 1 Umschlag, ab * noch 43× (45×/47×/49×) wiederholen, 9 M rechts, 2 M rechts zusammenstricken, 1 Umschlag, 1 M rechts, 1 Umschlag, 1 Überzug, 8 M rechts,* 2 M rechts zusammenstricken, 1 Umschlag, ab * noch 31× (32×/33×/34×) wiederholen.

In der 12. Runde: wie die 2. Runde arbeiten, dabei für die seitlichen Abnahmen nach der 24. (25./26./27.) M, der 72. (74./76./78.) M, der 79. (81./83./85.) M, der 181. (187./193./199.) M, der 188. (194./200./206.) M und der 236. (243./250./257.) M je 1 MM setzen.

In der 13. Runde (Abnahmerunde): wie die 3. Runde arbeiten, dabei **vor dem 1. MM** 2 M mit aufliegender Mittelmasche abnehmen (siehe Seite 167), dann den MM 1 M nach links versetzen, **vor dem 2. und dem 4. MM** 2 M rechts zusammenstricken, **nach dem 3. und 5. MM** 1 Überzug arbeiten und **nach dem 6. MM** 2 M mit aufliegender Mittelmasche abnehmen, dann den MM 1 M nach rechts versetzen = 8 Abnahmen pro Abnahmerunde.

Die Abnahmerunde noch 3× in jeder 14. Runde, dann 3× in jeder 16. Runde und noch 3× in jeder 18. Runde wiederholen = 180 (188/196/204) M.

In der folgenden 18. Runde: nur noch die Abnahmen vor und nach dem vertikalen Lochmuster an den Seiten arbeiten (= die Abnahmen am 1. MM und 6. MM auslassen und nur noch vor dem 2. MM und 4. MM und nach dem 3. MM und 5. MM arbeiten), gleichzeitig die ersten 12 (12/14/14) M als 1 M rechts, 1 M links im Wechsel stricken, bis zu den letzten 13 (13/15/15) M stricken, dann 1 M links, 1 M rechts im Wechsel stricken und mit 1 M links enden = 4 Abnahmen pro Abnahmerunde.

Diese Abnahmen noch 2× in jeder 12. Runde (1× in der 18. Runde / 0× / 0×) wiederholen = 168 (180/192/200) M, dabei die ersten 12 (12/14/14) M und die letzten 13 (13/15/15) M weiter im Rippenmuster arbeiten.

Weitere 18 Runden in dieser Mustereinteilung ohne Abnahmen stricken.

Anschließend bis zu einer Höhe von 75 cm ab Anschlag wieder die 3. und 4. Runde über alle M stets wiederholen. Dann die Arbeit für die Armausschnitte teilen: 42 (45/48/50) M ungestrickt auf die rechte Nadel heben und 84 (90/96/100) M des Vorderteils zunächst stilllegen.

Rückenteil

Den Faden abschneiden, am linken Rand des Rückenteils neu ansetzen und zunächst eine Rückreihe über die 84 (90/96/100) M des Rückenteils arbeiten.

In der folgenden Hinreihe für die Armausschnitte: doppelte Randm, 1 M rechts, 1 Überzug, bis 5 M vor Ende der Reihe stricken, 2 M rechts zusammenstricken, 1 M rechts, Doppelte Randm.

Diese Abnahme noch 5× (5×/6×/6×) in jeder 2. Reihe und 8× in jeder 4. Reihe wiederholen.

Gleichzeitig in der 6. Abnahmereihe für den rückwärtigen Halsausschnitt die Arbeit teilen: die ersten M wie beschrieben bis zur Mitte stricken, dann diese 36 (39/42/44) M stilllegen und über die folgenden 37 (40/43/45) M die linke Rückenteilhälfte (mit den 6. Abnahmen) arbeiten.

In der folgenden Hinreihe am rechten Rand die Abnahmen für den Halsausschnitt arbeiten: doppelte Randm, 1 M rechts, 1 Überzug. Diese Abnahme noch 18× (18×/19×/19×) in jeder 2. Runde wiederholen, **am linken Rand** die Abnahmen für die Armausschnitte weiterführen = 9 (12/13/15) M.

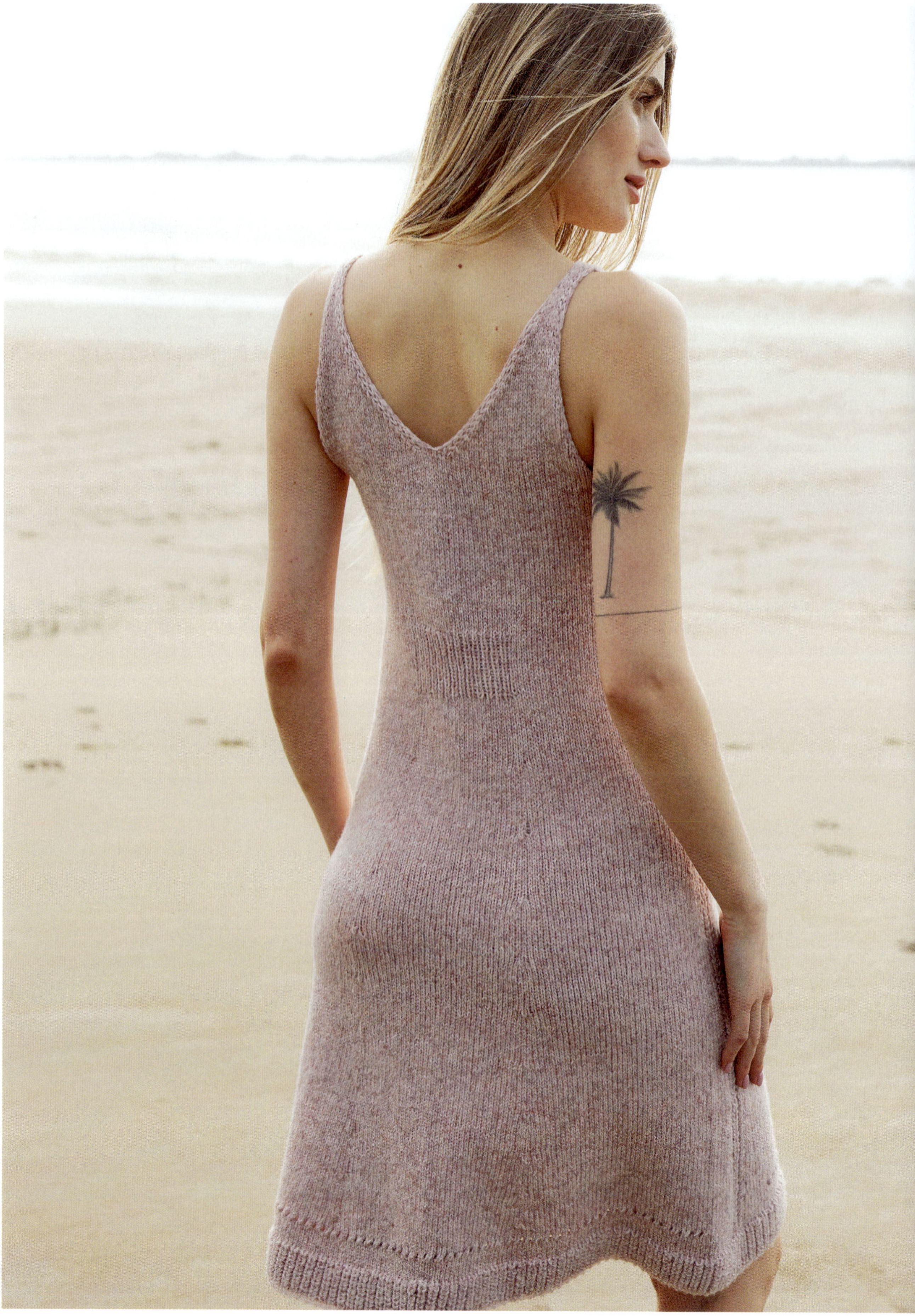

In der folgenden 4. Reihe noch 2 M mit aufliegender Mittelmasche abnehmen (siehe Seite 163) = 7 (10/11/13) M.

Dann noch 10 (12/14/16) Reihen jeweils mit Doppelten Randm am Anfang und am Ende der Reihe stricken. Anschließend die M abketten.

Die stillgelegten 36 (39/42/44) M der rechten Rückenteilhälfte aufnehmen und für den Halsausschnitt **am linken Rand** bis 5 M vor Ende der Reihe stricken, 2 M rechts zusammenstricken, 1 M rechts, Doppelte Randm. Diese Abnahme noch 18× in jeder 2. Reihe wiederholen, dabei **am rechten Rand** die Abnahmen der Armausschnitte weiterarbeiten und in der folgenden 4. Reihe 2 M mit aufliegender Mittelmasche abnehmen = 7 (10/11/13) M.

Über die verbliebenen 7 (10/11/13) M noch 10 (12/14/16) Reihen stricken, dann die M abketten.

Vorderteil

Nun die 84 (90/96/100) M des Vorderteils aufnehmen.

Die Abnahmen der Armausschnitte wie beim Rückenteil arbeiten.

Gleichzeitig in der 4. Abnahmereihe für den vorderen Halsausschnitt die Arbeit teilen: die ersten 37 (40/43/45) M (einschließlich der Abnahme für den Armausschnitt am rechten Rand) stricken, dann stilllegen und über die folgenden 38 (41/44/46) M die **rechte Vorderteilhälfte** arbeiten.

Die Abnahmen für den Halsausschnitt **am rechten Rand** wie beim Rückenteil 16× (16×/17×/17×) in jeder 2. Reihe und 2× (2×/2×/2×) in jeder 4. Reihe arbeiten. Die Abnahmen für den Armausschnitt **am linken Rand** am Ende der Reihe weiterarbeiten und nach Beendigung der Abnahmen für den vorderen Halsausschnitt in der folgenden 4. Reihe 2 M mit aufliegender Mittelmasche abnehmen.

Über die verbliebenen 7 (10/11/13) M noch 10 (12/14/16) Reihen stricken, dann die M abketten.

Die stillgelegten M für die **linke Vorderteilhälfte** aufnehmen und gegengleich arbeiten.

Fertigstellen

Die M der Träger im Maschenstich schließen (siehe Seite 168). Das Kleid unter feuchten Tüchern spannen und trocknen lassen.

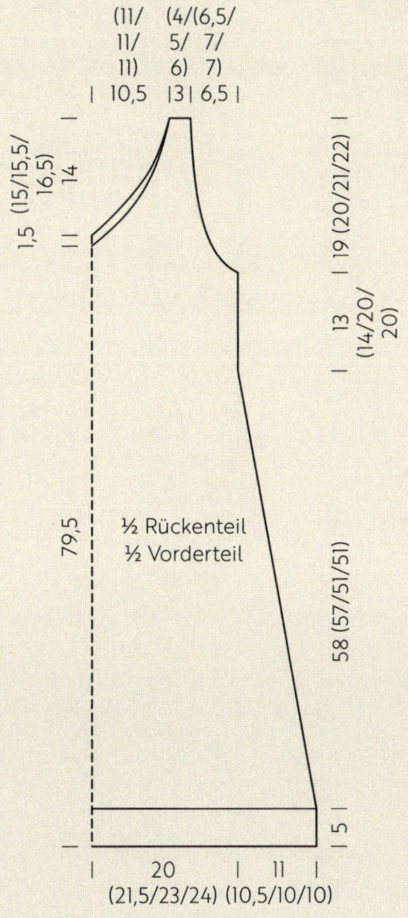

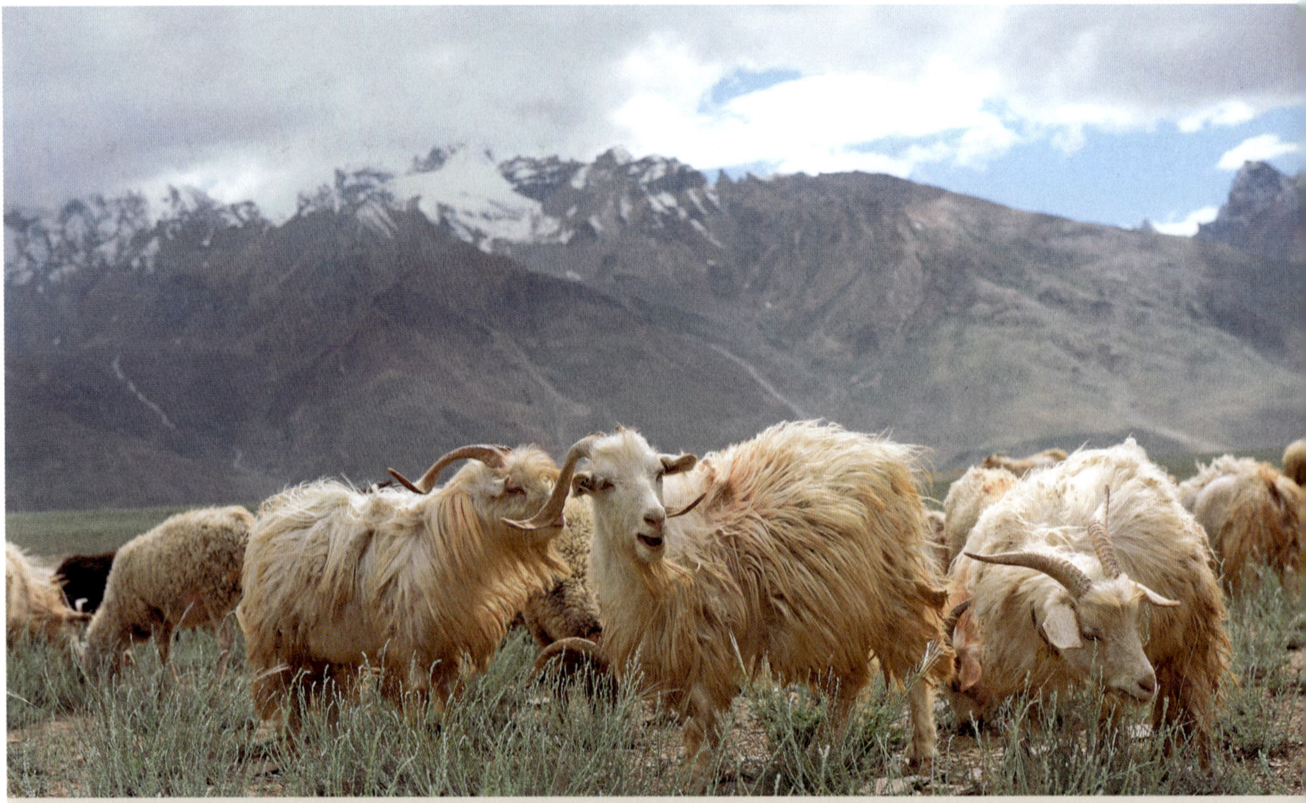

GUT ZU WISSEN

Der **Ursprung** dieser besonderen Faser liegt dort, wo sich Indien und China berühren. In der rauen zentralasiatischen Bergwelt auf einer Höhe von bis zu 5000 Metern ist die Kaschmirziege heimisch, ein genügsames, reges Tier, das wenig Futter benötigt.

Den kargen klimatischen Bedingungen, den strengen Wintern und den schwülwarmen Sommern passte sich die Kaschmirziege durch ein Unterfell aus dichtem, ultrafeinem, weichem Flaumhaar unter dem relativ groben langen Schutzhaar an.

Je härter und länger der Winter, umso besser fällt der Ertrag an feinem Flaumhaar aus.

Wichtigste **Erzeugerländer** sind heute China und die Innere Mongolei, wo sich Kooperationen mit europäischen Garnspinnereien gebildet haben.

Jeweils im Frühjahr, wenn das Wetter milder wird, verlieren die Tiere Haare. Die Hirten bringen ihre Herde zusammen, um die **Fasern** zu sammeln und das Haar mit einem speziellen Kammsystem auszukämmen. Würde man die Ziegen scheren, müssten die Tiere ohne ihr schützendes Vlies erfrieren und das feine Flaumhaar würde sich mit dem groben Schutzhaar vermischen.

Das ausgekämmte Unterhaar wird dann zur weiteren **Verarbeitung** zunächst manuell sorgfältig ausgelesen, um Reste des Schutz- oder Deckhaares zu entsorgen. Im Anschluss muss das Haar gewaschen werden, um Sand und Wollfett zu entfernen. Dann wird das Haar nach seinen natürlichen Farben vorsortiert, von dunklem Braun über Grau bis hin zu möglichst reinem Weiß, anschließend noch nach der Länge der Fasern. Je länger und feiner die Faser der Rohware, umso dünner und wertvoller ist der daraus gesponnene Faden. Je heller (weißer) die Faser, umso besser werden die Farbstoffe aufgenommen, sodass die Farben der späteren Garne umso brillanter werden. Wirklich weißes Haar ist allerdings sehr selten.

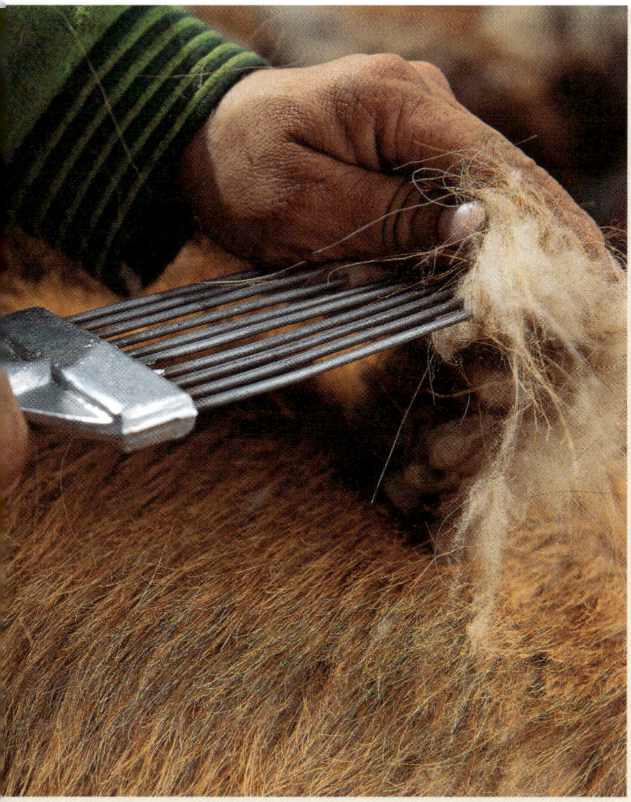

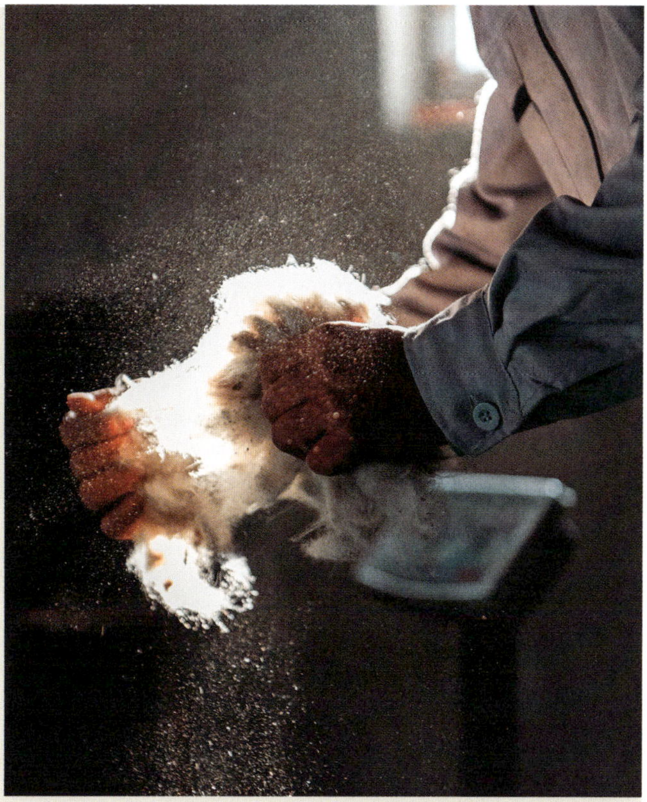

Eine Ziege produziert jährlich maximal 200–300 Gramm Unterhaar. Davon bleibt nach dem Kämmen und der Verarbeitung maximal die Hälfte zur Herstellung des Kaschmirgarns übrig. Der Verlust wird auch als **»Anteil der Götter«** bezeichnet.

Vor dem Versand muss die Rohware noch einmal gewaschen und desinfiziert werden, bevor sie zu Ballen gepresst an die Spinnereien geliefert wird. Dort wird sie abschließend geprüft, dunkle Haarbüschel und Grannenhaare werden ausgesondert, zu Garn versponnen und gefärbt.

Um einen einzigen Pullover zu stricken, wird je nach Dicke das Unterhaar von drei bis fünf Kaschmirziegen benötigt. Dieser aufwendige und arbeitsintensive Prozess erklärt den hohen **Preis des Kaschmirs.**

Die Kaschmirgarne, die ich für dieses Projekt einsetzen durfte – von der feinen 4-fädigen Lace-Qualität bis zum 28-fädigen Bulky Garn, verzwirnt mit Seide, Polyamid oder auch recyceltem Kaschmir –, haben mich von ihrer Qualität sehr begeistert. Es war ein haptisches Vergnügen, damit zu arbeiten.

Auch wenn der Kauf von Kaschmirgarnen eine Investition bedeutet, ist es eine **Investition, die sich lohnt.** Denn Qualität bedeutet im Sinne der Nachhaltigkeit auch lange Freude an dem Strickstück.

Es lohnt sich aber auch, über Kombinationen von Kaschmir mit anderen Materialien nachzudenken. Das schont nicht nur den Geldbeutel, sondern ergänzt den edlen Kaschmir durch die Vorzüge der jeweiligen Partner. Ich habe für dieses Buch z. B. auch Mischgarne eingesetzt, die durch einen relativ geringen Anteil an Kaschmir geadelt werden.

Für einige Modelle habe ich doppelfädig gearbeitet und dazu reines Kaschmir mit einem anderen Garn kombiniert, z. B. mit einer Lace-Merinowolle oder einem feinen Mohair-Seidengarn. Die Wolle verleiht dem Kaschmir Stabilität und Elastizität. Die Kombination mit Mohair und Seide ergibt einen federleichten Griff und zusätzlichen Schimmer.

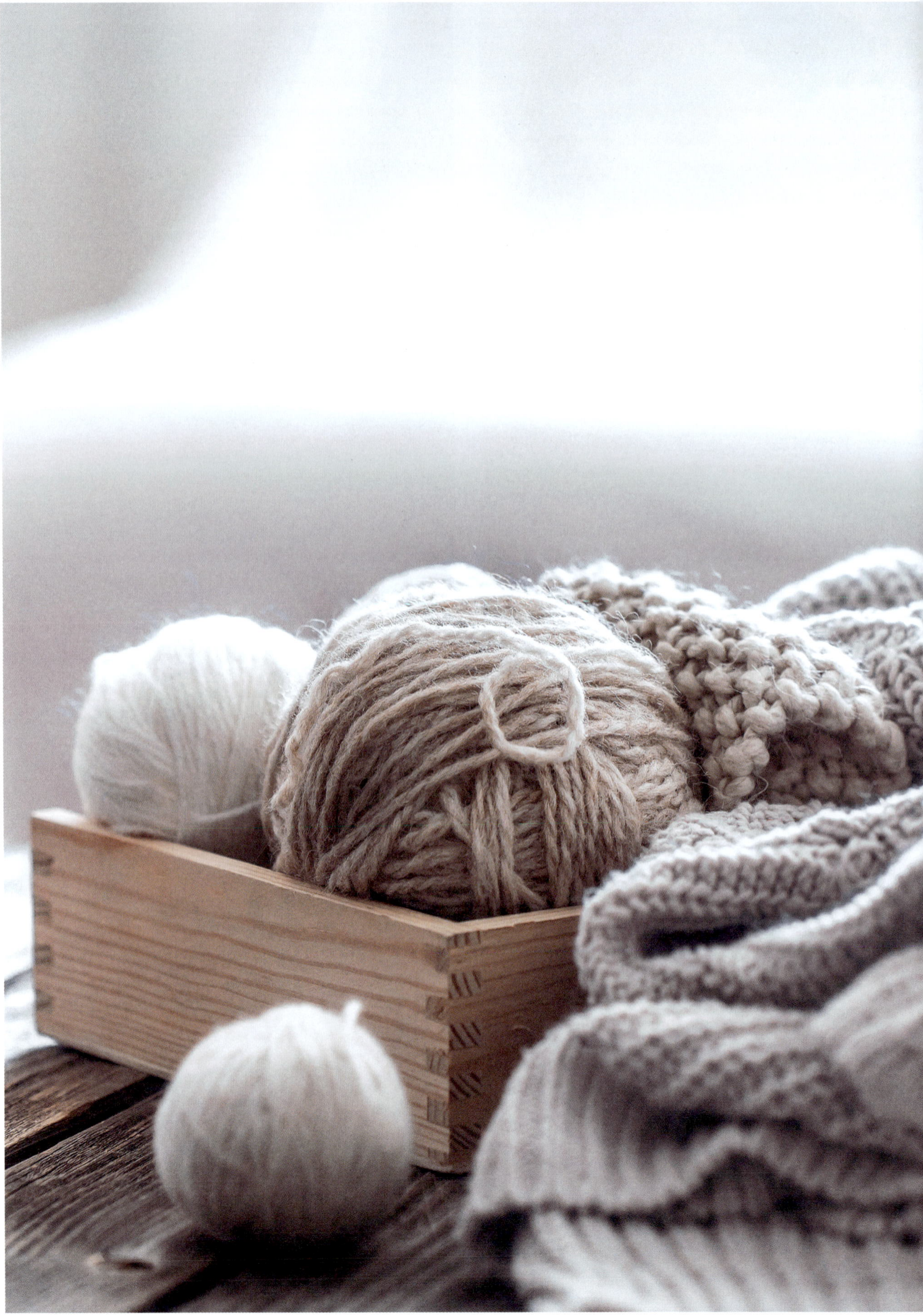

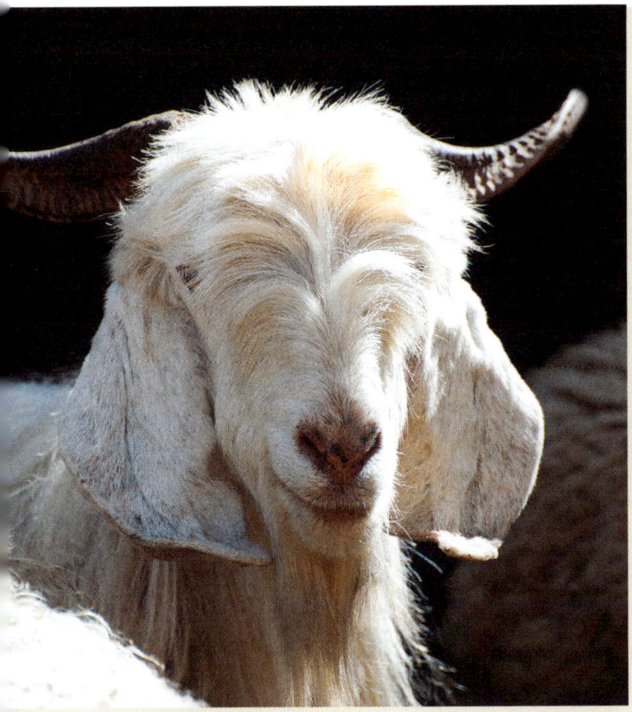

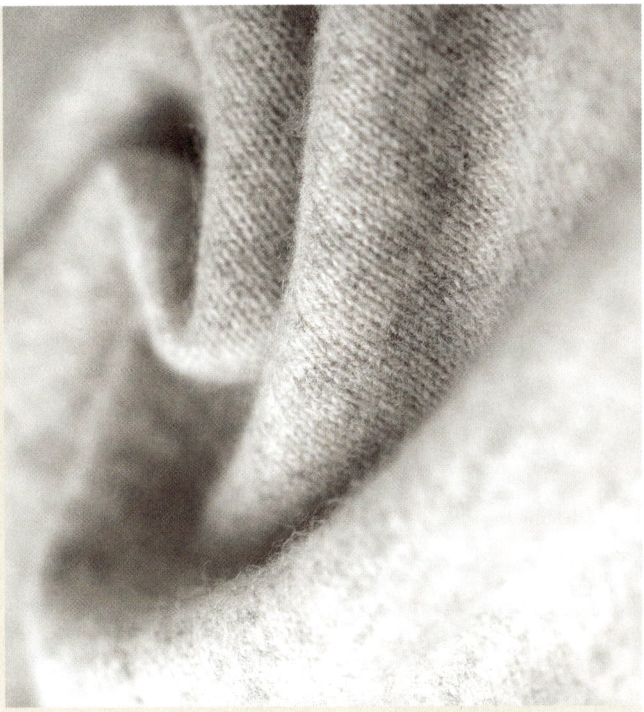

Liebe & Sorgfalt

Kaschmirprodukte sollten mit Liebe und Sorgfalt gepflegt werden, um lange daran Freude zu haben.

Es empfiehlt sich auch, den Lieblingspulli nicht an zwei Tagen hintereinander zu tragen. Er sollte mindestens einen Tag zwischen dem Tragen ruhen können.

Wäsche

Am besten wäschst du Kaschmir mit der Hand in kaltem Wasser und nur mit geeignetem, flüssigem Wollwaschmittel. Bei der Wäsche in der Maschine sollte immer ein sehr schonender Wollwaschgang eingestellt und ein Wäschenetz benutzt werden. Nach der Wäsche spülst du das Strickstück mehrmals mit klarem Wasser aus, bis keine Seifenreste mehr vorhanden sind, drückst es ganz sanft in einem Handtuch aus und lässt es liegend, am besten auf einem Netz, trocknen. Direkte Sonneneinstrahlung sollte dabei vermieden werden.

Aufbewahrung

Kaschmir ist anfällig für Motten. Wenn du dein Kaschmirprodukt länger nicht trägst, bewahre es in einem luftdichten, ausreichend großen Beutel oder einer verschlossenen Box auf und gib Mottenkugeln, Zedernholz oder Lavendel mit hinein.

Reinigung

Wenn du unsicher bist, bring deine Kaschmirstücke in eine Reinigung. Dort wird man dich beraten und die Reinigung fachgerecht durchführen. Hilfreich ist es dafür, eine Banderole aufzuheben, damit die Reinigungskraft Rückschlüsse auf die Zusammensetzung des Garns ziehen kann.

Pilling

Leider bleibt ein leichtes Pilling bei keiner Naturfaser aus. Die kleinen Knötchen lassen sich meist sehr leicht abzupfen. Ein Fusselrasierer sollte vermieden werden, da meist auch der leichte, feine Flaum mit abrasiert wird. Die bessere Wahl ist ein spezieller Kaschmirkamm.

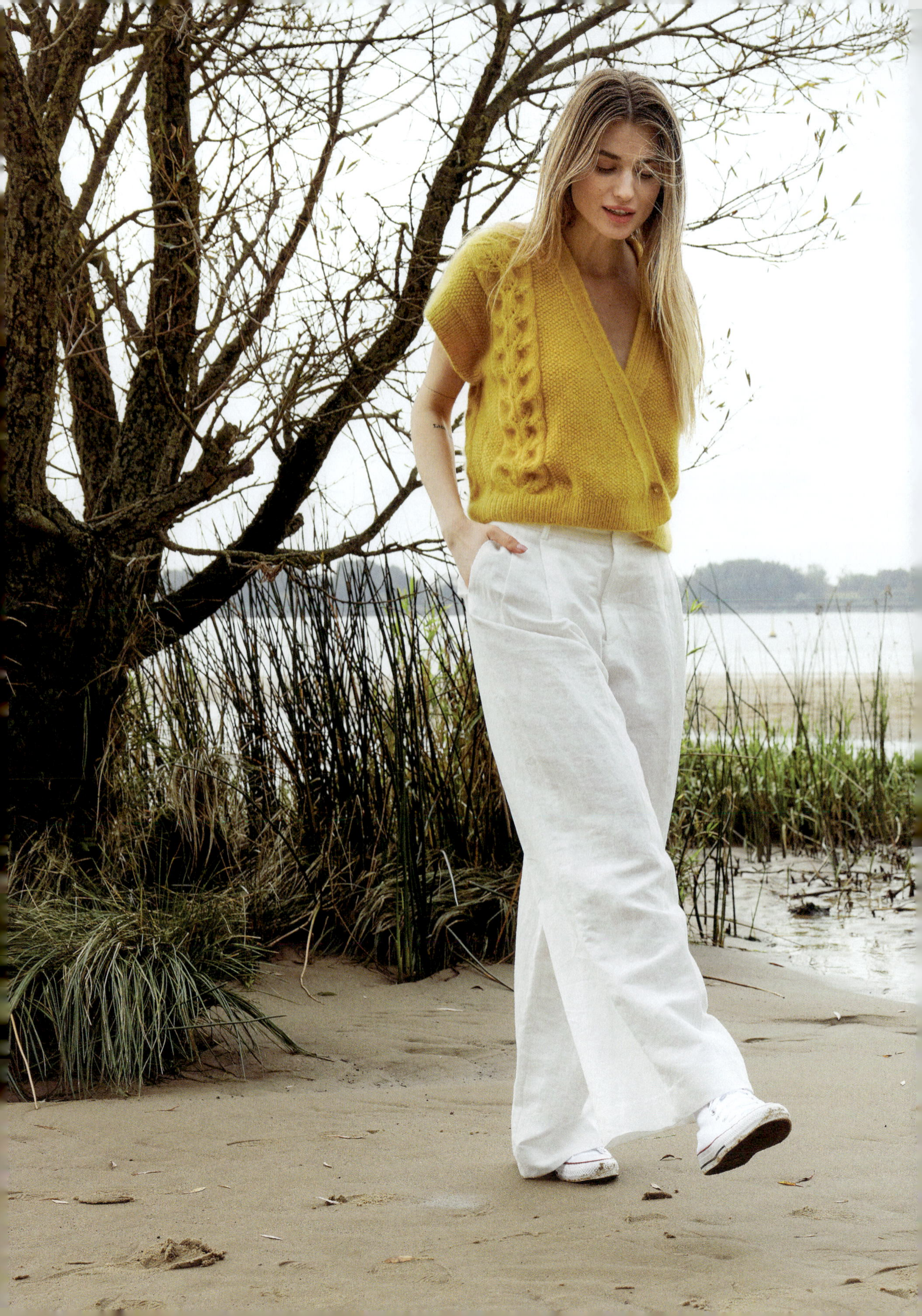

Ich mag alles Weiche,
wie Kaschmir und Daunen.
Ich mag nichts Kratziges.

Linda Ronstadt

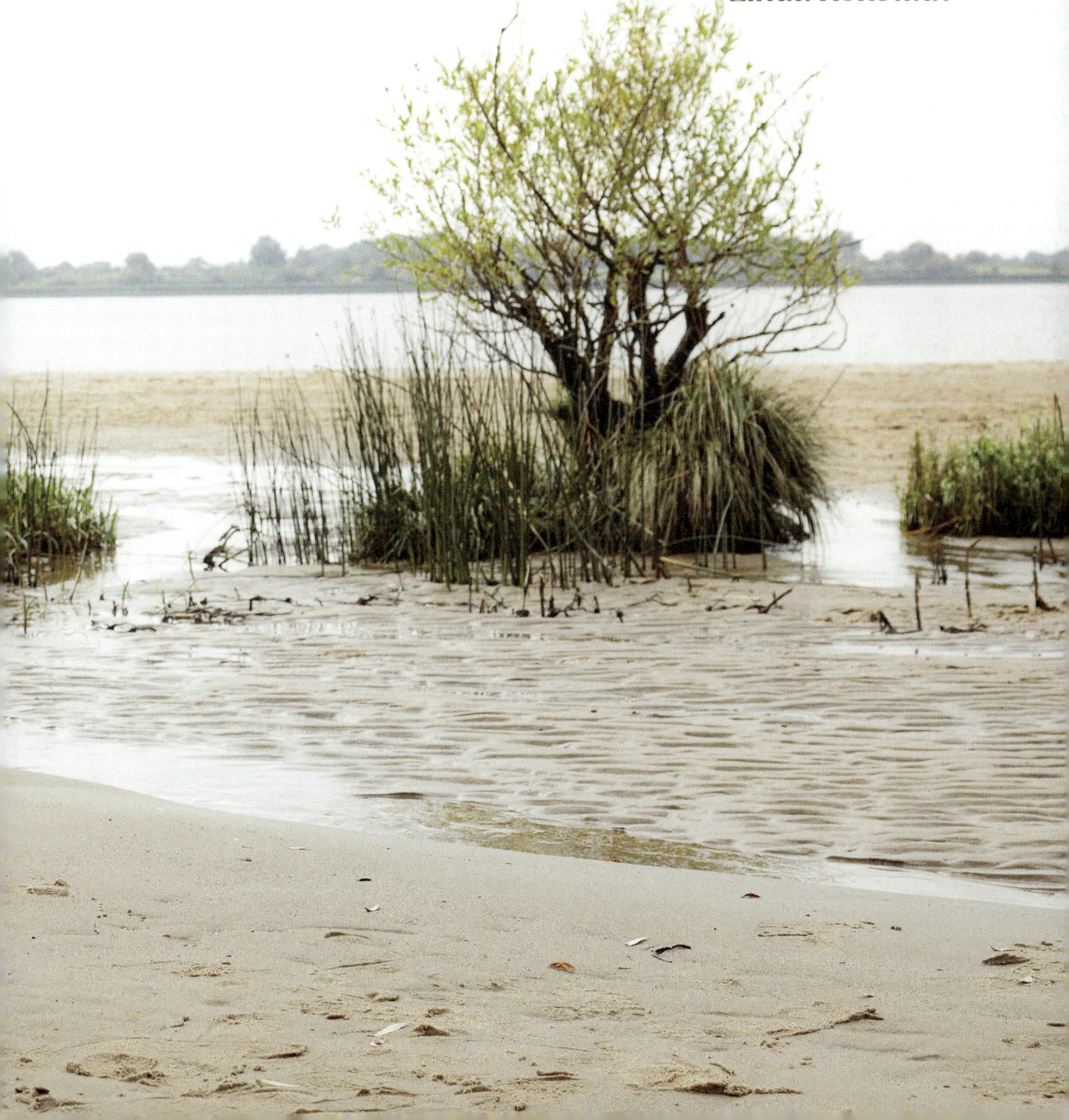

Cachecœur

34/36, 38/40, 42/44 und 46/48

Die Angaben für die kleinste Größe stehen vor der Klammer, die für die beiden größeren Größen aufsteigend in den Klammern. Einzelne Angaben gelten für alle Größen.

Schwierigkeitsgrad

mittel

Material

Langyarns Cashmere light
88 % Cashmere, 12 % Polyamid
LL = 85 m/25 g
300 (325/350/350) g Gelb (Fb 0014)

Stricknadeln 5 mm und 6 mm
2 Knöpfe Durchmesser 24 mm

Maschenproben

Glatt rechts mit Nadel 6 mm:

20,5 Maschen und 36 Reihen = 10 cm × 10 cm

Blattmuster mit Nadel 6 mm:

21 Maschen und 36 Reihen = 10 cm × 10 cm

Bündchenmuster mit Nadel 5 mm:

24 Maschen und 36 Reihen = 10 cm × 10 cm

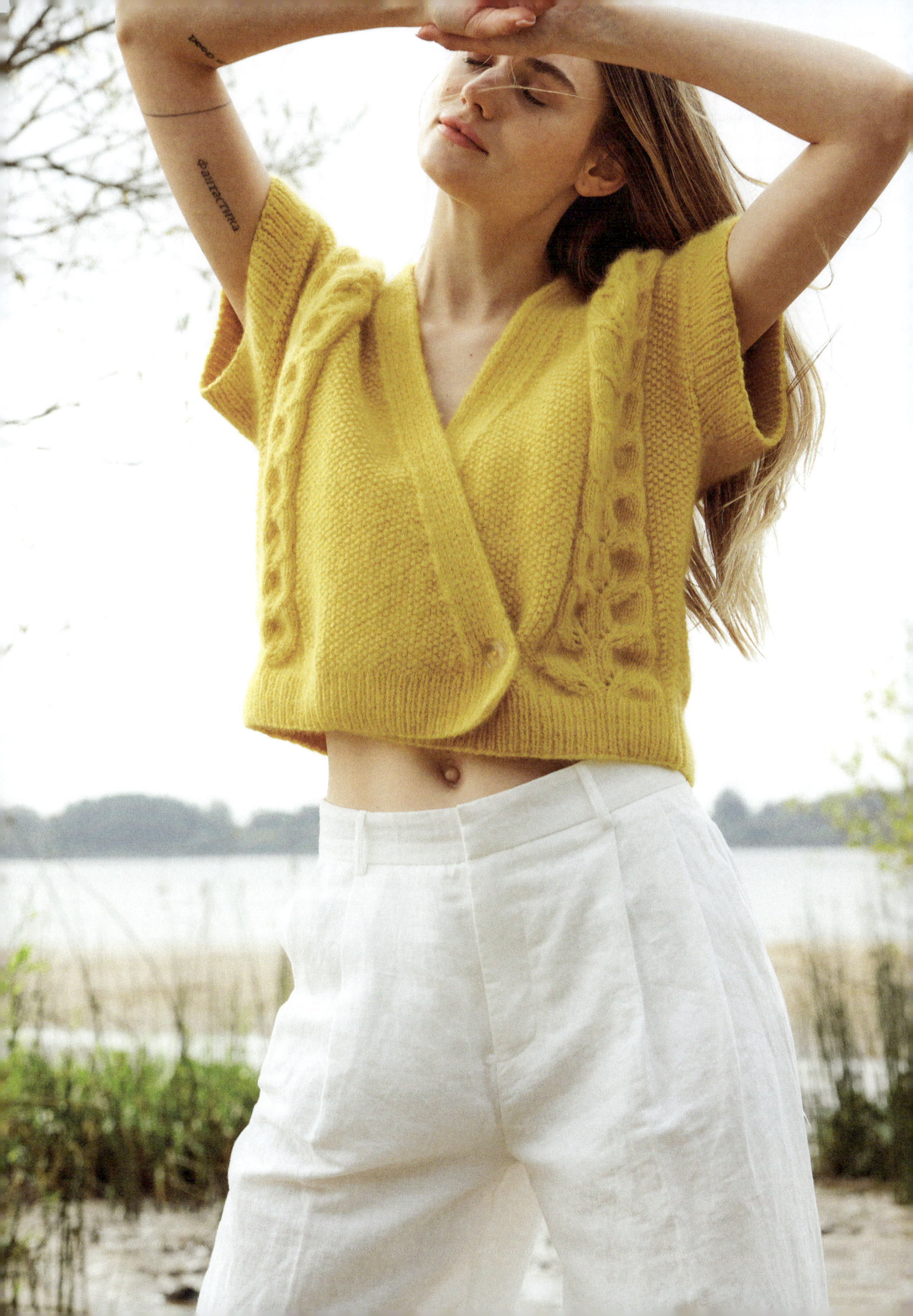

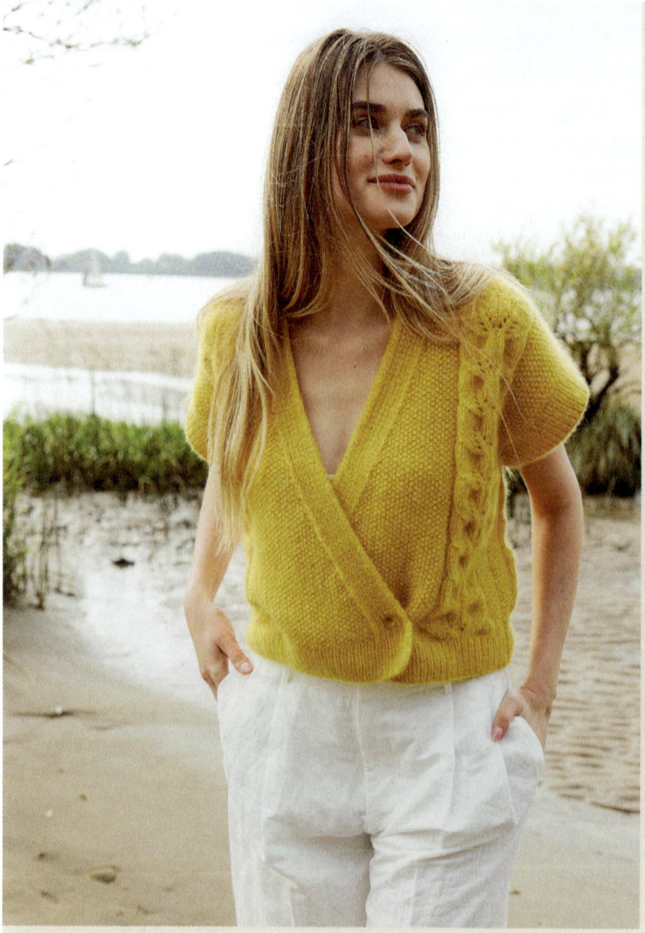

Muster und Maschen

Glatt rechts

In Hinreihen rechte M, in Rückreihen linke M stricken. In Runden stets rechte M stricken.

Perlmuster

1 M rechts, 1 M links im Wechsel stricken. Das Muster in jeder Reihe um 1 M versetzen.

Blattmuster (über je 11 M)

Nach der Strickschrift arbeiten. Es sind nur die Hinreihen gezeichnet. In den Rückreihen die M stricken, wie sie erscheinen, und Umschläge links stricken. In der Breite 1× die 25 M des Rapports an der in der Anleitung beschriebenen Position arbeiten. In der Höhe die 1.–12. Reihe stets wiederholen.

Bündchenmuster

1 M rechts, 1 M links im Wechsel stricken. Die M in alle Reihen stricken, wie sie erscheinen.

Blendenm (über 11 M)

In den Hinreihen: 1 M rechts, 1 M links im Wechsel stricken, enden mit 1 M rechts.

In den Rückreihen: die linken M mit dem Faden VOR der Arbeit wie zum Linksstricken abheben, die rechten M rechts stricken.

Doppelte Randm

Am rechten Rand: in Hin- und Rückreihen jeweils 1 M rechts, 1 M mit dem Faden VOR der Arbeit wie zum Linksstricken abheben.

Am linken Rand: in Hin- und Rückreihen jeweils 1 M mit dem Faden VOR der Arbeit wie zum Linksstricken abheben, 1 M rechts.

Betonte Abnahmen

Am linken Rand: bis zu den letzten 15 M stricken, 1 Überzug, 11 Blendenm, Doppelte Randm.

Am rechten Rand: doppelte Randm, 11 Blendenm, 2 M rechts zusammenstricken.

So wird's gemacht

Für das Rückenteil und die beiden Vorderteile werden jeweils Maschen an der unteren Kante angeschlagen und von unten nach oben gearbeitet. Die Blenden der Vorderteile werden angestrickt und ab Schulterkante weiter hochgestrickt. Nach dem Schließen der Schulternähte werden die Blenden an den schmalen Kanten verbunden und an den rückwärtigen Halsausschnitt genäht. Wenn die Seitennähte geschlossen sind, werden Maschen aus den Armausschnitten aufgenommen und die Armblenden in Runden gestrickt. Zum Schluss werden zwei Knöpfe angenäht: Ein Knopf wird am linken Vorderteil auf der Außenseite, der Gegenknopf am rechten Vorderteil von innen angenäht.

Rückenteil

96 (102/108/114) M mit Nadel 5 mm anschlagen und 5 cm im Bündchenmuster stricken. Zu Nadel 6 mm wechseln und die M einteilen: Randm, 3 (5/7/9) M im Perlmuster, 25 M im Blattmuster, 38 (40/42/44) M im Perlmuster, 25 M im Blattmuster, 3 (5/7/9) M im Perlmuster, Randm. Für die Seitenschrägen an beiden Seiten 8× in jeder 8. Reihe je 1 M zunehmen = 112 (118/124/130) M.

In einer Höhe von 45 (46/47/48) cm ab Anschlag für die Schulterschrägen an beiden Seiten in jeder 2. Reihe 1× 12 M und 2× 13 M (1× 14 M und 2× 13 M / 3× 14 M / 1× 14 M und 2× 15 M) abketten. In einer Höhe von 47 (48/49/50) cm die übrigen 36 (38/40/42) M abketten.

Linkes Vorderteil

80 (84/88/92) M mit Nadel 5 mm anschlagen und 5 cm im Bündchenmuster stricken, dabei die letzten beiden M als Doppelte Randm arbeiten. Zu Nadel 6 mm wechseln und die M einteilen: Randm, 3 (5/7/9) M im Perlmuster, 25 M Rapport Blattmuster, 38 (40/42/44) M Perlmuster, 11 Blendenm, Doppelte Randm.

Die **Seitenschrägen am rechten Rand** wie beim Rückenteil arbeiten. Gleichzeitig **in der 4. Reihe** (Hinreihe) ein Knopfloch in die Blende einarbeiten: 4 Blendenm stricken, 3 M abketten, 4 Blendenm, Doppelte Randm. In der folgenden Rückreihe die 3 M wieder anschlingen.

Für die Schräge **am linken Rand in der 4. Reihe** und dann noch 36× (38×/40×/42×) in jeder 4. Reihe 1 M betont abnehmen: bis zu den letzten 15 M stricken, einen Überzug, 11 Blendenm, Doppelte Randm = 51 (53/55/57) M.

In einer Höhe von 45 (46/47/48) cm für die Schulterschrägen an der rechten Seite die Abnahmen wie beim Rückenteil arbeiten = 13 M. Die 13 Blendenm weiterstricken, dafür an der Schulterseite eine M zunehmen und in den folgenden Reihen Nahtrandm arbeiten. Nach 9 (9,5/10/10,5) cm die M stilllegen.

Rechtes Vorderteil

Gegengleich zum linken Vorderteil arbeiten. Ebenfalls ein Knopfloch einarbeiten.

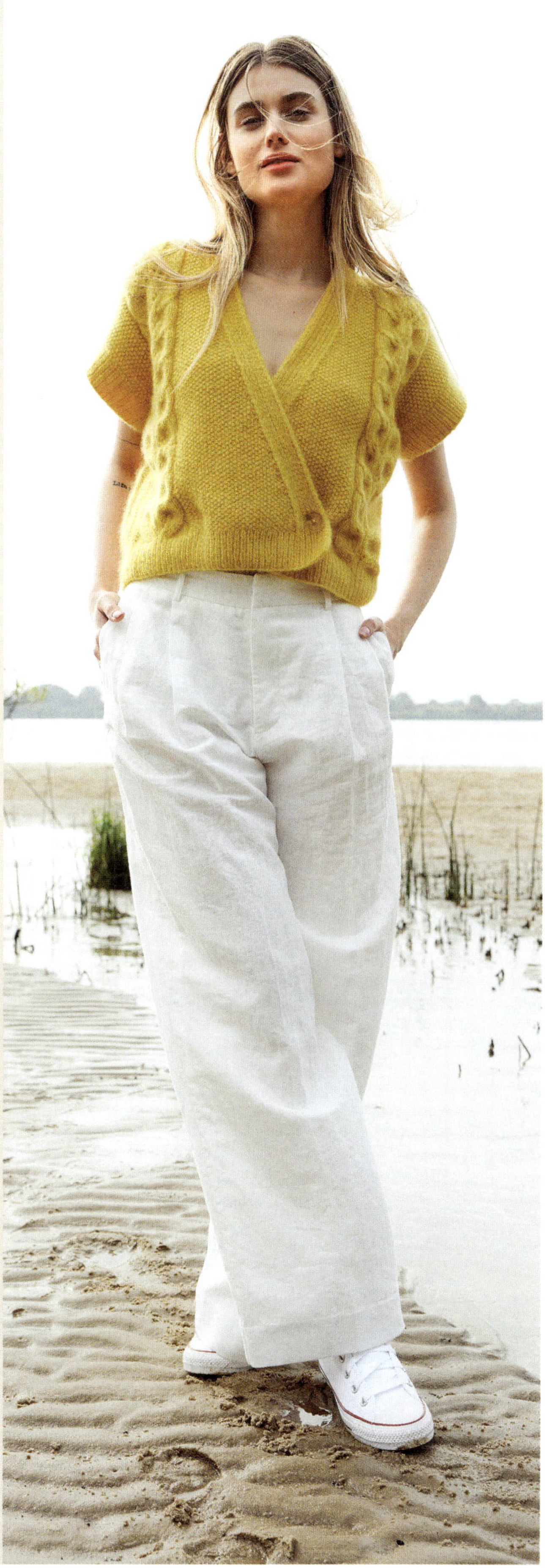

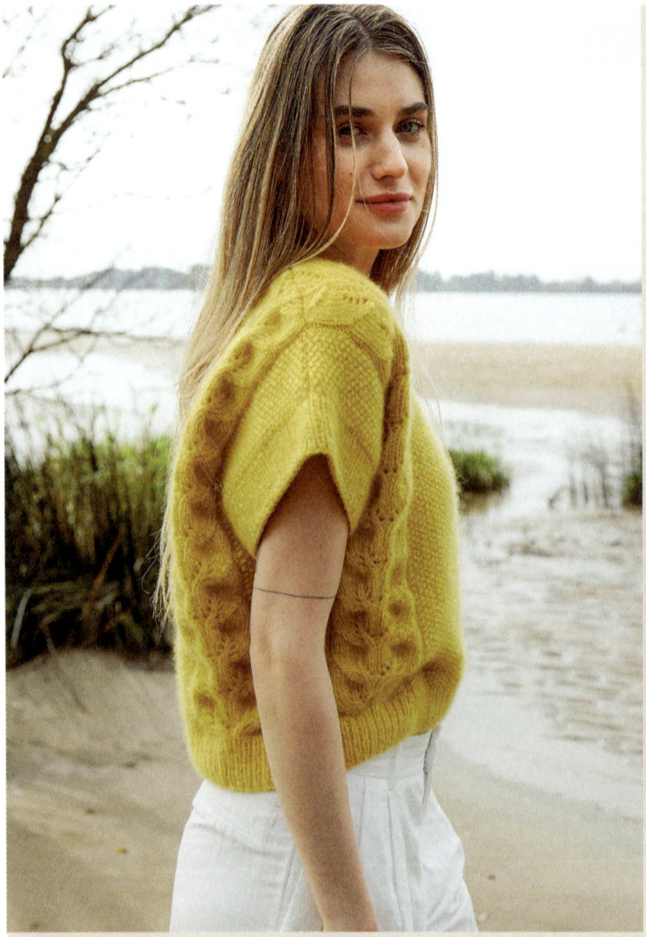

Fertigstellen

Die Schulternähte schließen. Die stillgelegten Blendenm im Maschenstich schließen und die Blende an den hinteren Halsausschnitt nähen. Dann die Seitennähte schließen, dabei die jeweils 21 (22/23/24) cm für die Armlöcher offenlassen. Aus den Armlöchern 100 (106/110/116) M mit Nadel 5 mm aufnehmen, zur Runde schließen und im Blendenmuster arbeiten. Nach 5 cm alle M abketten.

Die Knöpfe annähen: einen Knopf auf der Außenseite des linken Vorderteils und den Gegenknopf auf der Innenseite des rechten Vorderteils.

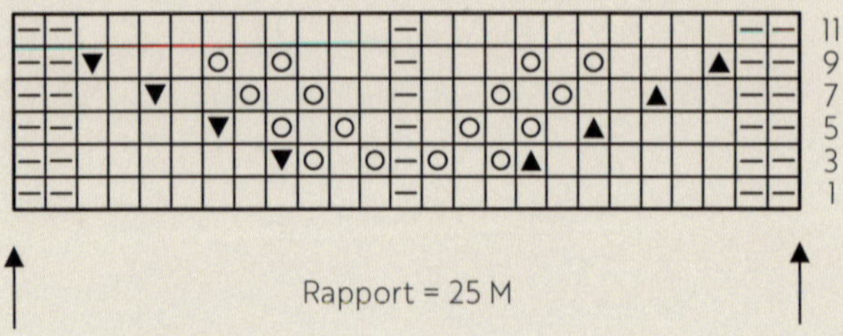

□ = 1 M glatt rechts, in der folgenden Rückreihe links stricken

⊟ = 1 M glatt links, in der folgenden Rückreihe rechts stricken

⊙ = 1 Umschlag, in der folgenden Rückreihe links stricken

▲ = 3 M rechts zusammenstricken, in der folgenden Rückreihe links stricken

▼ = 1 M wie zum Rechtsstricken abheben, 2 M rechts zusammenstricken, dann die abgehobene M über die zusammengestrickten M ziehen, in der folgenden Rückreihe links stricken

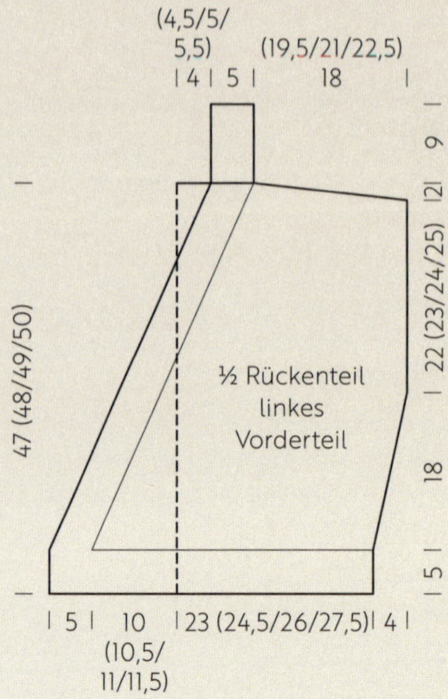

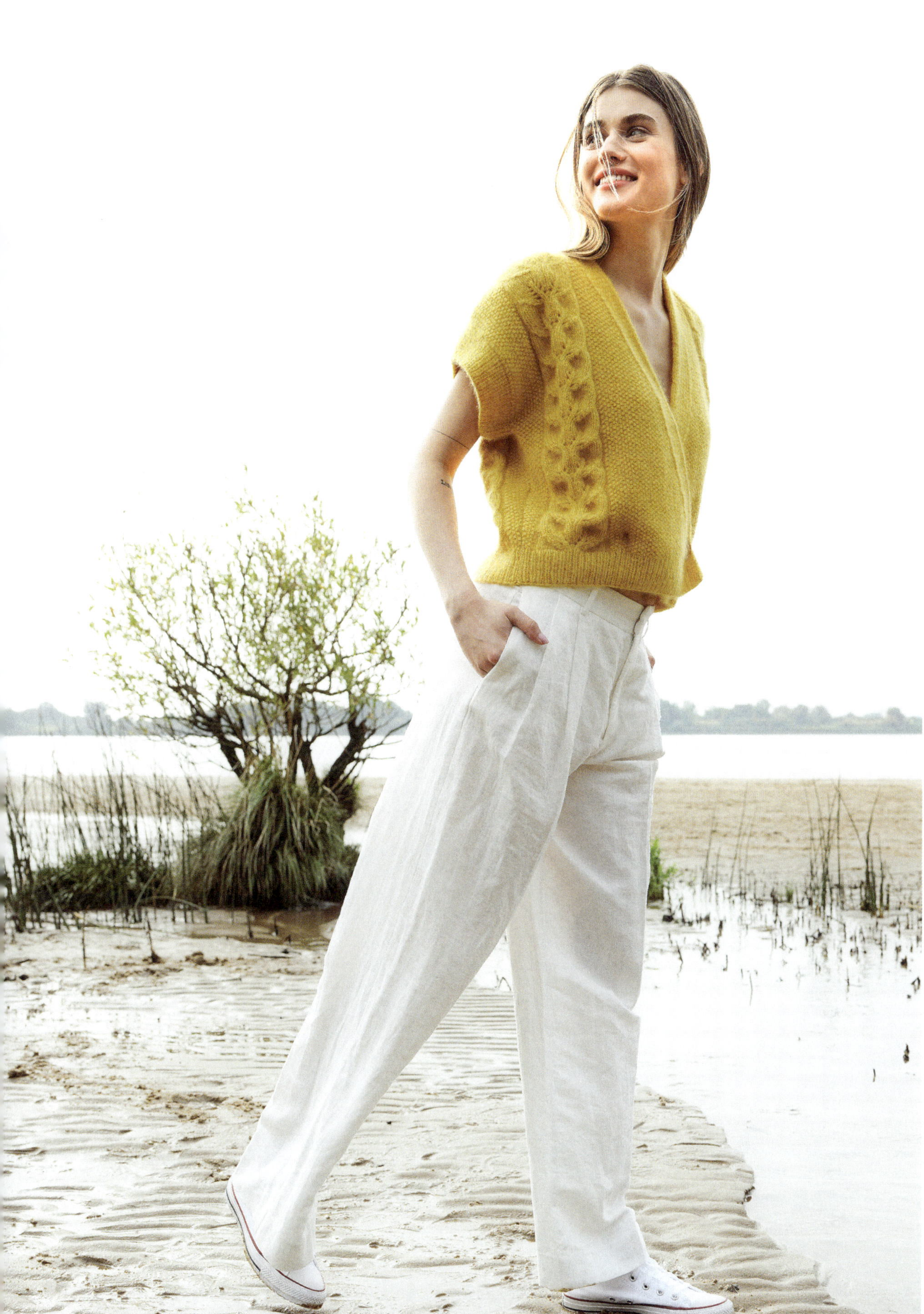

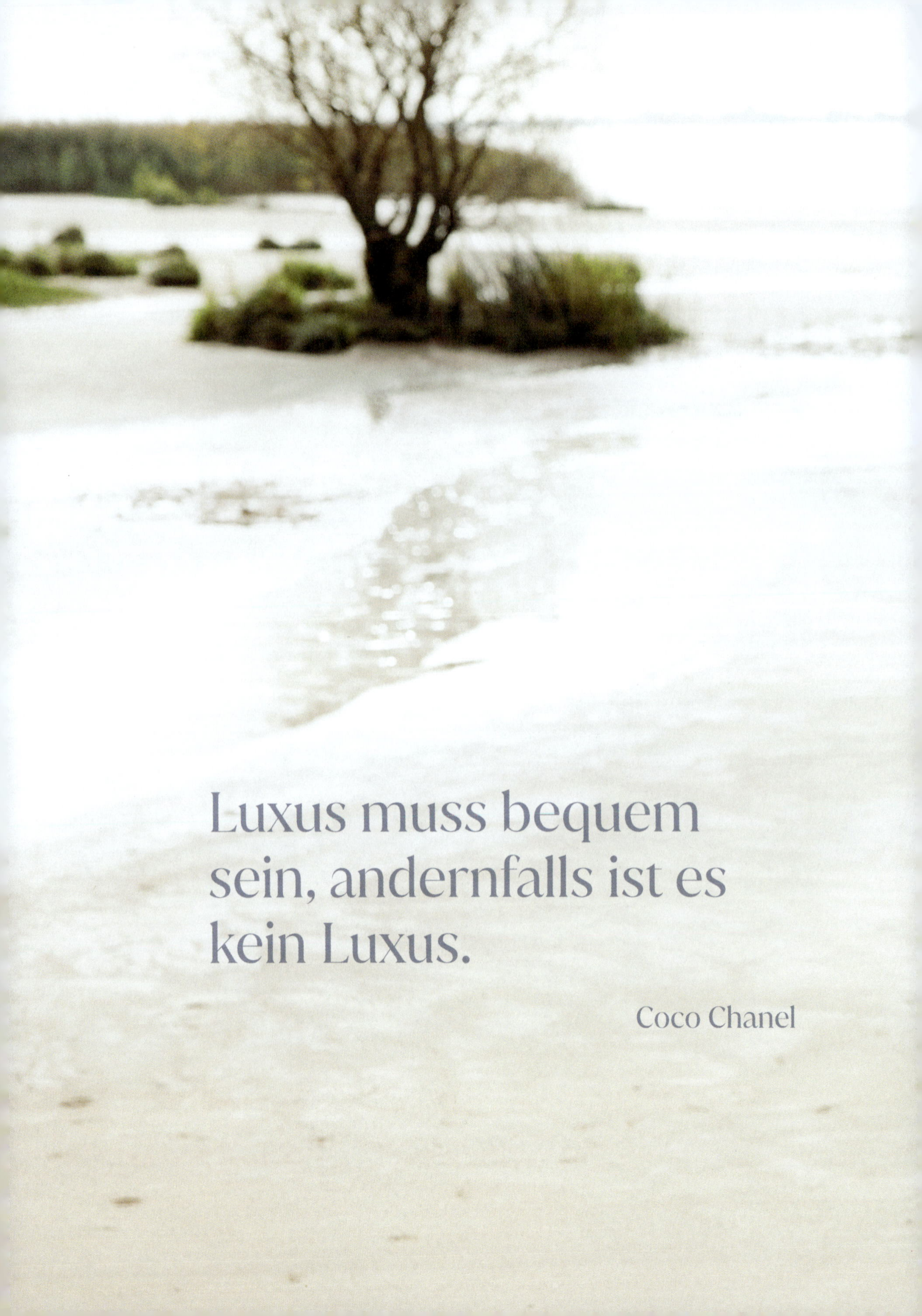

Luxus muss bequem sein, andernfalls ist es kein Luxus.

Coco Chanel

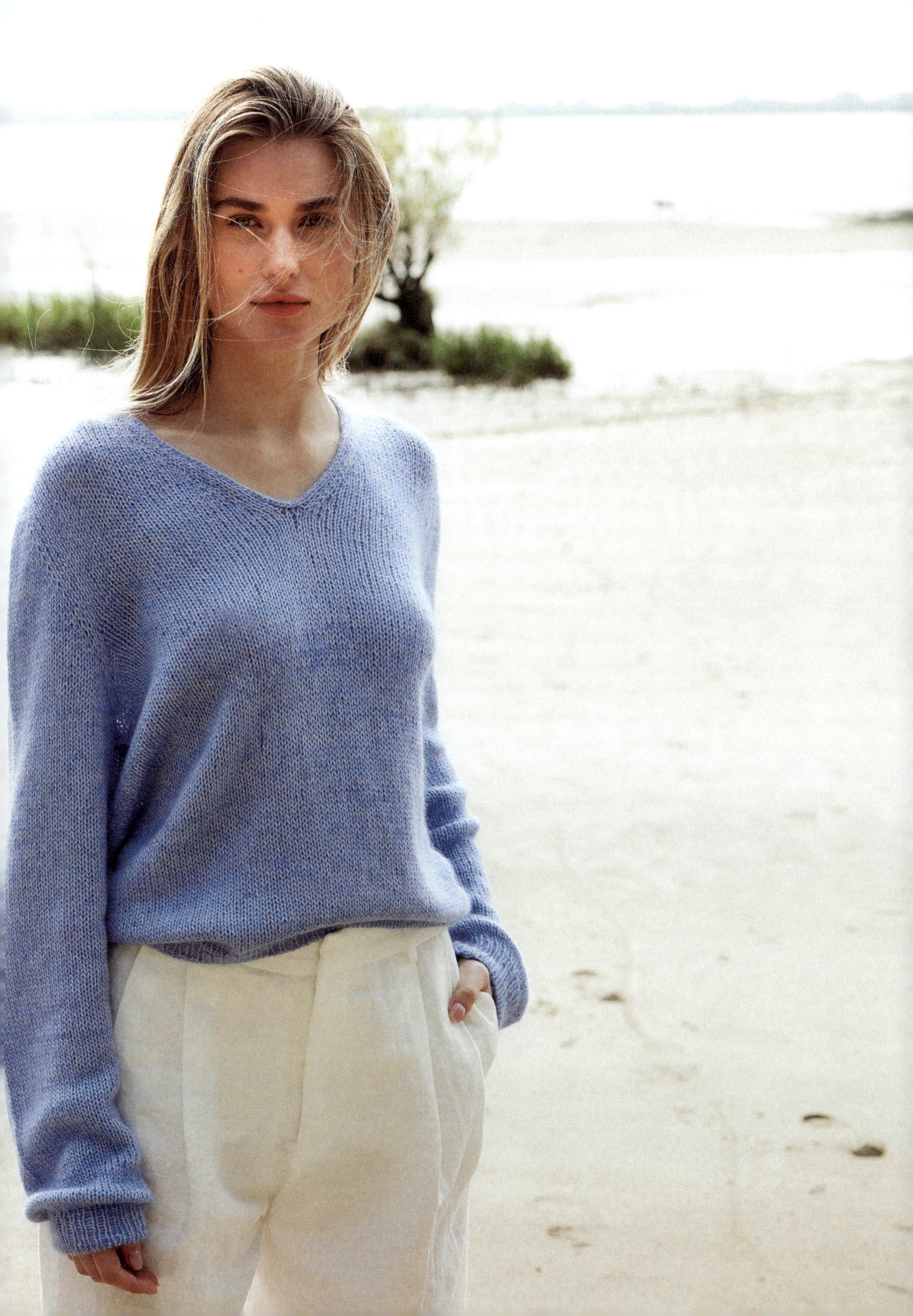

V-Ausschnitt-Pullover

36/38, 40/42, 44/46 und 48/50

Schwierigkeitsgrad

fortgeschritten

Material

Langyarns Cashmere Premium
100 % Cashmere, LL = 115 m/25 g
225 (250/275/300) g Jeans mélange (Fb 0133)

und

Langyarns Mohair 21
58 % Mohair, 42 % Seide, LL = 375 m/25 g
75 (100/125/150) g Blau (Fb 0010)

je eine Rundstricknadel 4,5 mm, 5 mm
und 5,5 mm
für die Ärmel ein Nadelspiel in 5 mm
und 5,5 mm
eine Nadel eines Nadelspiels 4,5 mm
Maschenmarkierer

Maschenprobe

Glatt rechts mit Nadel 5,5 mm:

18 Maschen und 26 Reihen = 10 cm × 10 cm

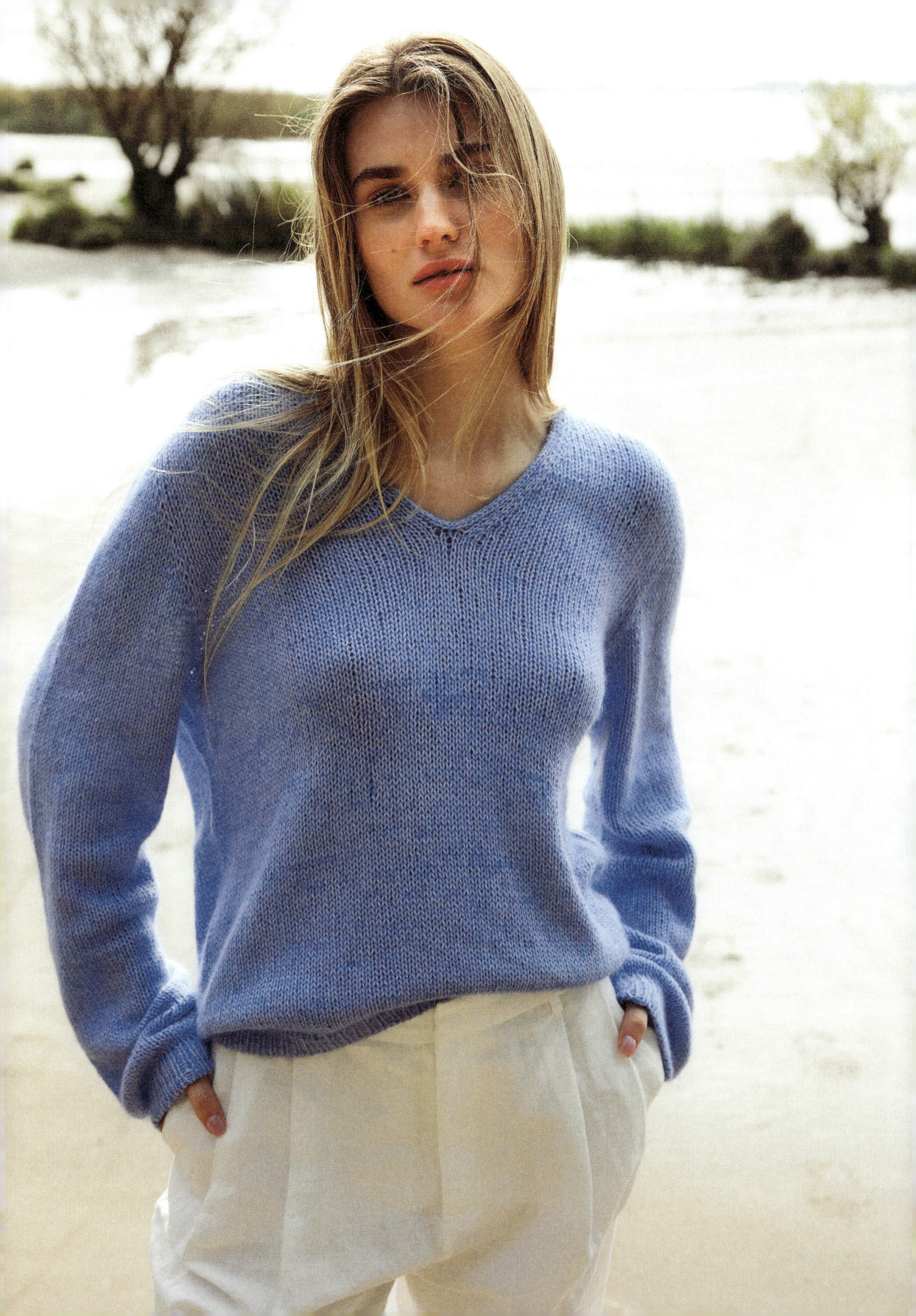

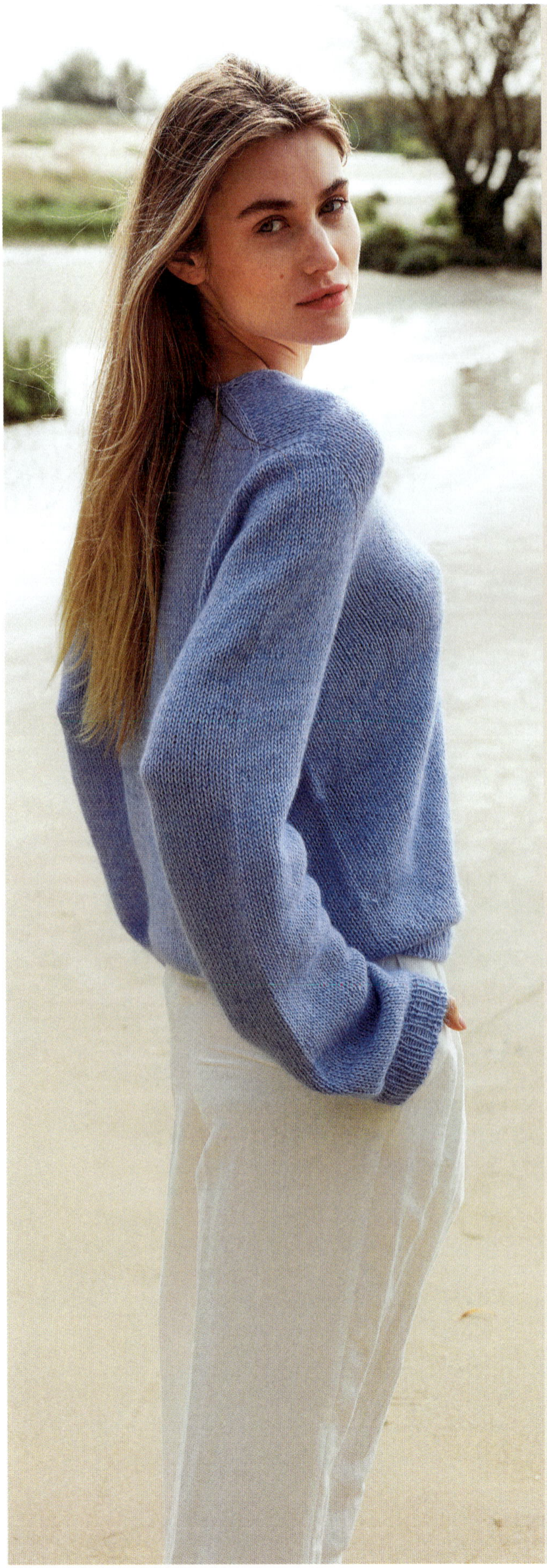

Muster und Maschen

Glatt rechts

In Hinreihen rechte M, in Rückreihen linke M stricken.

1 rechtsgeneigte Zunahme

Den Querfaden zwischen 2 M von hinten nach vorne aufnehmen und mustergemäß rechts oder links stricken.

1 linksgeneigte Zunahme

Den Querfaden von vorne nach hinten aufnehmen und mustergemäß rechts verschränkt oder links verschränkt stricken.

So wird's gemacht

Der Pullover wird von oben nach unten gearbeitet. Dazu werden zunächst Maschen im Nacken angeschlagen und dann Reihe für Reihe Maschen für die beiden Schultern und den oberen Rücken zugenommen. Danach werden aus den Schultermaschen Maschen für das Vorderteil herausgestrickt, zunächst in Reihen gearbeitet und mit den Zunahmen für den Halsausschnitt begonnen. Aus den Randmaschen der Schultermaschen werden Maschen für die Ärmel aufgenommen und alle Maschen von Vorder- /Rückenteil und Ärmeln auf einer Rundstricknadel gesammelt. Sobald alle Zunahmen für den Halsausschnitt gearbeitet worden sind, wird in Runden gearbeitet, dabei werden Maschen für Ärmel und Rumpf zugenommen. Sobald alle Zunahmen gearbeitet sind, werden die Ärmelmaschen stillgelegt und in Runden zunächst der Rumpf und im Anschluss die Ärmel gearbeitet.

Es wird stets zweifädig mit je einem Faden beider Garne gearbeitet.

Rückenteil

30 (30/32/32) M mit je einem Faden beider Garne anschlagen und zunächst 1 Rückreihe links stricken. In der folgenden Hinreihe mit den Zunahmen für die Schulter beginnen:

1. Reihe (Hinreihe): Randm, 2 M rechts, 1 linksgeneigte rechte Zunahme, bis zu den letzten 3 M der Reihe stricken, 1 rechtsgeneigte rechte Zunahme, 2 M rechts, Randm (= 2 Zunahmen).

2. Reihe (Rückreihe): Randm, 2 M links, 1 rechtsgeneigte linke Zunahme, bis 3 M vor Ende der Reihe links stricken, 1 linksgeneigte linke Zunahme, 2 M links, Randm (= 2 Zunahmen).

Die beiden Zunahmereihen insgesamt 10× (11×/11×/12×) arbeiten = 70 (74/78/82) M.

Dann die M stilllegen und das Vorderteil an den Schulterkanten beginnen.

Rechte Schulter

21 (23/23/25) M aus der **rechten Schulterschräge** des Rückenteils herausstricken, 1 Rückreihe links, dann 14 Reihen glatt rechts stricken.

In der folgenden Hinreihe mit den **Zunahmen für den Halsausschnitt** beginnen: bis zu den letzten 3 M der Reihe stricken, 1 rechtsgeneigte rechte Zunahme, 2 M rechts, Randm. Diese Zunahme noch 1× in der 4. Reihe wiederholen = 23 (25/25/27) M. Nach der folgenden Rückreihe die M stilllegen.

Linke Schulter

Dann 21 (23/23/25) M der **linken Schulterschräge** des Rückenteils herausstricken, 1 Rückreihe links, dann 14 Reihen glatt rechts stricken.

In der folgenden Hinreihe mit den **Zunahmen für den Halsausschnitt** beginnen: am Anfang der Reihe 1 Randm, 2 M rechts, 1 linksgeneigte rechte Zunahme, die Reihe mustergemäß zu Ende stricken. Diese Zunahme noch 1× in der 4. Reihe wiederholen = 23 (25/25/27) M. Den Faden nicht abschneiden.

In der folgenden Hinreihe die M aller 3 Teile verbinden: Randm, 2 M rechts, 1 linksgeneigte Zunahme, 18 (20/20/22) M der linken Schulter stricken, 1 Überzug, 1 MM einhängen, 14 M aus den seitlichen Schulterreihen herausstricken, 1 MM einhängen, 2 M rechts zusammenstricken, 66 (70/74/78) M des Rückenteils stricken, 1 Überzug, 1 MM einhängen, 14 M aus den seitlichen Schulterreihen herausstricken, 1 MM einhängen, 2 M rechts zusammenstricken, 18 (20/20/22) M der rechten Schulter stricken, 1 rechtsgeneigte rechte Zunahme, 2 M rechts, Randm = 142 (150/154/162) M: 23 (25/25/27) M je Schulter, 14 M Ärmel, 68 (72/76/80) M Rückenteil.

In Hin- und Rückreihen glatt rechts stricken und dabei Zunahmen für die Ärmel und den Halsausschnitt arbeiten: Randm, 2 M rechts, 1 linksgeneigte rechte Zunahme, die M der linken Schulter rechts bis zum MM, den MM auf die rechte Nadel heben, 1 linksgeneigte rechte Zunahme, die M des Ärmels rechts, 1 rechtsgeneigte rechte Zunahme, den MM auf die rechte Nadel heben, die M des Rückenteils rechts, den MM auf die rechte Nadel heben, 1 linksgeneigte rechte Zunahme, die M des rechten Ärmels rechts, 1 rechtsgeneigte rechte Zunahme, den MM auf die rechte Nadel heben, die M der rechten Schulter rechts bis 3 M vor Ende der Reihe, 1 rechtsgeneigte rechte Zunahme, 2 M rechts, Randm = 6 Zunahmen.

Die Zunahmen für die Ärmel 14× in jeder 2. Reihe, die Zunahmen für den Halsausschnitt 7× in jeder 4. Reihe (7× in jeder 4. Reihe / 5× in jeder 4. Reihe und noch 4× in jeder 2. Reihe / 5× in jeder 4. Reihe und noch 4× in jeder 2. Reihe) wiederholen = 212 (220/228/236) M: 30 (32/34/36) M je Vorderteil, 42 (42/42/42) M je Ärmel und 68 (72/76/80) M für das Rückenteil.

In der folgenden Hinreihe Zunahmen für die Ärmel, den Halsausschnitt, Vorderteile und Rückenteil arbeiten: Randm, 2 M rechts, 1 linksgeneigte rechte Zunahme, die linke Schulter bis 2 M vor dem MM stricken, 1 rechtsgeneigte rechte Zunahme, 2 M rechts, den MM abheben, 1 linksgeneigte rechte Zunahme, die M des linken Ärmels stricken, 1 rechtsgeneigte rechte Zunahme, den MM abheben, 2 M rechts, 1 linksgeneigte rechte Zunahme, die M des Rückenteils bis 2 M vor dem MM stricken, 1 rechtsgeneigte rechte Zunahme, den MM abheben, 1 linksgeneigte rechte Zunahme, die M des rechten Ärmels rechts, 1 rechtsgeneigte rechte Zunahme, den MM abheben, 2 M rechts, 1 linksgeneigte rechte Zunahme, bis 3 M vor Rundenende stricken, 1 rechtsgeneigte rechte Zunahme, 2 M rechts, Randm = 10 Zunahmen.

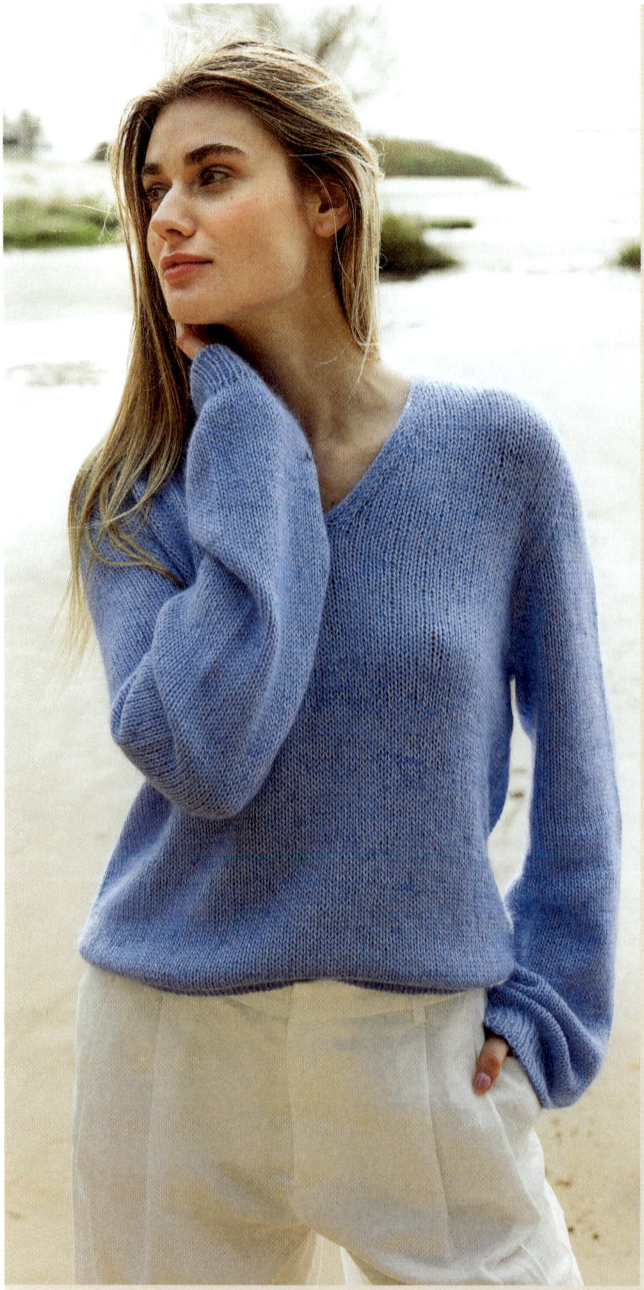

Die Zunahmen noch 3× in jeder 2. Reihe wiederholen = 252 (260/268/276) M: 38 (40/42/44) M je Vorderteil, 50 M je Ärmel und 76 (80/84/88) M für das Rückenteil.

Nach der nächsten Hinreihe **die M zur Runde schließen**, anschließend noch einmal zum 1. MM stricken: der Rundenanfang liegt am Übergang vom Vorderteil zum linken Ärmel.

1. Runde: alle M rechts stricken.

2. Runde (Zunahmerunde): 1 linksgeneigte rechte Zunahme, die M des linken Ärmels rechts, 1 rechtsgeneigte rechte Zunahme, den MM abheben, 2 M rechts, 1 linksgeneigte rechte Zunahme, die M des Rückenteils bis 2 M vor dem MM rechts, 1 rechtsgeneigte rechte Zunahme, 2 M rechts, den MM abheben, 1 linksgeneigte rechte Zunahme, die M des rechten Ärmels , 1 rechtsgeneigte rechte Zunahme, den MM abheben, 2 M rechts, 1 linksgeneigte rechte Zunahme, die M des Vorderteils bis 2 M vor dem MM rechts, 1 rechtsgeneigte rechte Zunahme, 2 M rechts = 8 Zunahmen.

Diese Zunahmen noch 4× (5×/6×/6×) in jeder 2. Reihe wiederholen = 284 (300/316/332) M: 84 (90/96/102) M je Vorder- und Rückenteil, 58 (60/62/64) M je Ärmel.

Die M von Rumpf und Ärmel teilen und unter den Armausschnitten neue M dazu anschlagen:

Ab Rundenbeginn 58 (60/62/64) M des linken Ärmels stilllegen, 6 (7/8/9) M neu anschlingen, 84 (90/96/102) M für das Rückenteil stricken, 58 (60/62/64) M des rechten Ärmels stilllegen, 6 (7/8/9) M neu anschlingen, 84 (90/96/102) M für das Vorderteil stricken = 180 (194/208/222) M.

Den Rundenbeginn mittig unter dem linken Armausschnitt mit 1 MM markieren und nach 90 (97/104/111) M einen weiteren MM für die Seitennaht setzen.

In Runden arbeiten, nach 14 (16/16/16) Runden für die Seitenschrägen jeweils nach den MM 1 M rechts, 2 M rechts zusammenstricken, vor den MM 1 Überzug, 1 M rechts = 4 M abgenommen. Diese Abnahmen 4× in jeder 14. Runde (4× in jeder 14. Runde / 4× in jeder 14. Runde / 2× in jeder 16. Runde und 2× in jeder 14. Runde) wiederholen = 160 (174/188/202) M. 14 (14/16/16) weitere Runden stricken.

In einer Höhe von 32 (33/34/35) cm ab Rundenschluss zu Nadel 5 mm wechseln und 4 cm im Bündchenmuster stricken. Dann 2 Übergangsreihen im Doppelstrick arbeiten:

1. Runde: * 1 M rechts, 1 M mit dem Faden VOR der Arbeit wie zum Linksstricken abheben, ab * stets wiederholen.

2. Runde: * 1 M mit dem Faden HINTER der Arbeit wie zum Linksstricken abheben, 1 M links, ab * stets wiederholen.

Den Faden abschneiden, dabei das Fadenende ca. 3× so lang wie die zu schließende Breite lassen und die M italienisch abketten (siehe Seite 164).

Ärmel

Die 58 (60/62/64) stillgelegten M eines Ärmels aufnehmen und aus den neu angeschlagenen M 6 (6/8/10) neue M herausstricken = 64 (66/70/74) M. Den Rundenbeginn mittig unter dem Armausschnitt mit 1 MM markieren. Für die Ärmelschrägung in der 16. (16./14./14.) Runde nach dem MM 1 M rechts, 2 M rechts zusammenstricken, bis 3 M vor Rundenende stricken, 1 Überzug, 1 M rechts = 2 M abgenommen. Diese Abnahmen noch 5× in jeder 16. Runde (5× in jeder 16. Runde / 6× in jeder 14. Runde / 7× in jeder 14. Runde) wiederholen = 52 (54/56/58) M. 16 weitere Runden stricken.

In einer Höhe von 43 cm zu Nadel 5 mm wechseln und 5 cm im Bündchenmuster stricken. Dann 2 Übergangsreihen im Doppelstrick arbeiten:

1. Runde: * 1 M rechts, 1 M mit dem Faden VOR der Arbeit wie zum Linksstricken abheben, ab * stets wiederholen.

2. Runde: * 1 M mit dem Faden HINTER der Arbeit wie zum Linksstricken abheben, 1 M links, ab * stets wiederholen.

Den Faden abschneiden, dabei das Fadenende ca. 3× so lang wie die zu schließende Breite lassen und die M italienisch abketten (siehe Seite 164).

Fertigstellen

Einen Laufknoten mit einem Fadenende von ca. 350 cm Länge machen, um damit mit einer Rundstricknadel 4,5 mm aus dem Halsausschnitt 120 (124/128/130) M aufzunehmen und einen I-Cord-Rand zu stricken. Dazu am Rundenanfang mit dem anderen Fadenende, das auf dem Knäuel kommt, 3 M dazu anschlagen. Mit einer Nadel des Nadelspiels über 2 M rechts stricken, dann die 3. M und die M aus dem Halsausschnitt überzogen rechts zusammenstricken, nicht wenden, sondern die M wieder an das andere Nadelende zurückschieben. Die Runden zu Ende stricken, dann die M abketten und die beiden Enden im Maschenstich verbinden (siehe Seite 168).

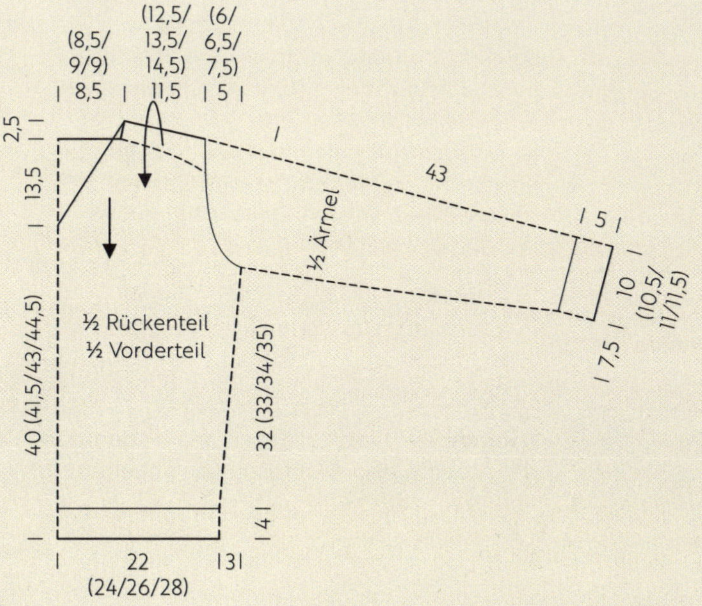

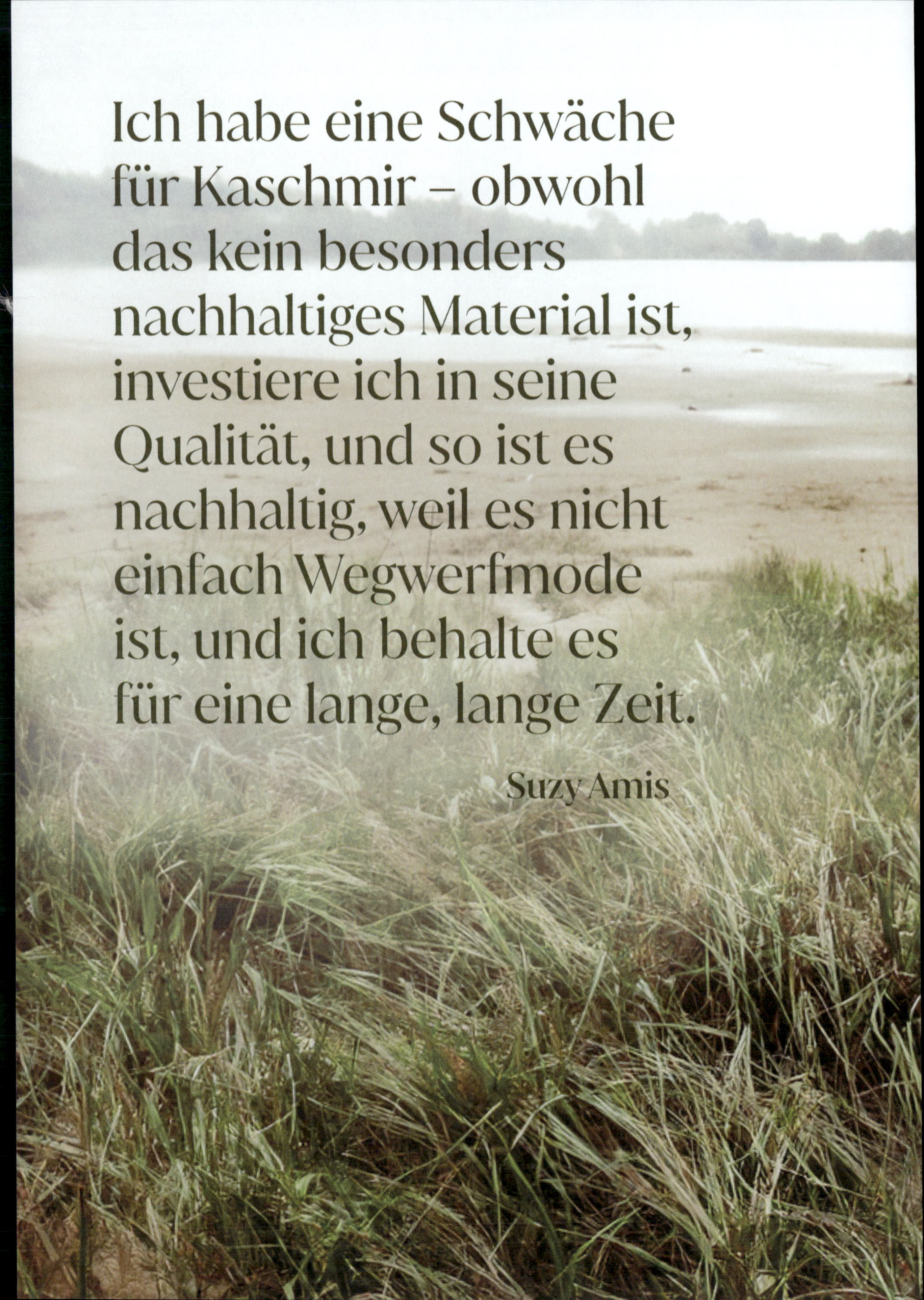

Ich habe eine Schwäche für Kaschmir – obwohl das kein besonders nachhaltiges Material ist, investiere ich in seine Qualität, und so ist es nachhaltig, weil es nicht einfach Wegwerfmode ist, und ich behalte es für eine lange, lange Zeit.

Suzy Amis

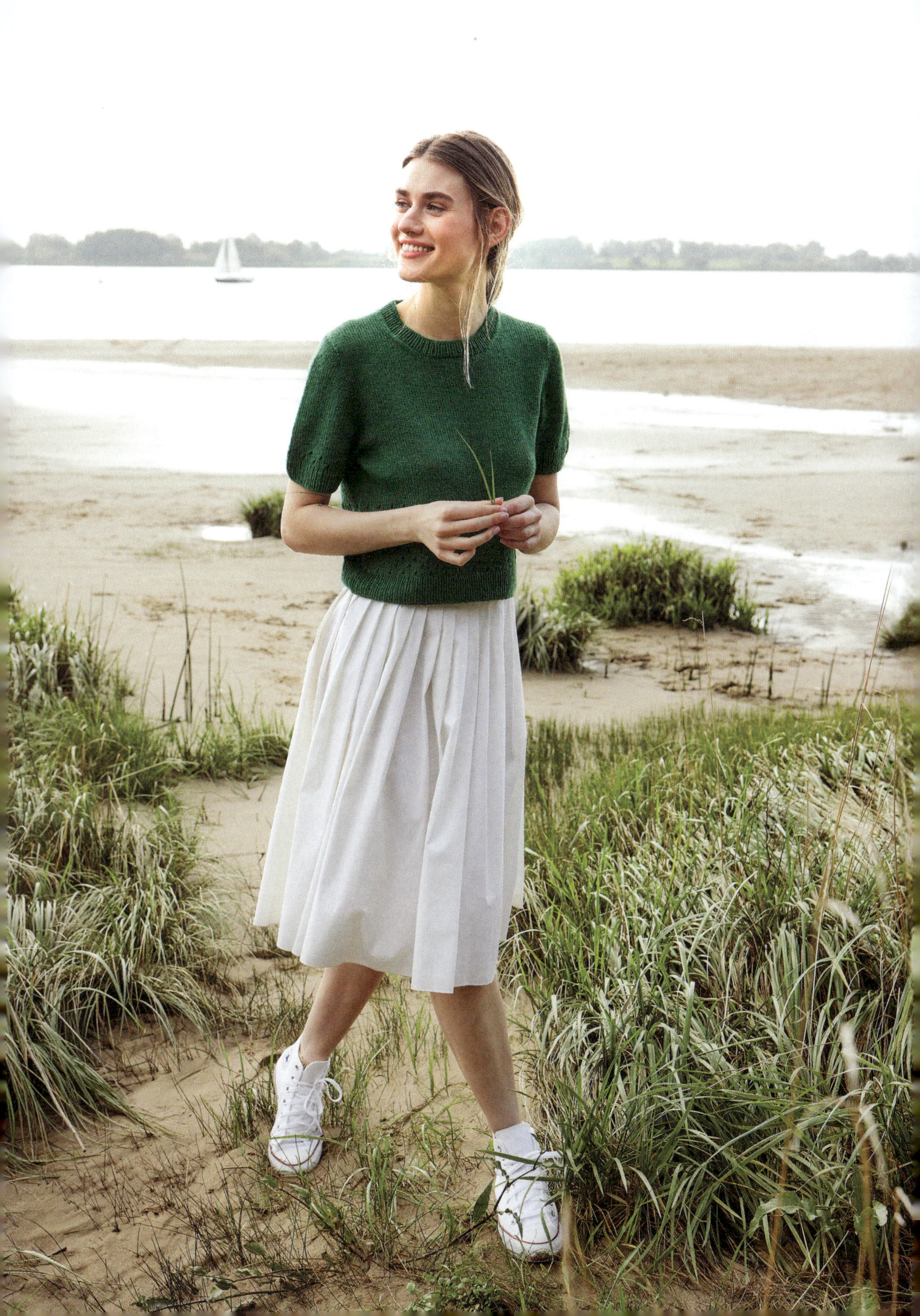

T-Shirt

34/36, 38/40, 42/44 und 46/48

Die Angaben für die kleinste Größe stehen vor der Klammer, die für die beiden größeren Größen aufsteigend in den Klammern. Einzelne Angaben gelten für alle Größen.

Schwierigkeitsgrad

fortgeschritten

Material

Langyarns Cashmere Premium 6-fädig
100 % Cashmere
LL = 115 m/25 g
175 (200/225/250) g Grün (Fb 0217)

Rundstricknadel 4 mm, 60–80 cm lang
Rundstricknadel 4 mm, 100 cm lang
ein Nadelspiel 3,5 mm
Maschenmarkierer

Maschenprobe

Glatt rechts und Lochmuster mit Nadel 4 mm:

24 Maschen und 34 Reihen = 10 cm × 10 cm

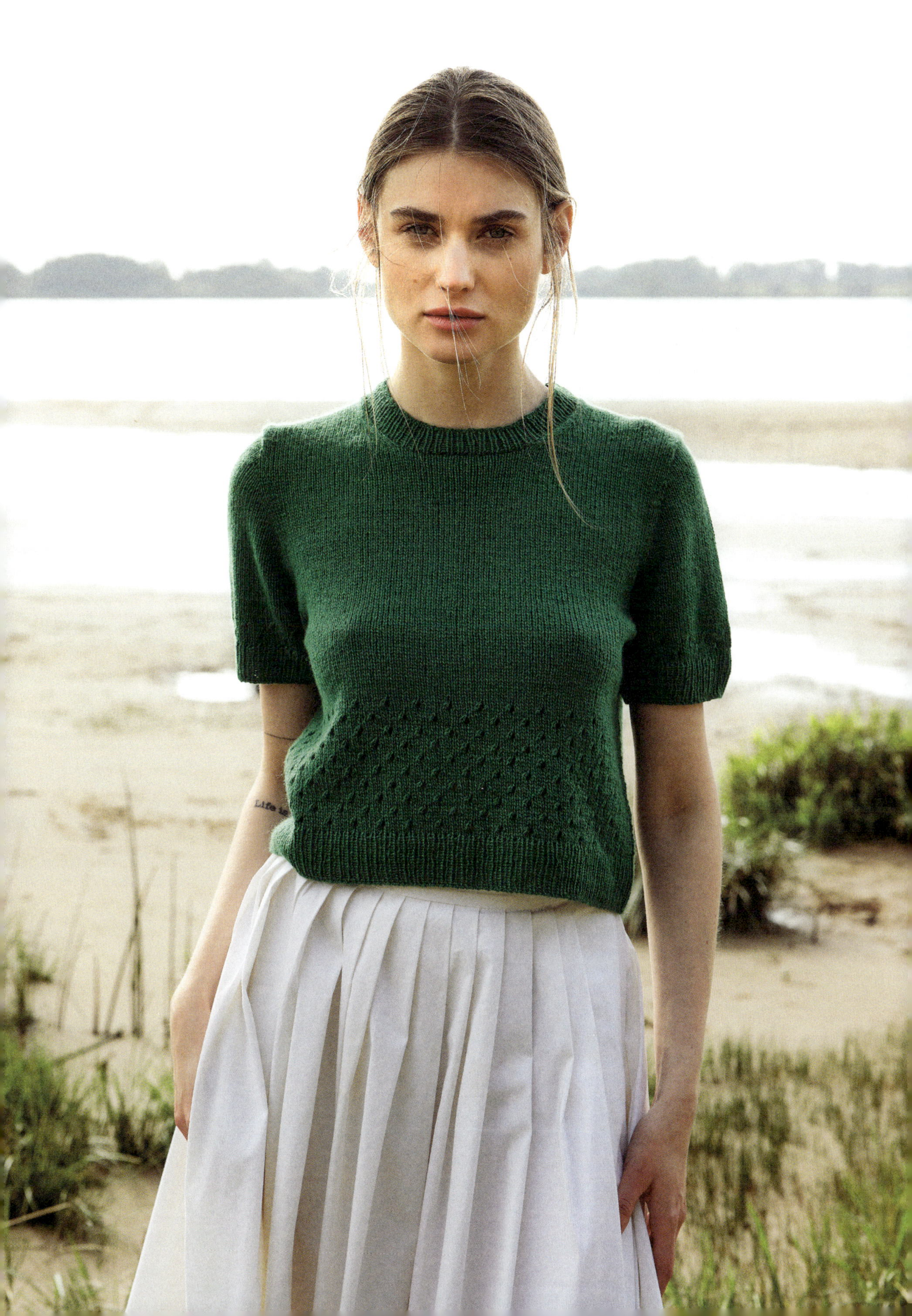

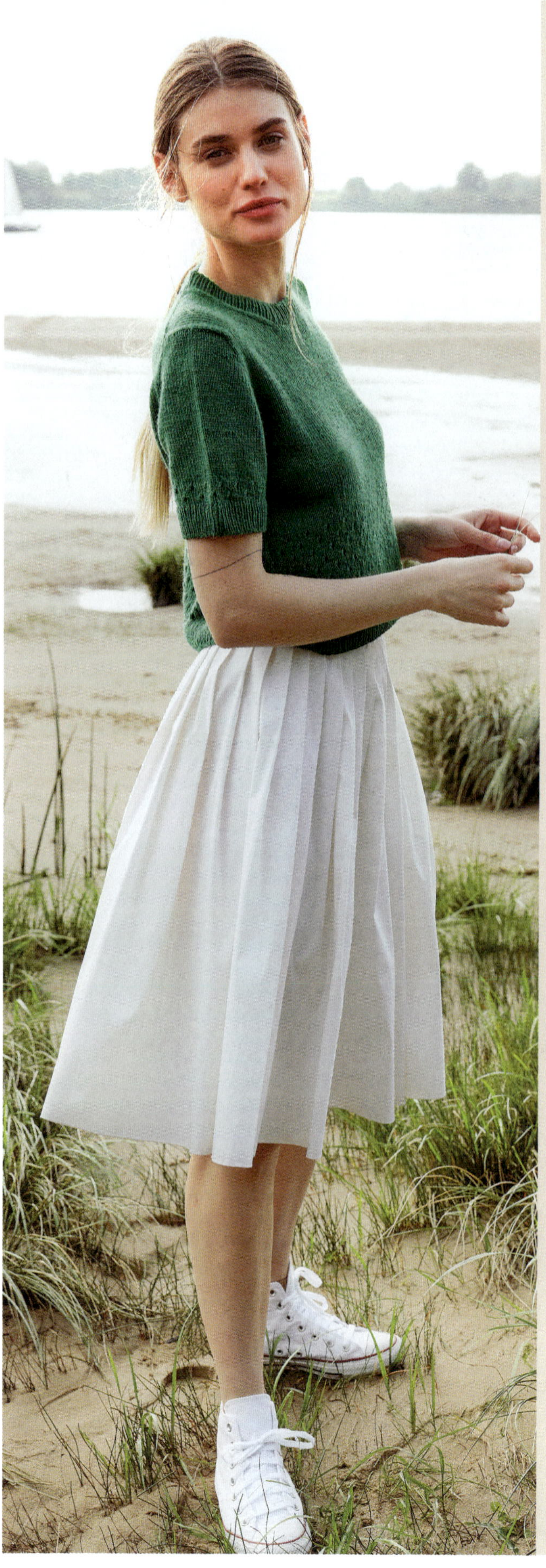

Muster und Maschen

Glatt rechts

In Hinreihen rechte M, in Rückreihen linke M stricken. In Runden stets rechte M stricken.

Bündchenmuster

1 M rechts, 1 M links im Wechsel str.

Lochmuster

(M-Zahl teilbar durch 6)

1. und 2. Runde: alle M rechts stricken.

3. Runde: * 4 M rechts, 2 M rechts zusammenstricken, 1 Umschlag, ab * stets wiederholen.

4.–6. Runde: alle M und Umschläge rechts stricken.

7. Runde: * 1 M rechts, 2 M rechts zusammenstricken, 1 Umschlag, 3 M rechts, ab * stets wiederholen.

8. Runde: alle M und Umschläge rechts stricken.

Die 1.–8. Runde stets wiederholen.

1 rechtsgeneigte Zunahme

Den Querfaden zwischen 2 M von hinten nach vorne aufnehmen und in einer Hinreihe rechts und in einer Rückreihe links stricken.

1 linksgeneigte Zunahme

Den Querfaden von vorne nach hinten aufnehmen und in einer Hinreihe rechts verschränkt und in einer Rückreihe links verschränkt stricken.

So wird's gemacht

Das T-Shirt wird von oben nach unten gearbeitet. Dazu werden zunächst Maschen im Nacken angeschlagen und dann Reihe für Reihe Maschen für die beiden Schultern und den oberen Rücken zugenommen. Danach werden aus den Schultermaschen Maschen für das Vorderteil herausgestrickt, zunächst in Reihen gearbeitet und mit den Zunahmen für den Halsausschnitt begonnen. Aus den Randmaschen der Schultermaschen werden Maschen für die Ärmel aufgenommen und alle Maschen von Vorder- /Rückenteil und Ärmeln auf einer Rundstricknadel gesammelt. Sobald alle Zunahmen für den Halsausschnitt gearbeitet sind, wird in Runden gearbeitet, dabei werden Maschen für Ärmel und Rumpf zugenommen. Sobald alle Zunahmen gearbeitet sind, werden die Ärmelmaschen stillgelegt und in Runden zunächst der Rumpf und im Anschluss die Ärmel gearbeitet.

Rückenteil

38 (38/40/40) M mit Nadel 4 mm anschlagen und 1 Reihe links stricken.

In der folgenden Hinreihe mit den Zunahmen für die Schulter beginnen:

1. Reihe (Hinreihe): Randm, 3 M rechts, 1 linksgeneigte rechte Zunahme, bis 4 M vor Ende der Reihe stricken, 1 rechtsgeneigte rechte Zunahme, 3 M rechts, Randm.

2. Reihe (Rückreihe): Randm, 3 M links, 1 rechtsgeneigte rechte Zunahme, bis 4 M vor Ende der reihe links stricken, 1 linksgeneigte Zunahme links stricken, 3 M links, Randm.

Diese beiden Reihen insgesamt 12× (13×/14×/15×) arbeiten = 86 (90/96/100) M.

Dann die M stilllegen und zunächst die rechte Schulter arbeiten.

Rechte Schulter

In einer Hinreihe 25 (27/29/31) M aus den Randm der rechten Schulter herausstricken und 23 Reihen = 6 cm glatt rechts stricken, dabei mit einer Rückreihe beginnen und enden.

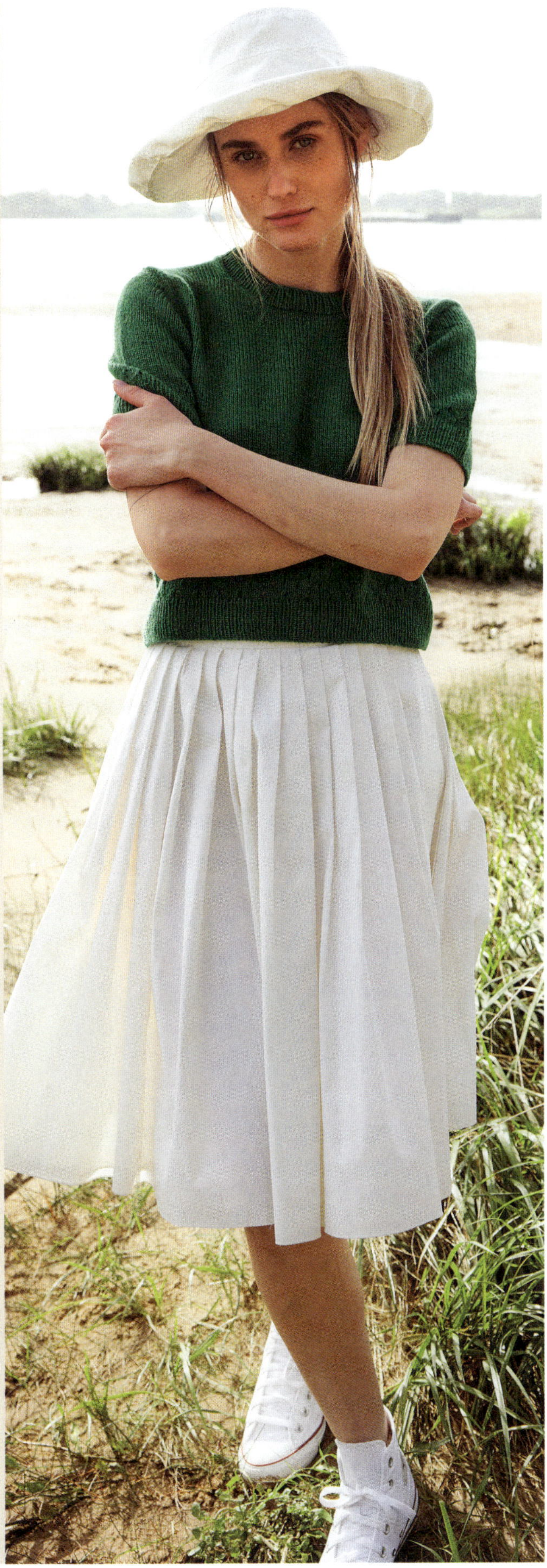

In der folgenden Hinreihe mit den Zunahmen für den Halsausschnitt beginnen: bis 3 M vor Ende der Reihe stricken, 1 rechtsgeneigte Zunahme, 2 M rechts, Randm. Diese Zunahme noch 3× (4×/4×/5×) in jeder 2. Reihe wiederholen = 29 (32/34/37) M. Nach der letzten Rückreihe die M stilllegen.

Linke Schulter

In einer Hinreihe 25 (27/29/31) M aus den Randm der linken Schulter herausstricken und gegengleich zur rechten Schulter arbeiten, dabei für die Zunahmen für den Halsausschnitt: 1 Randm, 2 M rechts, 1 linksgeneigte Zunahme, die Reihe zu Ende stricken. Nach der letzten Rückreihe die M stilllegen, den Faden nicht abschneiden.

Passe

Die M der linken Schulter, des hinteren Halsausschnitts und der rechten Schulter auf eine Rundstricknadel nehmen und mit der folgenden Hinreihe gemeinsam weiterarbeiten:

1. Reihe (Hinreihe): Randm, 2 M rechts, 1 linksgeneigte rechte Zunahme, 24 (27/29/32) M rechts, 1 Überzug, 1 MM einhängen, 20 (20/22/22) M aus der Seite der linken Schulter herausstricken (jede 3. M überspringen), 1 MM einhängen, die ersten 2 M der Rückseite rechts zusammenstricken, 82 (86/92/96) M rechts, 1 Überzug, 1 MM einhängen, 20 (20/22/22) M aus den Seiten der rechten Schulter herausstricken, 1 MM einhängen, die ersten 2 M der rechten Schultermaschen rechts zusammenstricken, 24 M rechts, 1 rechtsgeneigte rechte Zunahme = 182 (192/206/216) M: 29 (32/34/37) M je Schulter, 20 (20/22/22) M je Ärmel und 84 (88/94/98) M Rückseite.

2. Reihe (Rückreihe): alle M links stricken.

3. Reihe (Hinreihe): Randm, 2 M rechts, 1 linksgeneigte rechte Zunahme, bis zum 1. MM rechts stricken, den MM auf die rechte Nadel heben, 1 linksgeneigte rechte Zunahme, die Ärmel-M bis zum 2. MM rechts stricken, vor dem MM 1 rechtsgeneigte rechte Zunahme, den MM auf die rechte Nadel heben, 84 (88/94/98) M (Rückseite) bis zum 3. MM rechts stricken, den MM auf die rechte Nadel heben, 1 linksgeneigte rechte Zunahme, die M des rechten Ärmels bis zum 4. MM rechts stricken, 1 rechtsgeneigte rechte Zunahme, den MM auf die rechte Nadel heben, bis 3 M vor Ende der Reihe stricken, 1 rechtsgeneigte Zunahme, 2 M rechts, Randm = 6 Zunahmen.

4. Reihe (Rückreihe): alle M links stricken.

5. Reihe (Hinreihe): wie die 3. Reihe arbeiten = 194 (204/218/228) M.

6. Reihe (Rückreihe): alle M links stricken.

7. Reihe (Hinreihe): wie die 3. Reihe arbeiten, anschließend noch 20 (20/20/20) M neu anschlingen, die M zur Runde schließen und bis zum 1. MM stricken = 220 (228/244/252) M: 26 (26/28/28) M je Ärmel und 84 (88/94/98) M je Vorder- und Rückenteil. Der Rundenbeginn liegt vor dem linken Ärmel.

Die Ärmelzunahmen in jeder 2. Runde arbeiten:

1. Runde: alle M rechts stricken.

2. Runde: den 1. MM auf die rechte Nadel heben, 1 linksgeneigte rechte Zunahme, die M des linken Ärmels bis zum 2. MM rechts stricken, vor dem MM 1 rechtsgeneigte rechte Zunahme, den MM auf die rechte Nadel heben, die M des Rückenteils bis zum 3. MM rechts stricken, den MM auf die rechte Nadel heben, 1 linksgeneigte rechte Zunahme, die M des rechten Ärmels bis zum 4. MM rechts stricken, 1 rechtsgeneigte rechte Zunahme, den MM auf die rechte Nadel heben, bis zum Rundenübergang rechts stricken = 4 Zunahmen.

Diese beiden Runden insgesamt 11× (12×/13×/13×) arbeiten = 264 (276/296/304) M: 48 (50/54/54) M je Ärmel und 84 (88/94/98) M je Vorder- und Rückenteil.

Die Ärmelzunahmen in jeder 2. Runde, die Rumpfzunahmen in jeder 4. Runde arbeiten:

1. Runde: alle M rechts stricken.

2. Runde: den 1. MM auf die rechte Nadel heben, 1 linksgeneigte rechte Zunahme, die M des linken Ärmels bis zum 2. MM rechts stricken, vor dem MM 1 rechtsgeneigte rechte

Zunahme, den MM auf die rechte Nadel heben, die M des Rückenteils bis zum 3. MM rechts stricken, den MM auf die rechte Nadel heben, 1 linksgeneigte rechte Zunahme, die M des rechten Ärmels bis zum 4. MM rechts stricken, 1 rechtsgeneigte rechte Zunahme, den MM auf die rechte Nadel heben, bis zum Rundenübergang rechts stricken = 4 Zunahmen.

3. Runde: alle M rechts stricken.

4. Runde: den 1. MM auf die rechte Nadel heben, 1 linksgeneigte rechte Zunahme, die M des linken Ärmels bis zum 2. MM rechts stricken, vor dem MM 1 rechtsgeneigte rechte Zunahme, den MM auf die rechte Nadel heben, 2 M rechts, 1 linksgeneigte rechte Zunahme, über die M des Rückenteils bis 2 M vor dem MM stricken, 1 rechtsgeneigte rechte Zunahme, 2 M rechts, den MM auf die rechte Nadel heben, 1 linksgeneigte rechte Zunahme, die M des rechten Ärmels bis zum 4. MM rechts stricken, 1 rechtsgeneigte rechte Zunahme, den MM auf die rechte Nadel heben, 2 M rechts, 1 linksgeneigte rechte Zunahme, die M des Vorderteils bis 2 M vor den MM rechts stricken, 1 rechtsgeneigte rechte Zunahme, 2 M rechts = 8 Zunahmen.

Diese 4 Runden 5× arbeiten.

Die Ärmelzunahmen und die Rumpfzunahmen in jeder 2. Runde arbeiten:

1. Runde: alle M rechts stricken.

2. Runde: den 1. MM auf die rechte Nadel heben, 1 linksgeneigte rechte Zunahme, die M des linken Ärmels bis zum 2. MM rechts stricken, vor dem MM 1 rechtsgeneigte rechte Zunahme, den MM auf die rechte Nadel heben, 2 M rechts, 1 linksgeneigte rechte Zunahme, über die M des Rückenteils bis 2 M vor dem MM stricken, 1 rechtsgeneigte rechte Zunahme, 2 M rechts, den MM auf die rechte Nadel heben, 1 linksgeneigte rechte Zunahme, die M des rechten Ärmels bis zum 4. MM rechts stricken, 1 rechtsgeneigte rechte Zunahme, den MM auf die rechte Nadel heben, 2 M rechts, 1 linksgeneigte rechte Zunahme, die M des Vorderteils bis 2 M vor den MM rechts stricken, 1 rechtsgeneigte rechte Zunahme, 2 M rechts = 8 Zunahmen.

Diese beiden Runden 3× (4×/4×/5×) arbeiten = 348 (368/388/404) M: 74 (78/82/84) M je Ärmel und 100 (106/112/118) M je Vorder- und Rückenteil.

Die M der Ärmel stilllegen und den Rumpf in Runden stricken:

74 (78/82/84) M für den linken Ärmel stilllegen, 6 M für den Armausschnitt neu anschlingen, 100 (106/112/118) M des Rückenteils stricken, 74 M für den rechten Ärmel stilllegen, 6 M für den Armausschnitt anschlingen, 100 (106/112/118) M des Vorderteils stricken und die M zur Runde schließen = 212 (224/236/248) M. Der Rundenübergang liegt mittig unter dem linken Ärmel.

Glatt rechts in Runden arbeiten. In einer Höhe von 5 cm ab Rundenschluss an beiden Seiten jeweils 2 M rechts zusammenstricken = 210 (222/234/246) M.

In einer Höhe von 9 (11/14/18) cm ab Rundenschluss im Lochmuster nach der Strickschrift weiterarbeiten.

In einer Höhe von 19 (21/24/28) cm im Lochmuster oder in der gewünschten Länge zur Nadel 3,5 mm wechseln und noch 4 cm im Bündchenmuster stricken. Dann 2 Übergangsrunden im Doppelstrick arbeiten:

1. Runde: * 1 M rechts, 1 M mit dem Faden VOR der Arbeit wie zum Linksstricken abheben, ab * stets wiederholen.

2. Runde: * 1 M mit dem Faden VOR der Arbeit wie zum Linksstricken abheben, 1 M links stricken, ab * über die ganze Runde wiederholen.

Anschließend die M italienisch abnähen (siehe Seite 164).

Ärmel

Die stillgelegten M eines Ärmels aufnehmen und 6 M aus den neu angeschlagenen M für den Armausschnitt herausstricken = 80 (86/88/90) M. Die Runde beginnt mittig unter dem Armausschnitt.

Glatt rechts in Runden stricken, dabei für die Armschräge in der 4. Runde 2 M abnehmen: 2 M rechts, 2 M rechts zusammenstricken, bis 4 M vor Rundenende stricken, 1 Überzug arbeiten, 2 M rechts. Diese Abnahmen noch 0× (0× / 1× in der 4. Runde / 1× in der 6. Runde) wiederholen = 78 (84/84/86) M.

1 Runde rechts, dann 8 Runden im Lochmuster stricken. Zur Nadel 3,5 mm wechseln und 3,5 cm im Bündchenmuster arbeiten.

Dann 2 Runden (Übergangsrunden) im Doppelstrick arbeiten:

1. Runde: * 1 M rechts, 1 M mit dem Faden VOR der Arbeit wie zum Linksstricken abheben, ab * stets wiederholen.

2. Runde: * 1 M mit dem Faden VOR der Arbeit wie zum Linksstricken abheben, 1 M links stricken, ab * über die ganze Runde wiederholen.

Anschließend die M italienisch abnähen (siehe Seite 164).

Fertigstellen

Aus dem Halsausschnitt 120 (120/124/124) M mit Nadel 3,5 mm aufnehmen und 2 cm im Bündchenmuster stricken.

Dann 2 Runden (Übergangsrunden) im Doppelstrick arbeiten:

1. Runde: * 1 M rechts, 1 M mit dem Faden VOR der Arbeit wie zum Linksstricken abheben, ab * stets wiederholen.

2. Runde: * 1 M mit dem Faden VOR der Arbeit wie zum Linksstricken abheben, 1 M links stricken, ab * über die ganze Runde wiederholen.

Anschließend die M italienisch abnähen.

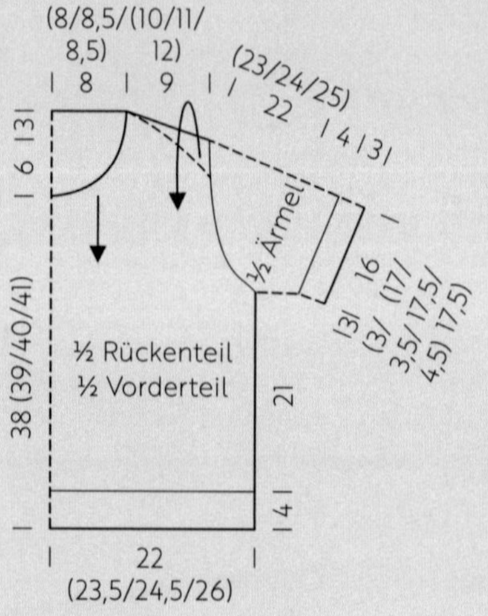

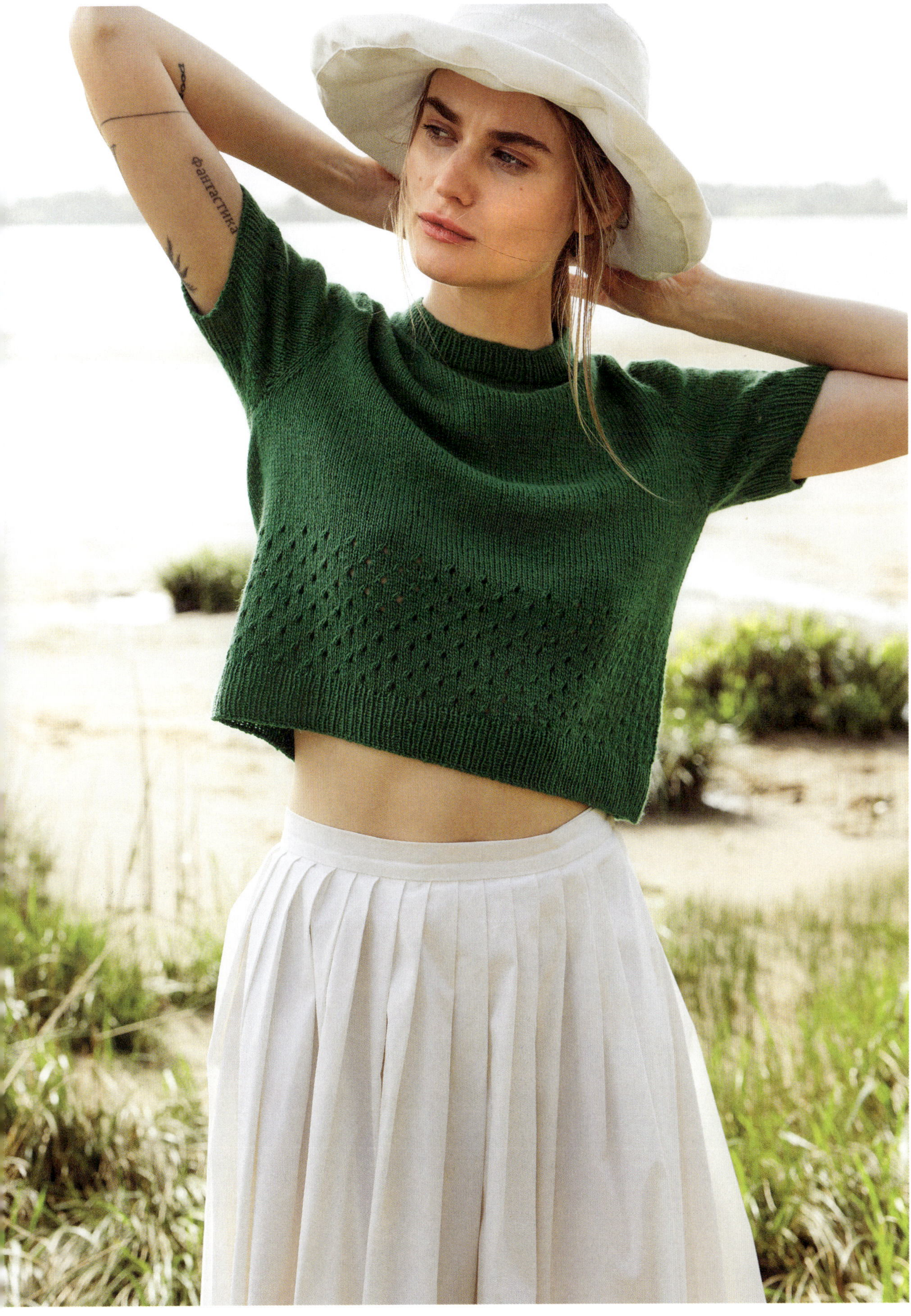
Фантастика

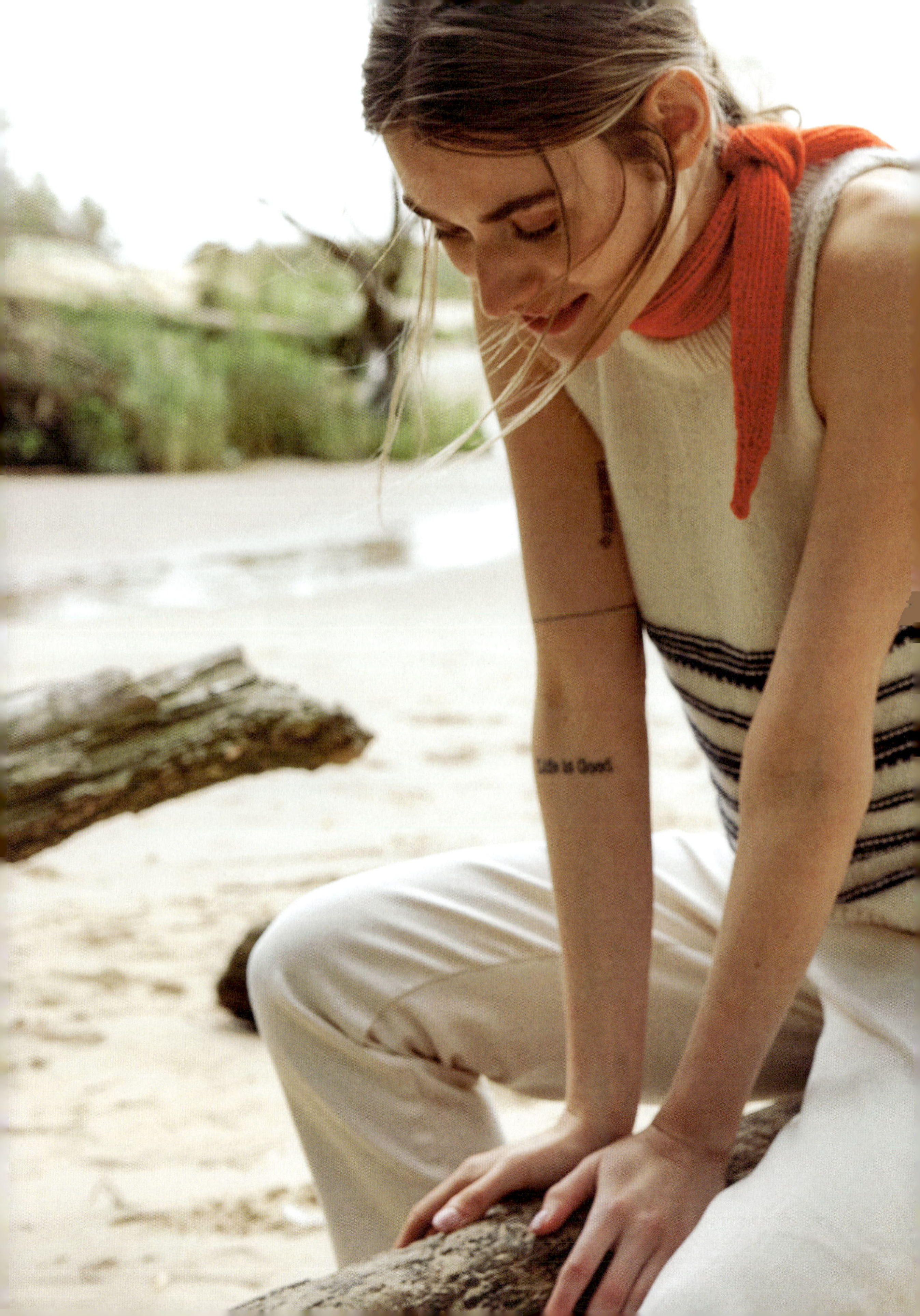

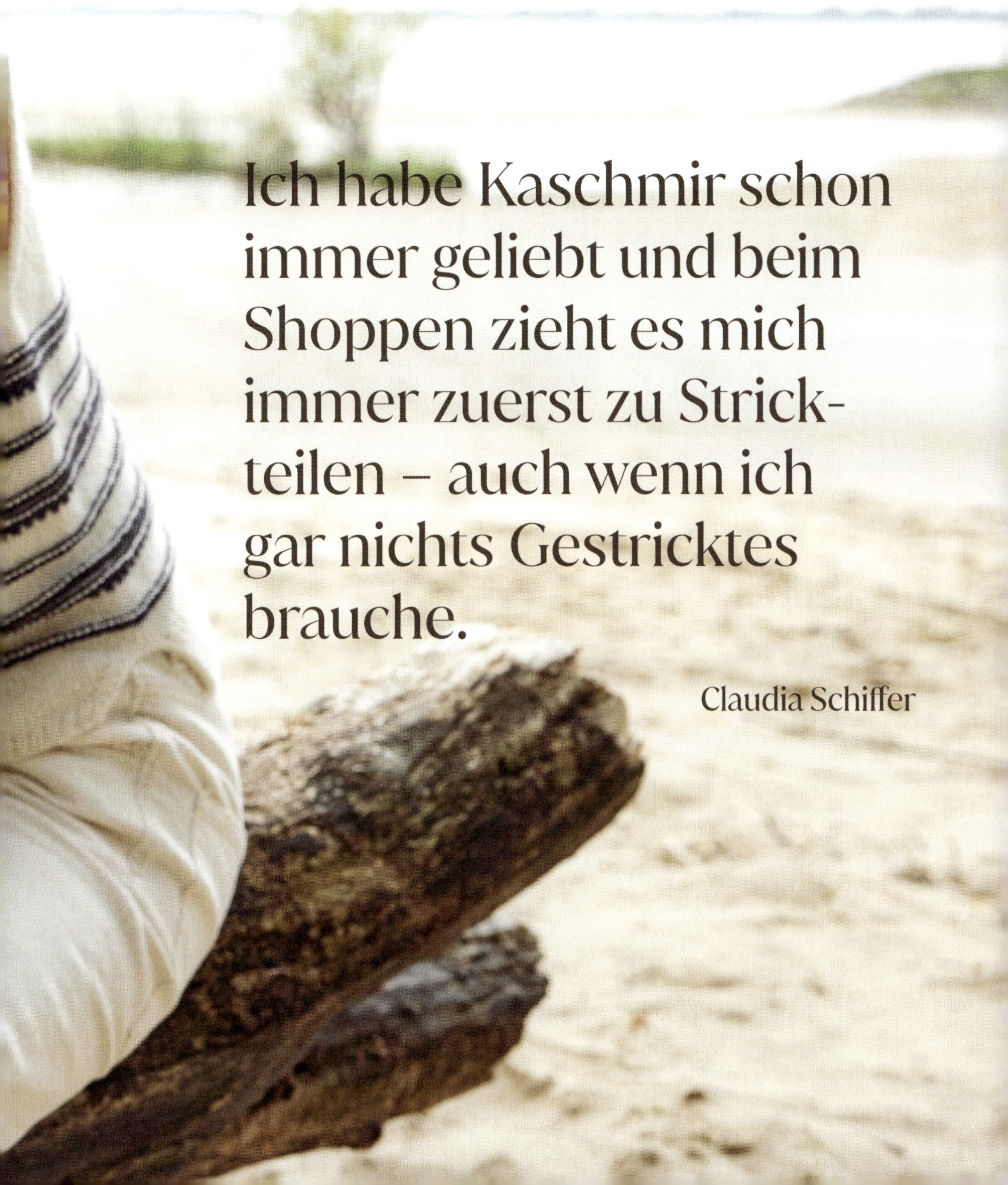

Ich habe Kaschmir schon immer geliebt und beim Shoppen zieht es mich immer zuerst zu Strickteilen – auch wenn ich gar nichts Gestricktes brauche.

Claudia Schiffer

Top mit amerikanischem Armausschnitt

34/36, 38/40, 42/44 und 46/48

Die Angaben für die kleinste Größe stehen vor der Klammer, die für die beiden größeren Größen aufsteigend in den Klammern. Einzelne Angaben gelten für alle Größen.

Schwierigkeitsgrad

fortgeschritten

Material

Lana Grossa Cashmere verde
100 % Cashmere
LL = 90 m/25 g
150 (175/200/225) g Rohweiß (Fb 001)
50 (50/75/75) g Nachtblau (Fb 013)

je eine Rundstricknadel 3,5 mm und 4 mm
Maschenmarkierer

Maschenprobe

Glatt rechts mit Nadel 4 mm:

22 Maschen und 33 Reihen = 10 cm × 10 cm

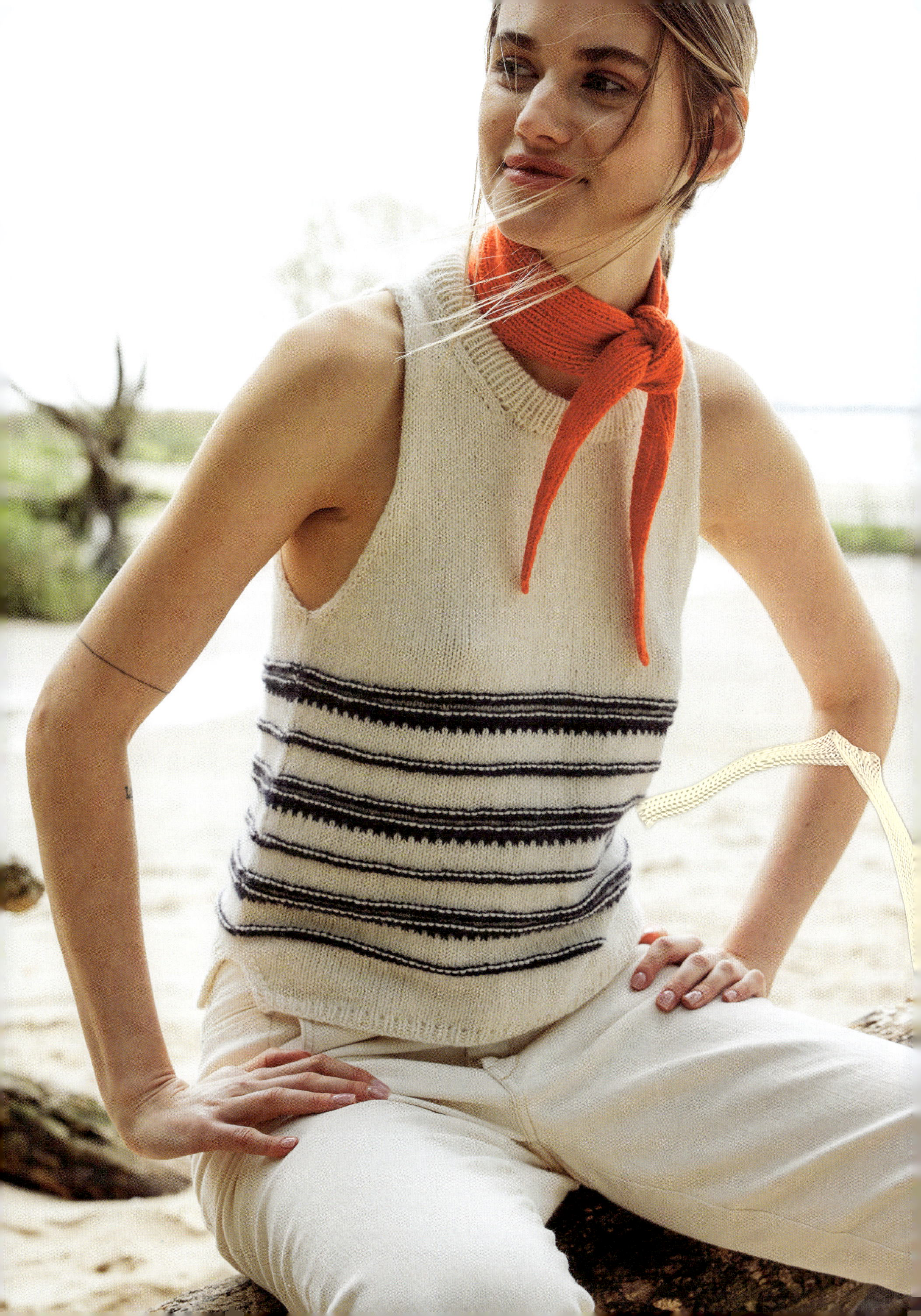

Muster und Maschen

Glatt rechts

In Hinreihen rechte M, in Rückreihen linke M stricken. In Runden stets rechte M stricken.

Streifenfolge

1. und 2. Runde: in Nachtblau linke M stricken.

3. und 4. Runde: in Rohweiß rechte M stricken.

5. und 6. Runde: in Nachtblau linke M stricken.

7. und 8. Runde: in Rohweiß rechte M stricken.

9. Runde: in Rohweiß * 1 M rechts, 1 M mit dem Faden VOR der Arbeit wie zum Linksstricken abheben, ab * wiederholen.

10.–16. Runde: in Rohweiß rechte M stricken.

17. und 18. Runde: in Nachtblau linke M stricken.

19.–26. Runde: in Rohweiß rechte M stricken.

Die 1.–26. Runde stets wiederholen.

Bündchenmuster

1 M links, 1 M rechts im Wechsel stricken.

Doppelte Randm

In allen Hin- und Rückreihen: die 1. M mit dem Faden VOR der Arbeit wie zum Linksstricken abheben, 1 M rechts, bis 2 M vor Ende der Reihe stricken, 1 M mit dem Faden VOR der Arbeit wie zum Linksstricken abheben, 1 M rechts.

1 rechtsgeneigte Zunahme

Den Querfaden zwischen 2 M von hinten nach vorne aufnehmen und mustergemäß rechts oder links stricken.

1 linksgeneigte Zunahme

Den Querfaden von vorne nach hinten aufnehmen und mustergemäß rechts verschränkt oder links verschränkt stricken.

So wird's gemacht

Das Top wird von oben nach unten gestrickt. Dafür werden zunächst Maschen im Nacken angeschlagen und Reihe für Reihe für die Schultern zugenommen. Das Rückenteil wird zunächst gerade abwärts gestrickt, dann werden für die Armausschnitte Maschen zugenommen. Nach Abschluss der Armausschnitte werden die Maschen stillgelegt. Anschließend werden aus den seitlichen Kanten der Schultermaschen Maschen aufgenommen. Dann werden für die Formung des Halsausschnitts Maschen zugenommen, bis die Vorderteile unter dem vorderen Halsausschnitt zusammengefügt werden. Die Zunahmen für die Armausschnitte werden wie beim Rückenteil gearbeitet. Unter dem Armausschnitt werden die stillgelegten Maschen des Rückenteils mit den Maschen des Vorderteils auf eine Rundstricknadel genommen und zunächst in Runden weitergearbeitet, anschließend für die seitlichen Schlitze getrennt und in Reihen fertiggestellt.

42 (44/46/48) M mit Nadel 4 mm in Rohweiß anschlagen und 1 Reihe links stricken, dann glatt rechts weiterarbeiten, dabei für die Schultern zunehmen:

1. Reihe (Hinreihe): Randm, 1 M rechts, 1 MM einhängen, 1 rechtsgeneigte rechte Zunahme, 38 (40/42/44) M rechts, 1 linksgeneigte rechte Zunahme, 1 MM einhängen, 1 M rechts, Randm (= 2 M zugenommen).

2. Reihe (Rückreihe): Randm, 1 M links, MM abheben, 1 linksgeneigte linke Zunahme, bis 2 M vor Ende der Reihe stricken, 1 rechtsgeneigte linke Zunahme, 1 M links, Randm (= 2 M zugenommen).

Diese beiden Reihen noch 5× (6×/7×/8×) wiederholen = 66 (72/78/84) M. Die Höhe der letzten Reihe an beiden Seiten mit einem Hilfsfaden markieren.

Glatt rechts stricken, jeweils mit Doppelten Randm am Anfang und am Ende der Reihe.

In einer Höhe von 11,5 cm (= 38 Reihen) ab Markierung in einer Hinreihe für die Armausschnitte nach der Doppelten Randm 1 M rechts, 1 rechtsgeneigte rechte Zunahme, bis

3 M vor Ende der Reihe stricken, 1 linksgeneigte rechte Zunahme, 1 M rechts, Doppelte Randm. Diese Zunahmen noch 3× (3×/3×/3×) in jeder 4. Reihe und 9× (10×/11×/12×) in jeder 2. Reihe wiederholen = 92 (100/108/116) M. In einer Höhe von 22 (23/24/25) cm ab Markierung die M stilllegen.

Linkes Vorderteil

Mit Nadel 4 mm aus der linken Schulter 12 (14/16/18) M herausstricken. Zunächst eine Reihe links stricken, am linken Rand (Armausschnitt) Doppelte Randm arbeiten. In der folgenden Hinreihe mit den Abnahmen für den Halsausschnitt beginnen:

1. Reihe (Hinreihe): Randm, 1 M rechts, 1 Überzug (1 M wie zum Rechtsstricken abheben, 1 M rechts, die abgehobene M überziehen), 6 M rechts, Doppelte Randm = 11 (13/15/17) M.

2. Reihe (Rückreihe): doppelte Randm, 8 M links, Randm.

Diese beiden Reihen noch 2× wiederholen = 9 (11/13/15) M.

6 Reihen glatt rechts stricken, die letzte Reihe ist eine Rückreihe. In der folgenden Hinreihe mit den Zunahmen beginnen:

1. Reihe (Hinreihe): Randm, 2 M rechts, 1 linksgeneigte rechte Zunahme, 4 M rechts, Doppelte Randm = 10 (12/14/16) M.

2. Reihe (Rückreihe): doppelte Randm, 7 M links, 1 Randm.

Diese beiden Reihen noch 12× (12×/13×/14×) wiederholen = 22 (24/27/30) M. Mit einer Rückreihe enden und die M auf einer Hilfsnadel stilllegen.

Rechtes Vorderteil

Mit Nadel 4 mm aus der rechten Schulter 12 (14/16/18) M herausstricken. Zunächst 1 Reihe links stricken, dabei die beiden M an der Armausschnittseite als Doppelte Randm arbeiten. In der folgenden Hinreihe mit den Abnahmen für den Halsausschnitt beginnen:

1. Reihe (Hinreihe): doppelte Randm, 6 M rechts, 2 M rechts zusammenstricken, 1 M rechts, 1 Randm = 11 (13/15/17) M.

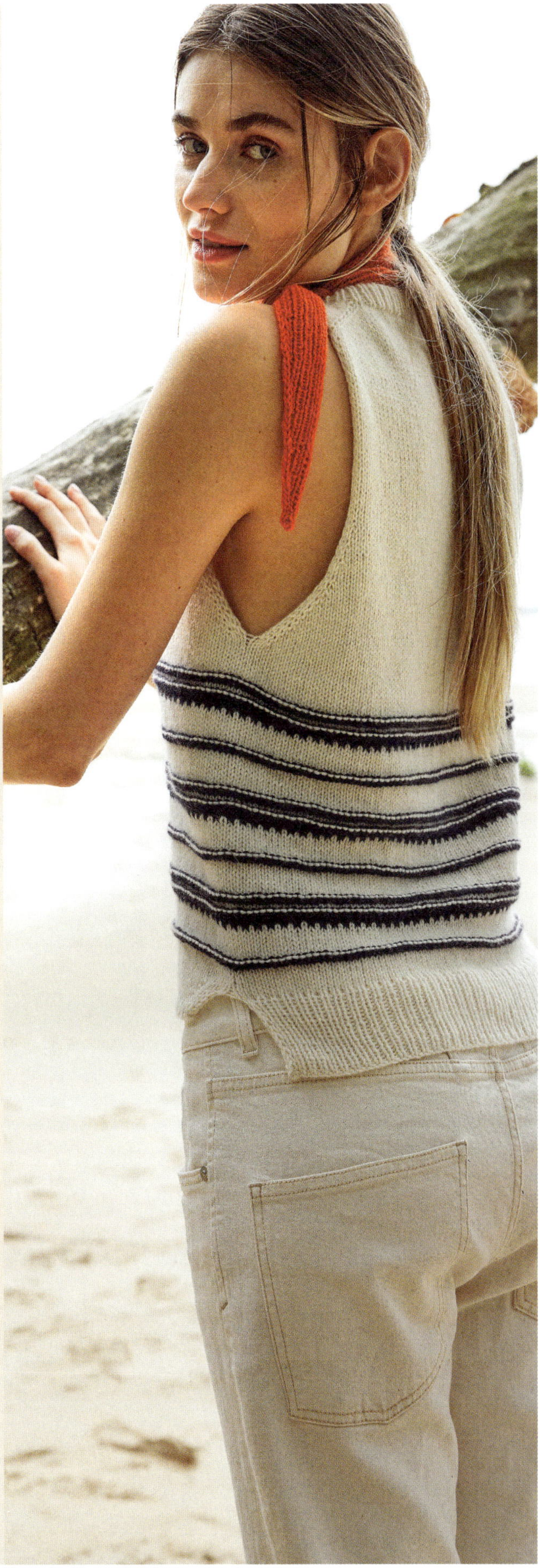

2. Reihe (Rückreihe): Randm, 8 M links, Doppelte Randm.

Diese beiden Reihen noch 2× wiederholen = 9 (11/13/15) M.

Noch 6 Reihen glatt rechts arbeiten, die letzte Reihe ist eine Rückreihe. Dann mit den Zunahmen für den Halsausschnitt beginnen:

1. Reihe (Hinreihe): doppelte Randm, 4 M rechts, 1 rechtsgeneigte rechte Zunahme, 2 M rechts, 1 Randm = 10 (12/14/16) M.

2. Reihe (Rückreihe): Randm, 7 M links, Doppelte Randm.

Diese beiden Reihen noch 12× (12×/13×/14×) wiederholen = 22 (24/27/30) M. Mit einer Rückreihe enden.

In der folgenden Hinreihe die M beider Vorderteile zusammen auf die Nadel nehmen: die 22 (24/27/30) M des rechten Vorderteils stricken: doppelte Randm, 20 (22/25/28) M rechts, dann 22 (24/24/24) M neu anschlingen und die 22 (24/27/30) M des linken Vorderteils stricken: 20 (22/25/28) M rechts, Doppelte Randm. Weiter glatt rechts zwischen den Doppelten Randm stricken.

In einer Höhe von 15 cm ab M-Aufnahme die Zunahmen für die Armausschnitte wie beim Rücken arbeiten = 92 (100/108/116) M. In einer Höhe von 25 (26/27/28) cm mit einer Rückreihe enden.

Vorder- und Rückenteil verbinden

In der folgenden Hinreihe die jeweils 92 (100/108/116) M von Vorder- und Rückenteil auf die Rundstricknadel nehmen: * Doppelte Randm rechts zusammenstricken, 1 M rechts, 1 rechtsgeneigte rechte Zunahme, bis 1 M vor den Doppelten Randm rechts stricken, 1 linksgeneigte rechte Zunahme, 1 M re, Doppelte Randm überzogen zusammenstricken, ab * 1× wiederholen = 184 (200/216/232) M.

In Runden weiterarbeiten. In einer Höhe von 3 (4/5/6) cm ab Rundenschluss 78 Runden in der Streifenfolge arbeiten (3× die 1.–26. Runde).

In einer Höhe von 25 (26/27/28) cm ab Armausschnitt die Arbeit wieder in Vorder- und Rückenteil teilen und zunächst das Rückenteil über 92 (100/108/116) M beenden, die übrigen 92 (100/108/116) M für das Vorderteil stilllegen.

Rückenteil ab Schlitz

Mit Nadel 3,5 mm zwischen den Doppelten Randm im Bündchenmuster stricken. Nach 6 cm die M abketten.

Vorderteil ab Schlitz

Mit Nadel 4 mm zwischen den Doppelten Randm glatt rechts stricken. Für die Schlitzschrägen in der nächsten Hinreihe 2 M abnehmen: doppelte Randm, 1 M rechts, 1 Überzug, bis 5 M vor Ende der Reihe rechts stricken, 2 M rechts zusammenstricken, 1 M rechts, Doppelte Randm. Diese Abnahmen noch 3× in jeder 2. Reihe wiederholen = 84 (92/100/108) M. Zur Nadel 3,5 mm wechseln und noch 2 Reihen im Bündchenmuster arbeiten, dann die M abketten.

Fertigstellen

Aus dem Halsausschnitt mit der Rundstricknadel 3,5 mm 108 (112/116/120) M aufnehmen, zur Runde schließen und 6 cm im Bündchenmuster arbeiten. Die M abketten, das Bündchen nach innen umlegen und von innen festnähen.

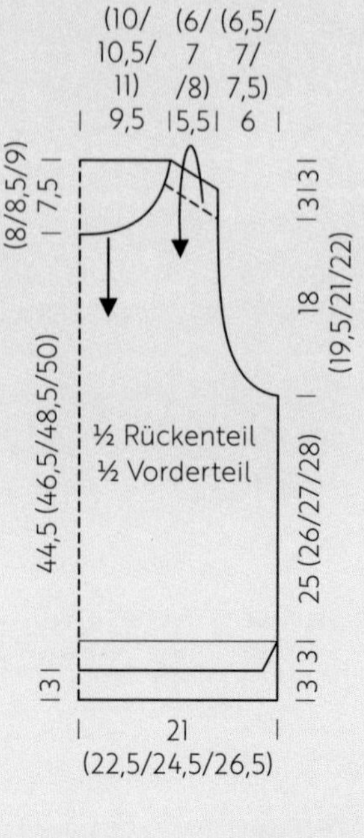

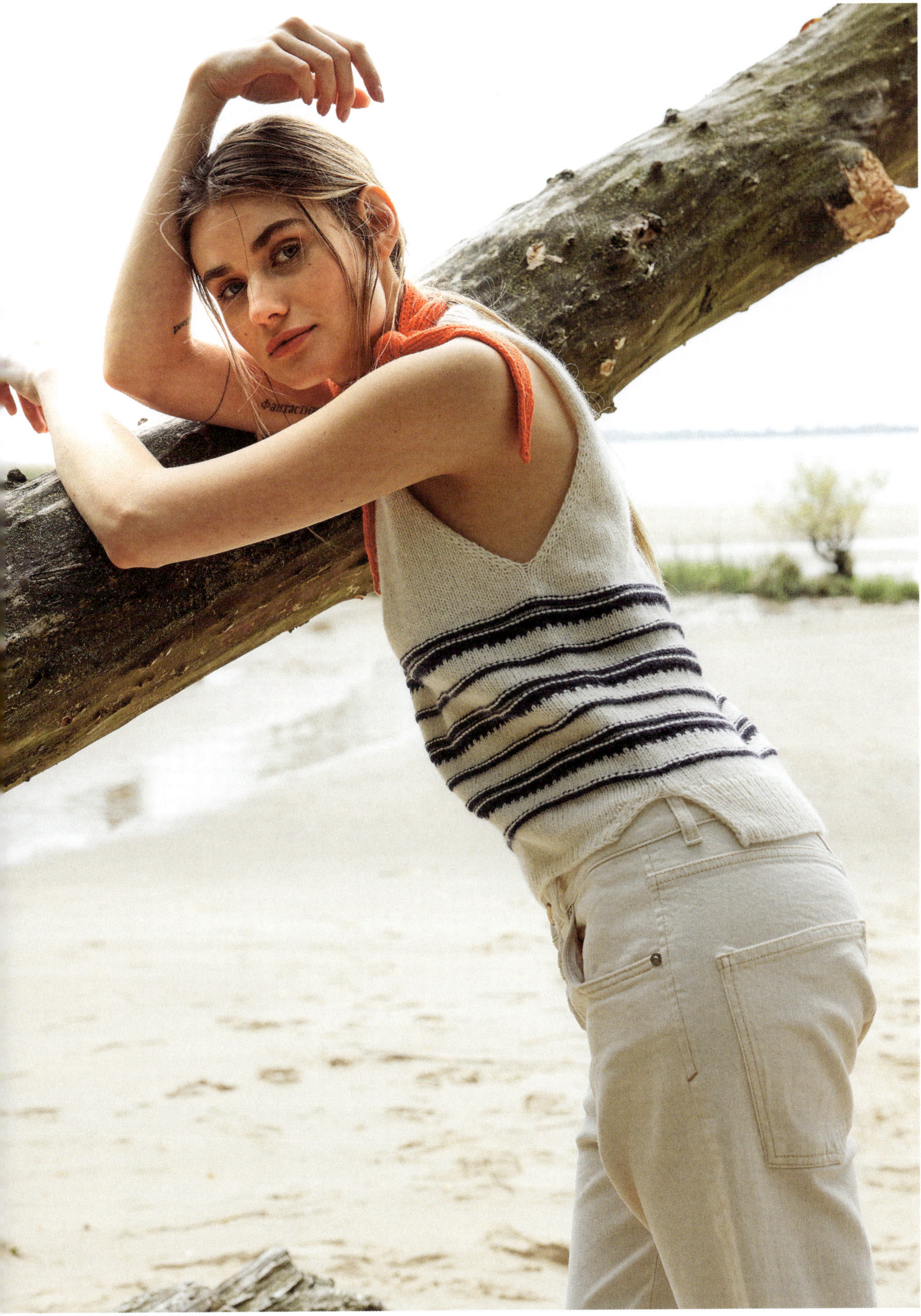

Stewardessentuch

92 cm lang, an der breitesten Stelle 8 cm breit

Schwierigkeitsgrad

leicht

Material

Lana Grossa Cashmere verde
100 % Cashmere
LL = 90 m/25 g
50 g Rotorange (Fb 10)

Rundstricknadel oder 2 Nadeln eines Nadelspiels 3,5 mm

Maschenprobe

Rippenmuster mit Nadel 3,5 mm:

26 Maschen und 38 Reihen = 10 cm × 10 cm

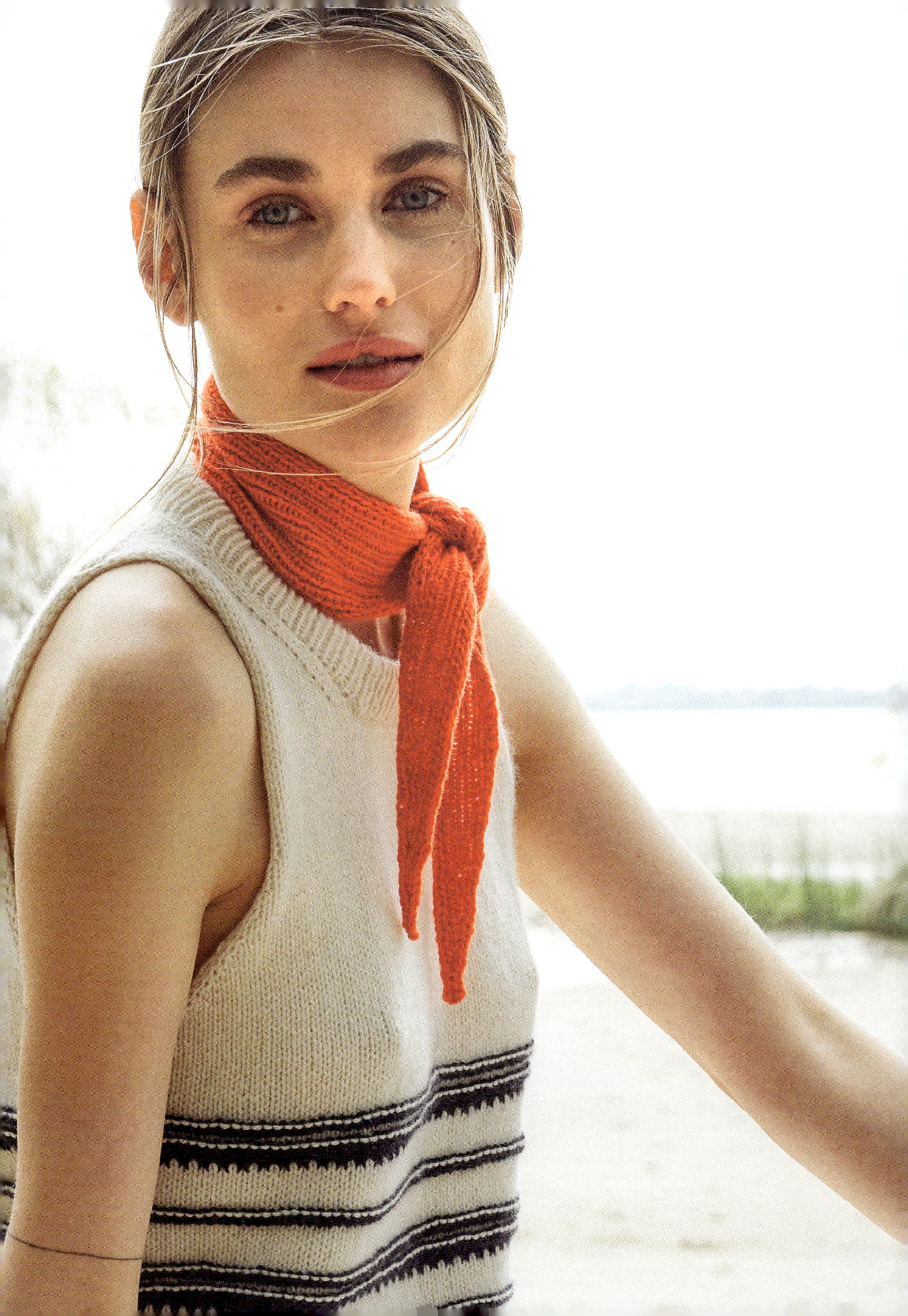

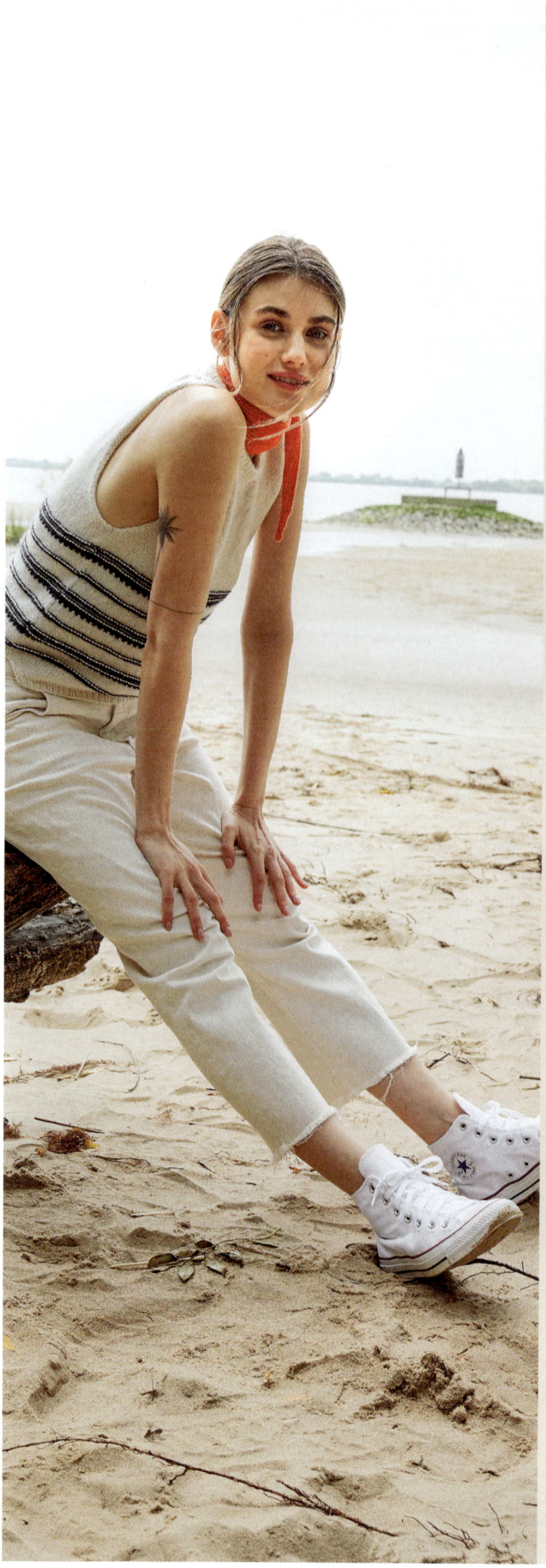

Muster und Maschen

Rippenmuster

1 M rechts, 1 M links im Wechsel stricken.

Doppelte Randm (über jeweils 2 M)

Die ersten 2 M und die letzten 2 M jeder Reihe wie folgt arbeiten: 1 M mit dem Faden VOR der Arbeit wie zum Linksstricken abheben, 1 M rechts.

Betonte Zunahmen

In den Hinreihen nach den Doppelten Randm den Querfaden der Vorreihe von hinten nach vorne aufnehmen und mustergemäß rechts oder links abstricken.

Betonte Abnahmen

In den Hinreihen nach den Doppelten Randm 1 M wie zum Rechtsstricken abheben und wieder zurück auf die linke Nadel heben, dann mustergemäß rechts verschränkt oder links verschränkt mit der folgenden M zusammenstricken.

So wird's gemacht

Das Tuch wird an der Spitze begonnen. Zur Formgebung werden Maschen zugenommen und später wieder abgenommen.

4 M anschlagen und 2 Reihen rechts stricken. Dann die ersten 2 M und die letzten 2 M jeweils als Doppelte Randm arbeiten, dabei **in der 6. Reihe (Hinreihe)** 1 betonte Zunahme arbeiten. Diese Zunahme noch 5× in jeder 6. Reihe wiederholen und 12× in jeder 8. Reihe, dabei die neu hinzukommenden M im Rippenmuster arbeiten = 22 M.

20 cm über alle M in der Mustereinteilung stricken, dann in der folgenden Hinreihe 1 betonte Abnahme arbeiten und 12× in jeder 8. Reihe und noch 6× in jeder 6. Reihe wiederholen. Die restlichen 4 M in ca. 92 cm Höhe abketten.

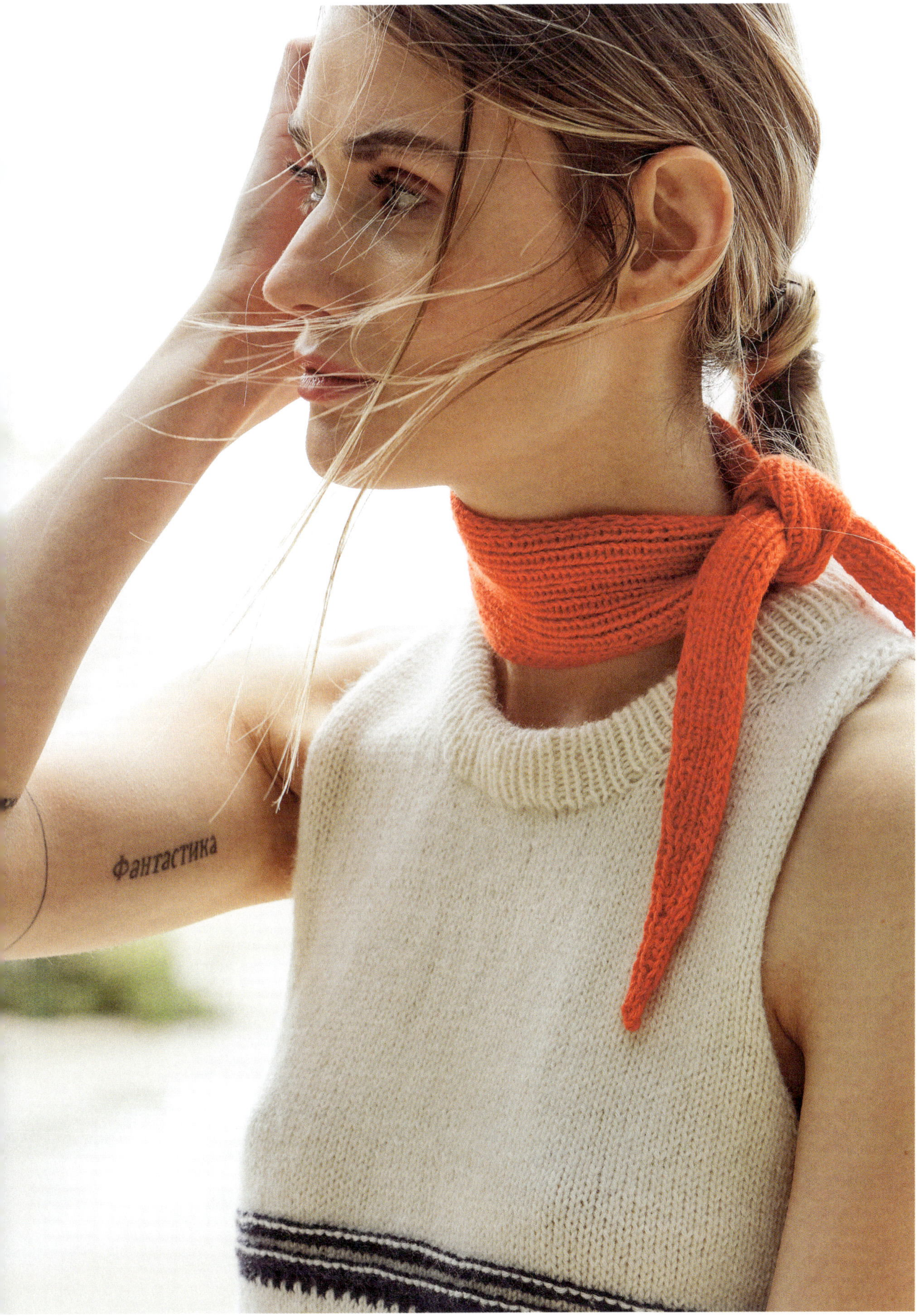
Фантастика

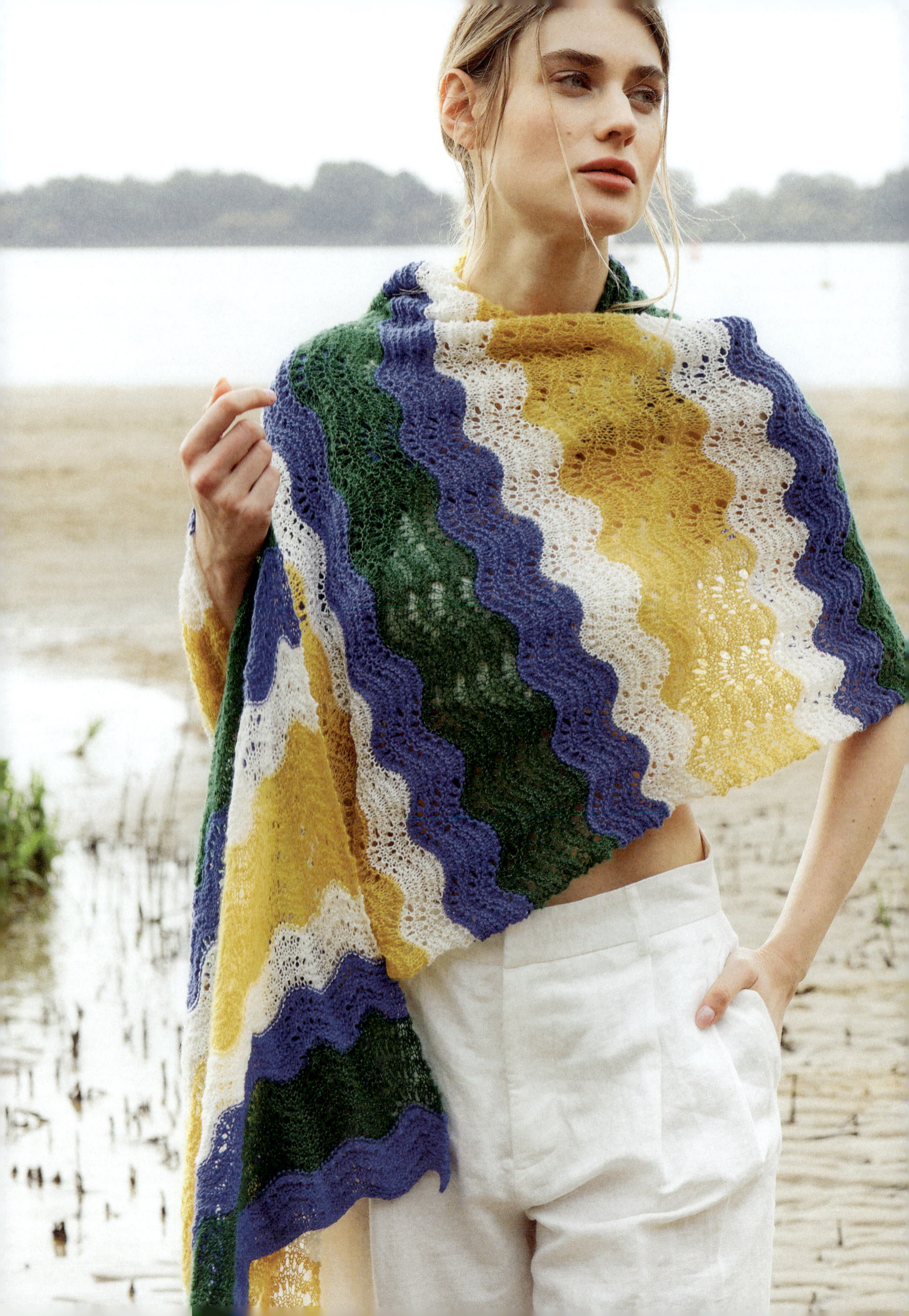

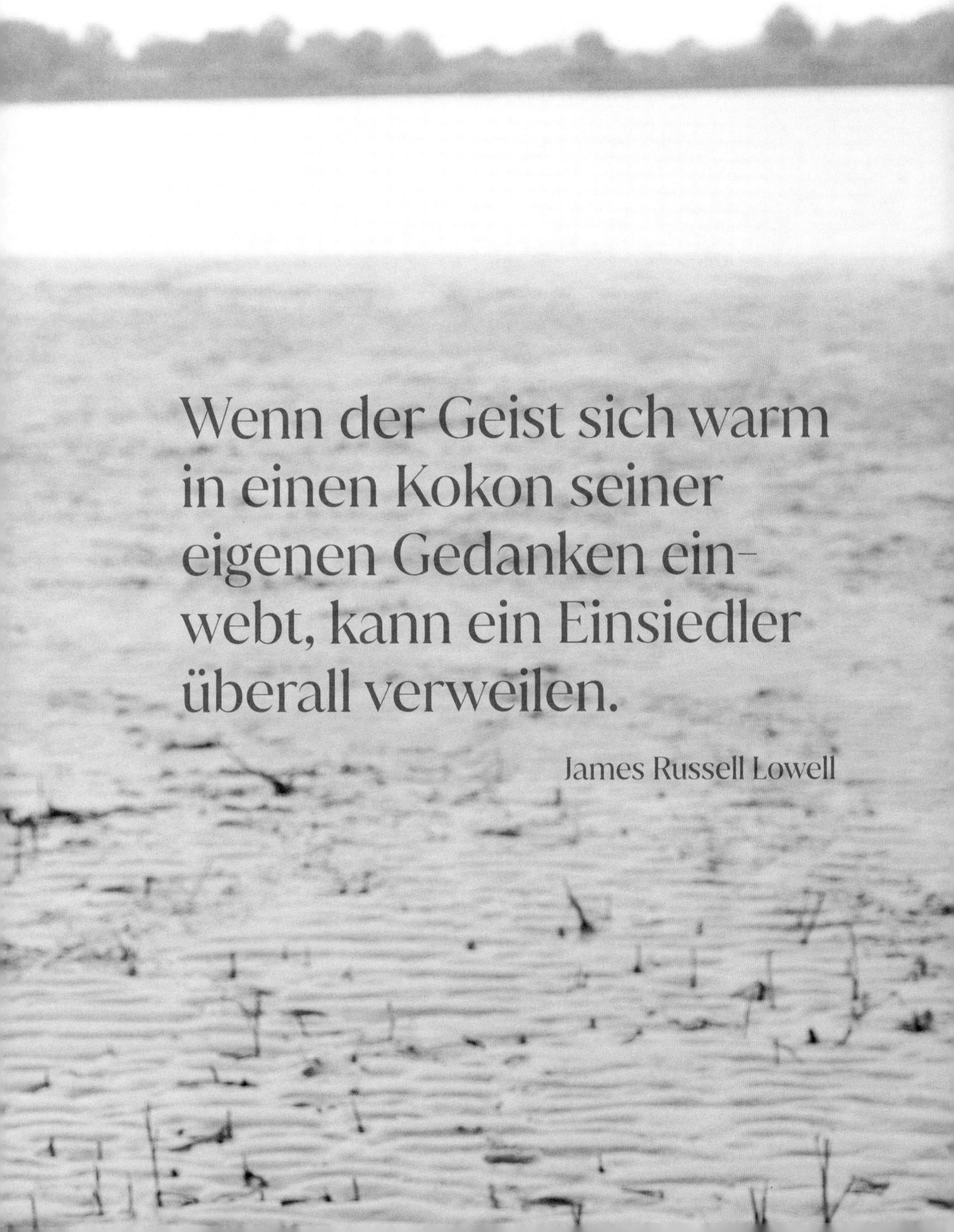

Wenn der Geist sich warm in einen Kokon seiner eigenen Gedanken einwebt, kann ein Einsiedler überall verweilen.

James Russell Lowell

Stola

225 cm lang und 60 cm breit

Schwierigkeitsgrad

fortgeschritten

Material

Langyarns Cashmere Lace
100 % Cashmere
LL = 165 m/25 g
125 g Königsblau (Fb 0006)

und

Langyarns Cashmere Dreams
65 % Cashmere, 35 % Seide
LL = 290 m/25 g ca. 290 m
je 50 g Grün (Fb 0018) und Gelb (Fb 0050)

und

Langyarns Merino 400 Lace
100 % Schurwolle
LL = 200 m/25 g
100 g Weiß (Fb 0094)

Stricknadeln 3,5 mm

Maschenprobe

Wellenmuster mit Nadel 3,5 mm:

28 Maschen und 30–36 Reihen je nach Garn
= 10 cm × 10 cm

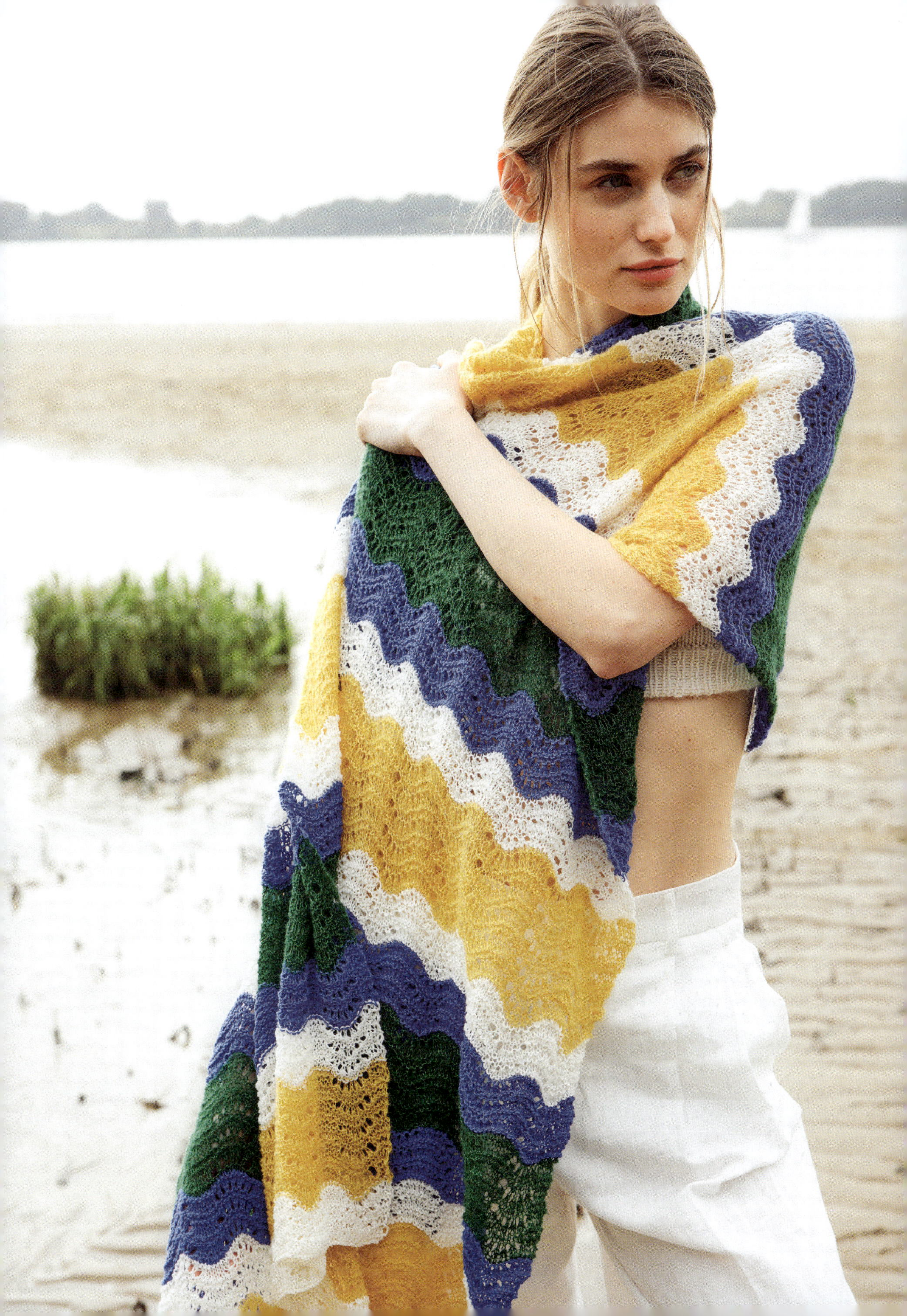

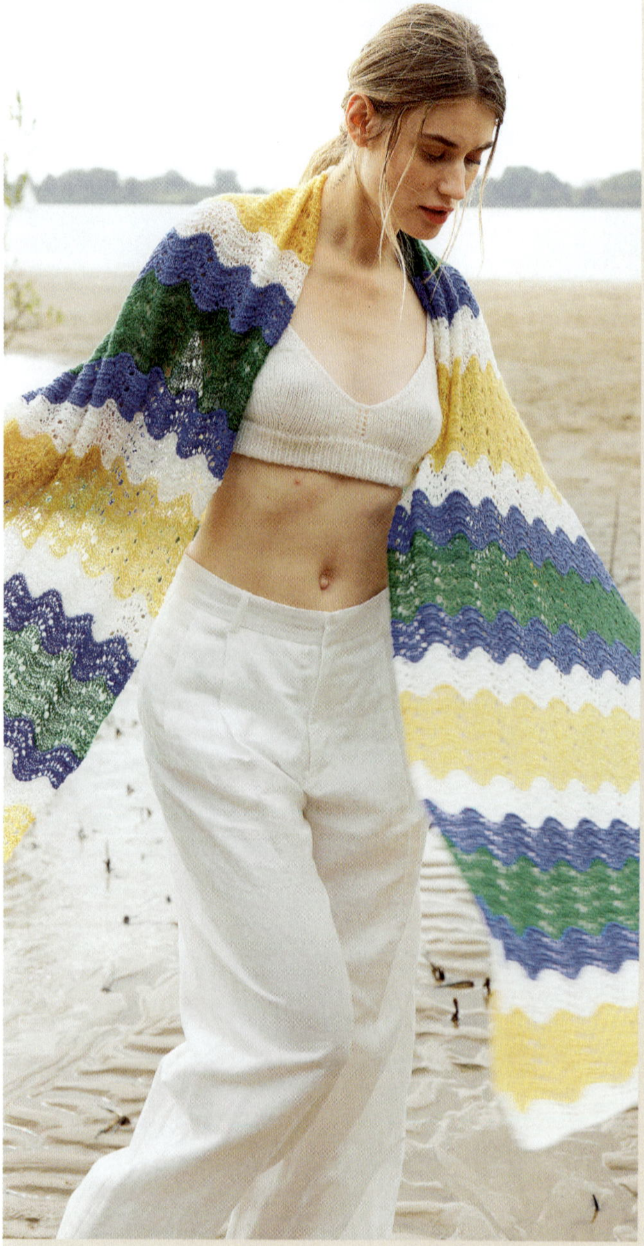

Muster und Maschen

Kraus rechts

In Hin- und Rückreihen rechte M stricken.

Wellenmuster

(M-Zahl teilbar durch 17 + 2 Randm)

1. Reihe (Hinreihe): alle M rechts stricken.

2. Reihe (Rückreihe): alle M rechts stricken.

3. Reihe (Hinreihe): 1 Randm, * 2 M rechts zusammenstricken, 2 M rechts zusammenstricken, 2 M rechts zusammenstricken, 1 M rechts, [1 Umschlag, 1 M rechts] 5× arbeiten, 1 M rechts, 2 M rechts zusammenstricken, 2 M rechts zusammenstricken, 2 M rechts zusammenstricken, ab * 5× wiederholen.

4. Reihe (Rückreihe): alle M und Umschläge links stricken.

5. Reihe: alle M rechts stricken.

6. Reihe: alle M rechts stricken.

Die 1.–6. Reihe stets wiederholen.

Nahtrandm

In Hin- und Rückreihen rechts stricken.

Farbfolge

* 18 Reihen in Königsblau (3× die 1.–6. Reihe),

24 Reihen in Grün (4× die 1.–6. Reihe),

18 Reihen in Königsblau (3× die 1.–6. Reihe),

18 Reihen in Weiß (3× die 1.–6. Reihe),

30 Reihen in Gelb (5× die 1.–6. Reihe),

18 Reihen in Weiß (3× die 1.–6. Reihe)

= 126 Reihen,

ab * stets wiederholen.

So wird's gemacht

Die Stola wird von der Anschlag- bis zur Abschlagkante mustergemäß in der Farbfolge gestrickt.

172 M in Königsblau anschlagen und 4 Reihen kraus rechts stricken.

Dann 756 Reihen im Wellenmuster in der angegebenen Streifenfolge arbeiten (= 6× die 126 Reihen der Streifenfolge).

Anschließend in Weiß 4 Reihen kraus rechts stricken und die M abketten.

Abgebildet ist hier ebenfalls der BH von Seite 28.

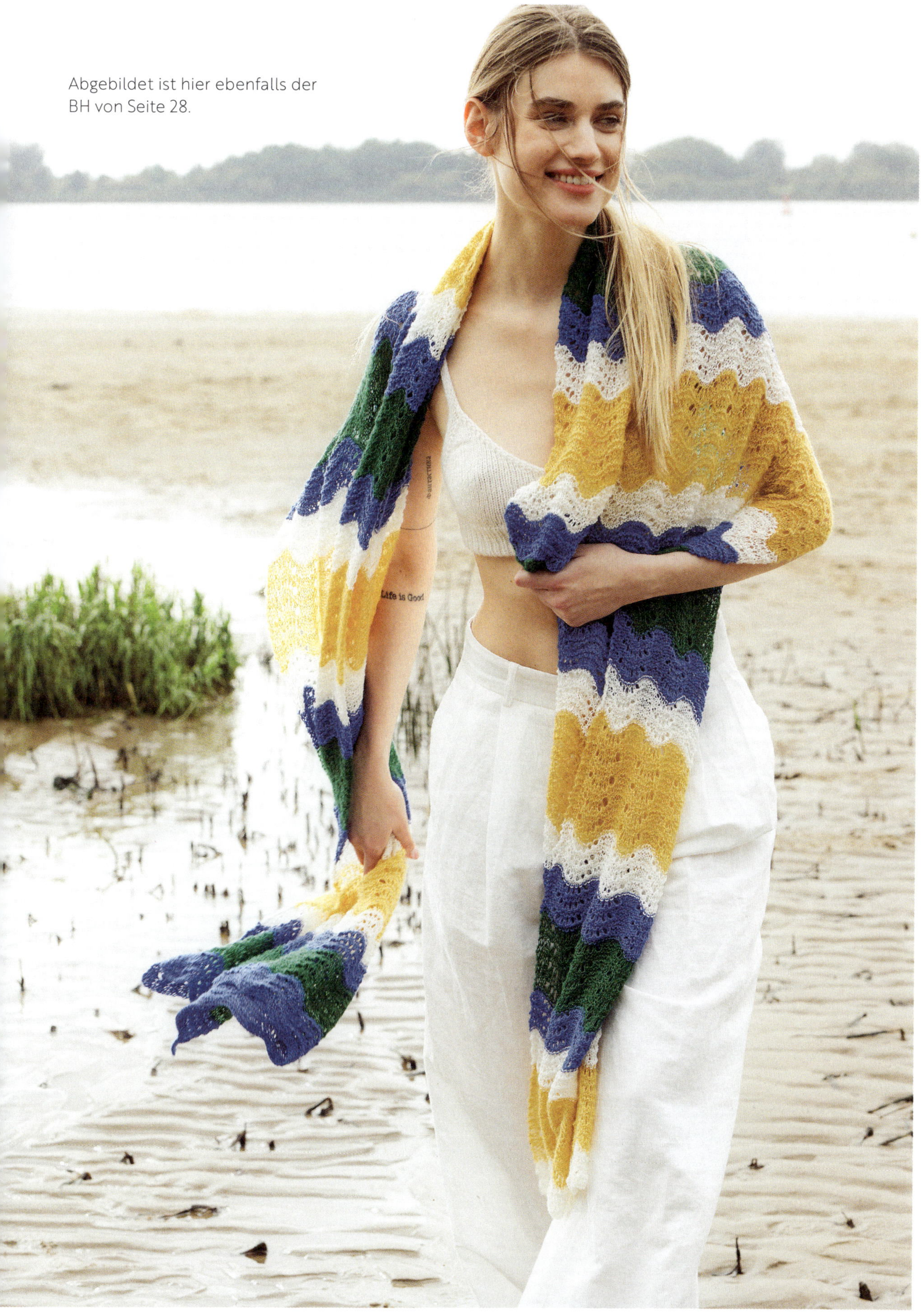

Wahrer Luxus ist nicht laut und schreit nicht, wahrer Luxus flüstert.

Carsten K. Rath

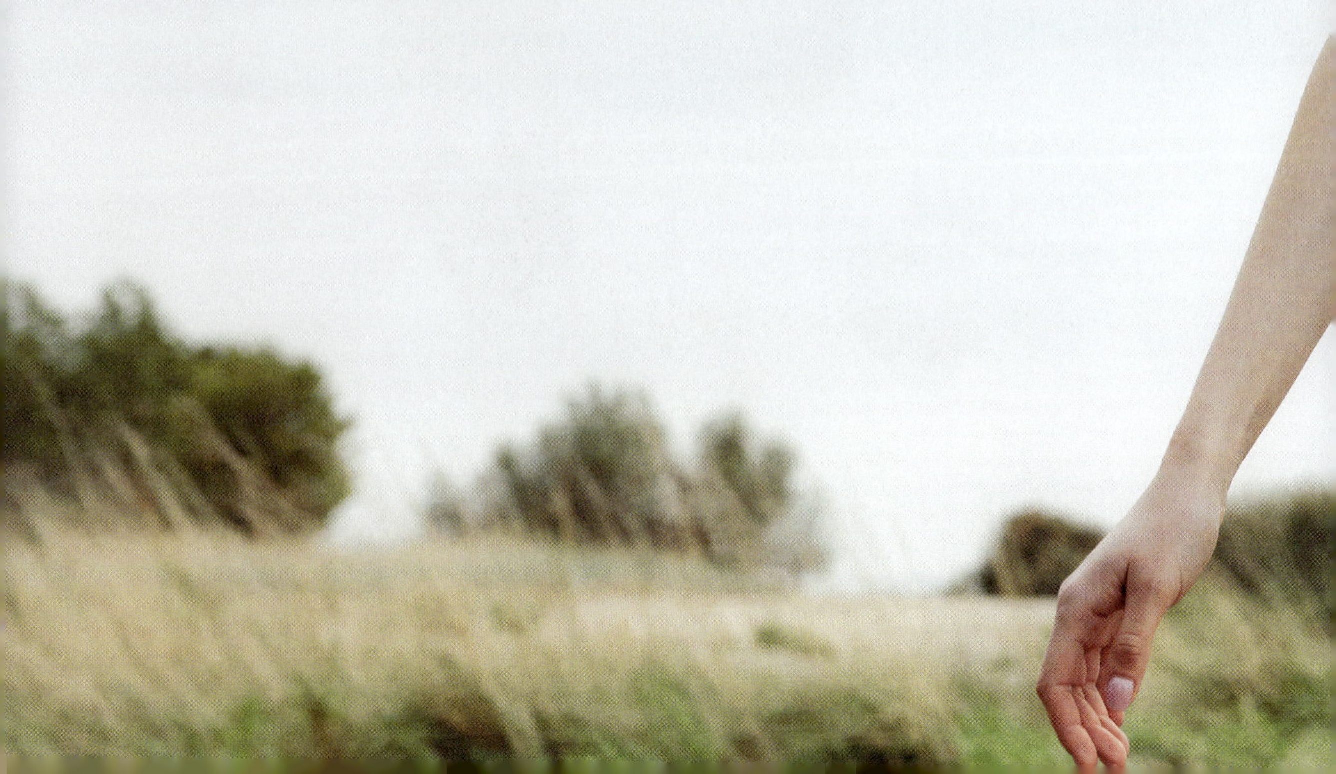

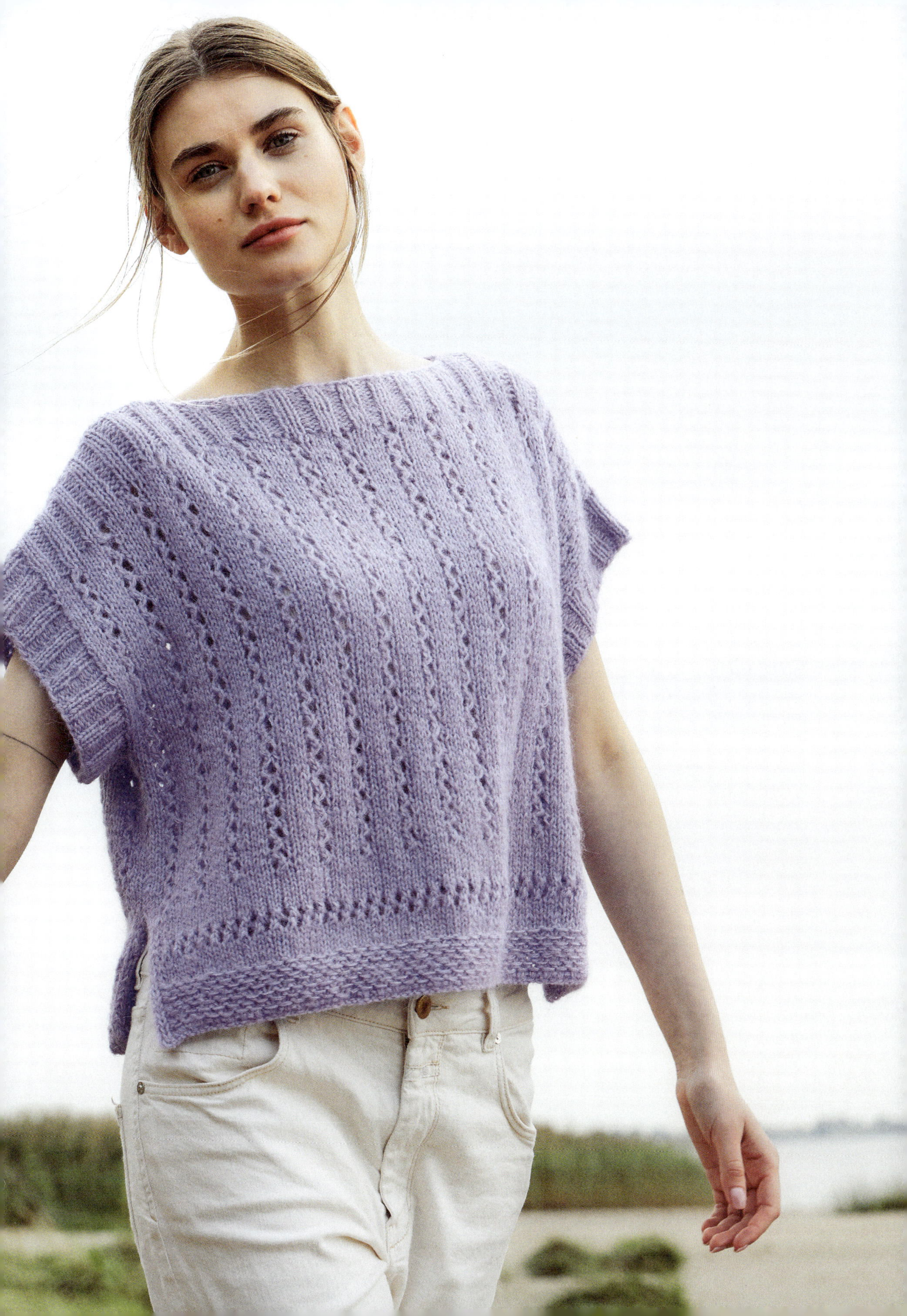

Poncho-Pullover

34–40 und 42–48

Schwierigkeitsgrad

mittel

Material

Lana Grossa Cashmere 16 fine
10 % Polyamid, 10 % Cashmere,
80 % Schurwolle
LL = 320 m/50 g
150 (200) g Lila (Fb 51)

und

Setasuri
69 % Alpaka, 31 % Seide
LL = 212 m/25 g
100 (125) g Violett (Fb 46)

Rundstricknadel 6,5 mm
eine kurze Rundstricknadel 6 mm

Maschenprobe

Vertikales Ajoumuster mit Nadel 6,5 mm:

16,5 Maschen und 26 Reihen = 10 cm × 10 cm

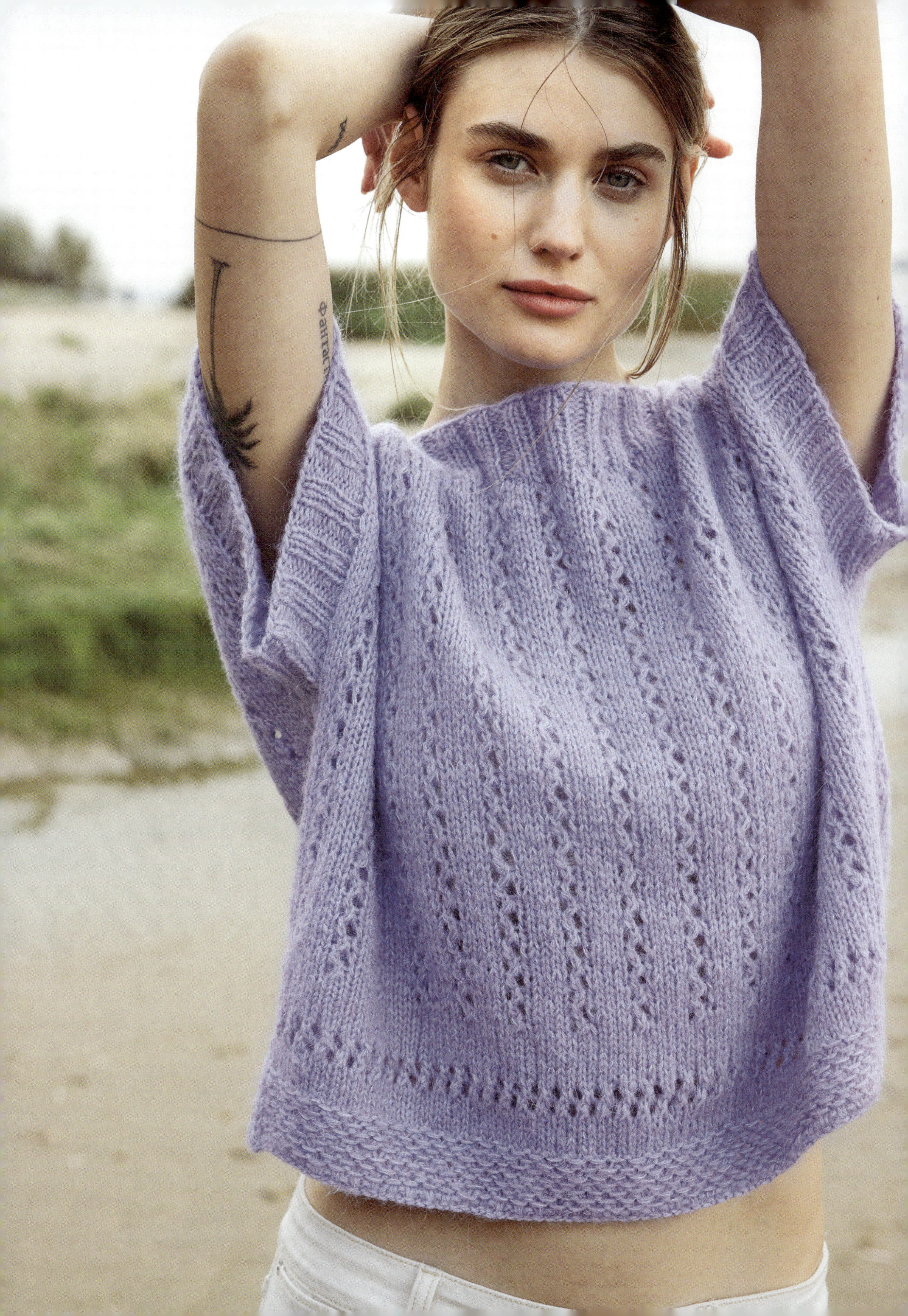

Muster und Maschen

Glatt rechts

In Hinreihen rechte M, in Rückreihen linke M stricken. In Runden stets rechte M stricken.

Vertikales Ajourmuster

(M-Zahl teilbar durch 6 + 2 Randm)

1. Reihe (Hinreihe): Randm, * 2 M rechts, 2 M rechts zusammenstricken, 1 Umschlag, 2 M rechts, ab * stets wiederholen, Randm.

2. Reihe (Rückreihe) und alle folgenden Rückreihen: alle M und Umschläge links stricken.

3. Reihe (Hinreihe): Randm, * 2 M rechts, 1 Umschlag, 2 M rechts verschränkt zusammenstricken (1 M wie zum Rechtsstricken abheben, wieder zurück auf die linke Nadel heben und mit der folgenden M rechts verschränkt zusammenstricken), 2 M rechts, ab * wiederholen, Randm.

Horizontales Ajourmuster

(ungerade M-Zahl)

1. Reihe (Hinreihe): Randm, * 2 M rechts zusammenstricken, 1 Umschlag, ab * stets wiederholen, enden mit 1 M rechts, Randm.

2. und 4. Reihe: alle M und Umschläge links stricken.

3. Reihe (Hinreihe): Randm, 1 M rechts, * 1 Umschlag, 2 M rechts verschränkt zusammenstricken (1 M wie zum Rechtsstricken abheben, wieder zurück auf die linke Nadel heben, mit der folgenden M rechts verschränkt zusammenstricken), ab * stets wiederholen, Randm.

Hebemaschenmuster

(ungerade M-Zahl)

1. Reihe (Hinreihe): Randm, alle M rechts, Randm.

2. Reihe (Rückreihe): Randm, 1 M rechts, * 1 M mit dem Faden HINTER der Arbeit wie zum Linksstricken abheben, 1 M rechts, ab * stets wiederholen, Randm.

3. Reihe (Hinreihe): Randm, alle M rechts, Randm.

4. Reihe (Rückreihe): 1 Randm, * 1 M mit dem Faden HINTER der Arbeit wie zum Linksstricken abheben, 1 M rechts, ab * stets wiederholen, Randm.

Rippenmuster

2 M rechts, 2 M links im Wechsel stricken.

Blendenm für die Schlitze (über je 3 M)

In den Hinreihen: die ersten 3 M und die letzten 3 M jeweils wie folgt stricken: 1 M mit dem Faden VOR der Arbeit wie zum Linksstricken abheben, 1 M rechts, 1 M mit dem Faden VOR der Arbeit wie zum Linksstricken abheben.

In der Rückreihe: die ersten 3 M und die letzten 3 M jeweils wie folgt stricken: 1 M rechts, 1 M mit dem Faden VOR der Arbeit wie zum Linksstricken abheben, 1 M rechts.

So wird's gemacht

Der Poncho wird von unten nach oben gestrickt.

Es wird stets zweifädig mit je einem Faden beider Garne gearbeitet.

Rückenteil

101 (117) M mit Nadel 6,5 mm italienisch anschlagen und 2 Übergangsreihen stricken (in beiden Reihen 1 M rechts, 1 M mit dem Faden VOR der Arbeit wie zum Linksstricken abheben im Wechsel arbeiten, siehe Seite 162/163). Dann zwischen den jeweils 3 Blendenm an beiden Rändern im Hebemaschenmuster arbeiten.

In einer Höhe von 4 cm zwischen den je 3 Blendenm zunächst 6 (8) Reihen (= 2 (3) cm Höhe) glatt rechts, dann 1× die 1.–4. Reihe des horizontalen Ajourmusters und schließlich wieder glatt rechts arbeiten.

In einer Gesamthöhe von 12 (14) cm enden die je 3 Blendenm und an beiden Rändern wird im Folgenden nur noch je 1 Randm als Nahtrandm gearbeitet.

Auf diese Weise 2 Reihen glatt rechts arbeiten, dabei 1 M abnehmen = 100 (116) M.

Weiter im vertikalen Ajourmuster arbeiten, dazu nach und vor den Randm je 1 (0) zusätzliche M glatt rechts stricken, damit der Rapport aufgeht.

In einer Gesamthöhe von 40 (47) cm für die **Schulterschrägen mit verkürzten Reihen arbeiten:** in einer Hinreihe bis zu den letzten 10 (14) M stricken, wenden, die folgende M als Doppelm arbeiten (die M mit dem Faden VOR der Arbeit wie zum Linksstricken abheben, den Faden über die rechte Nadel nach hinten ziehen, sodass sich die M mit beiden Beinchen über die Nadel legt). In der folgenden Rückreihe ebenfalls bis zu den letzten 10 (14) M stricken, wenden, 1 Doppelm. Dann stets bis 9 (12) M vor der Doppelm stricken, wenden, 1 Doppelm, in der Rückreihe ebenfalls bis 9 (12) M vor der Doppelm stricken, wenden, 1 Doppelm. Noch je 1× in Hin- und Rückreihe wiederholen.

In der folgenden Hinreihe im Rippenmuster weiterarbeiten, dabei nach der Randm mit 2 M rechts, 2 M links beginnen und enden mit 2 M links, 2 M rechts, Randm. Nach 5 cm im Rippenmuster alle M abketten.

Vorderteil

Wie das Rückenteil arbeiten.

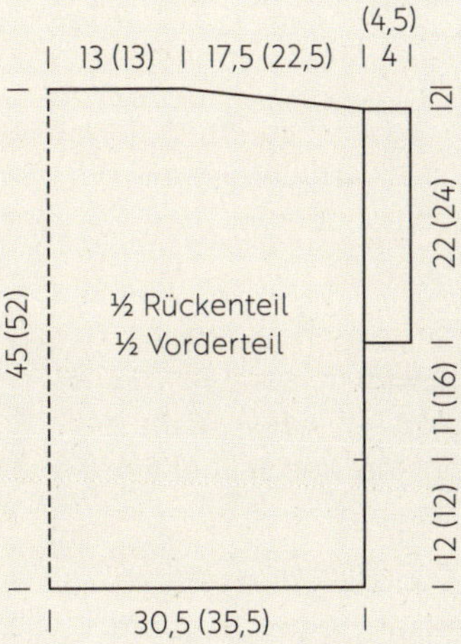

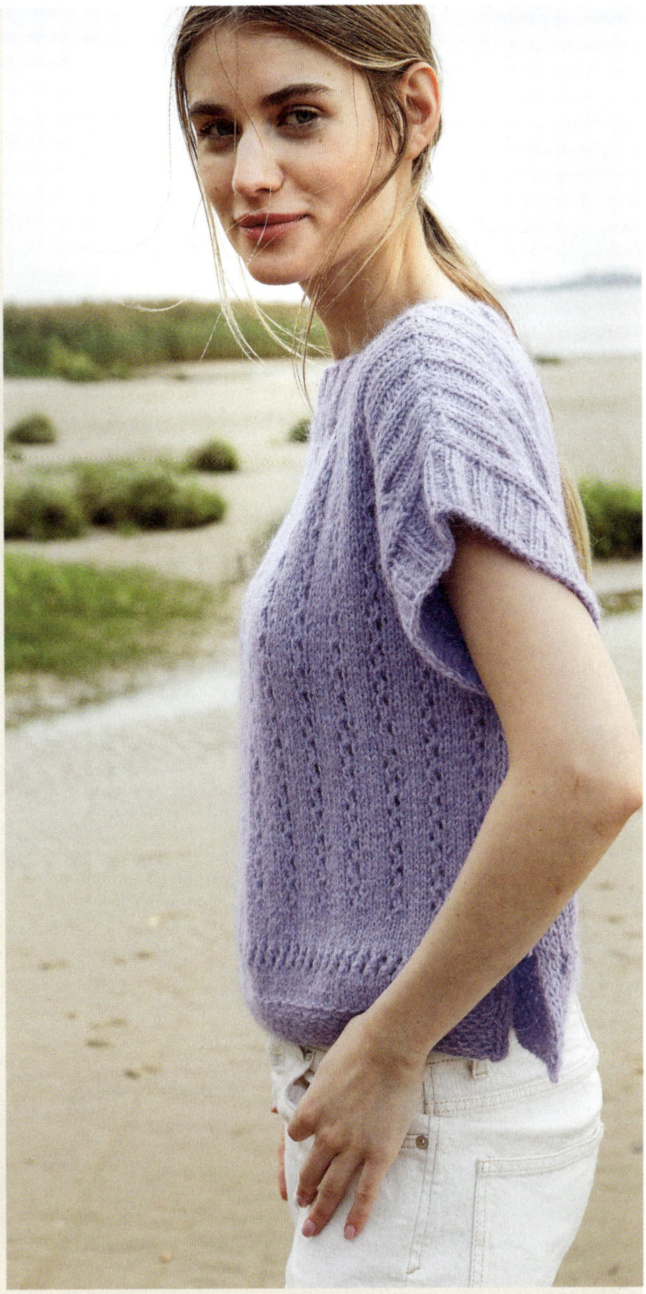

Fertigstellen

Die Schulternähte über jeweils ca. 17–18 cm (22–23 cm) schließen, die mittleren 27 cm für den Halsausschnitt offenlassen. Die Seitennähte schließen, dabei an beiden Seiten jeweils 22 (24) cm für die Armausschnitte und 12 cm für die Schlitze offenlassen. Aus den Armausschnitten 68 (76) M mit Nadel 6 mm (M-Zahl teilbar durch 4) herausstricken, zur Runde schließen und 4 (4,5) cm im Bündchenmuster stricken. Dann die M locker abketten.

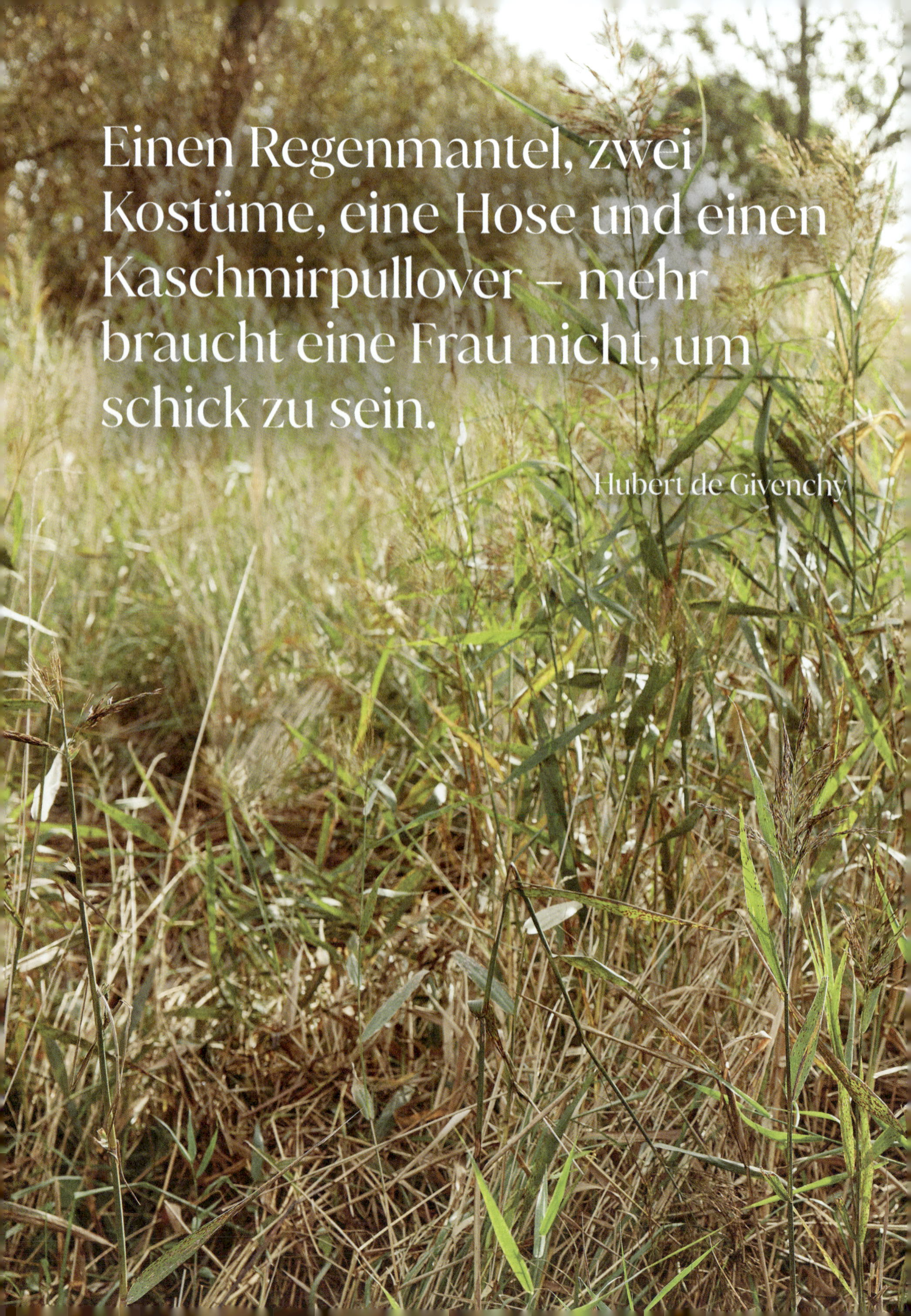

Einen Regenmantel, zwei Kostüme, eine Hose und einen Kaschmirpullover – mehr braucht eine Frau nicht, um schick zu sein.

Hubert de Givenchy

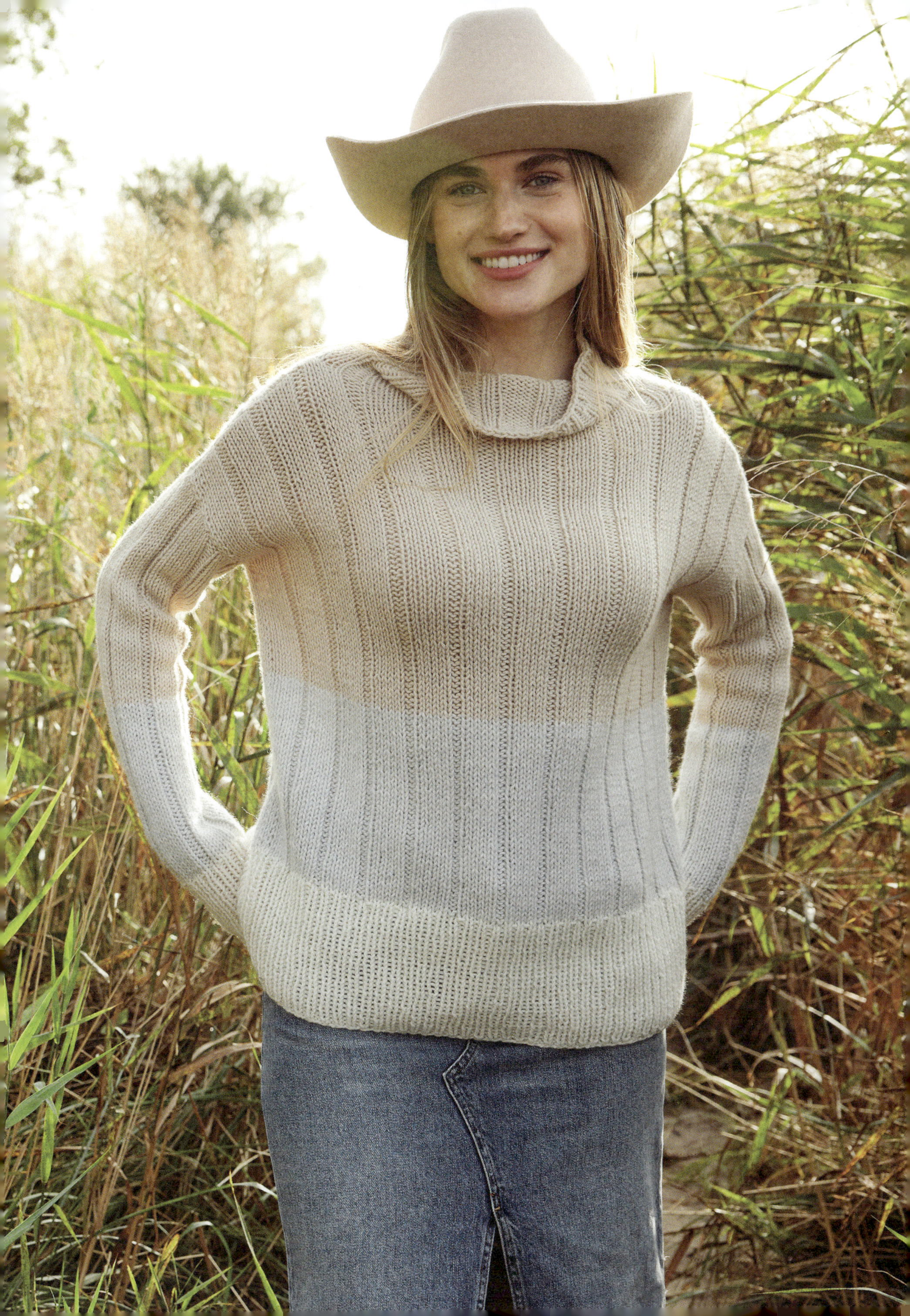

Rippenpullover

36/38, 40/42, 44/46, 48/50

Die Angaben für die kleinste Größe stehen vor der Klammer, die für die größeren Größen aufsteigend in den Klammern. Einzelne Angaben gelten für alle Größen.

Schwierigkeitsgrad

leicht

Material

Schulana Cashmere-Trend
100 % Cashmere
LL = 58 M/25 g
275 (300/325/350) g Beige (Fb 404),
150 (175/200/225) g Hellgrau (Fb 510) und
100 (125/150/175/200) g Ecru (Fb 100)

Stricknadeln 5,5 mm und 6 mm

Maschenproben

Rippenmuster mit Nadel 6 mm:

16 Maschen und 24 Reihen = 10 cm × 10 cm

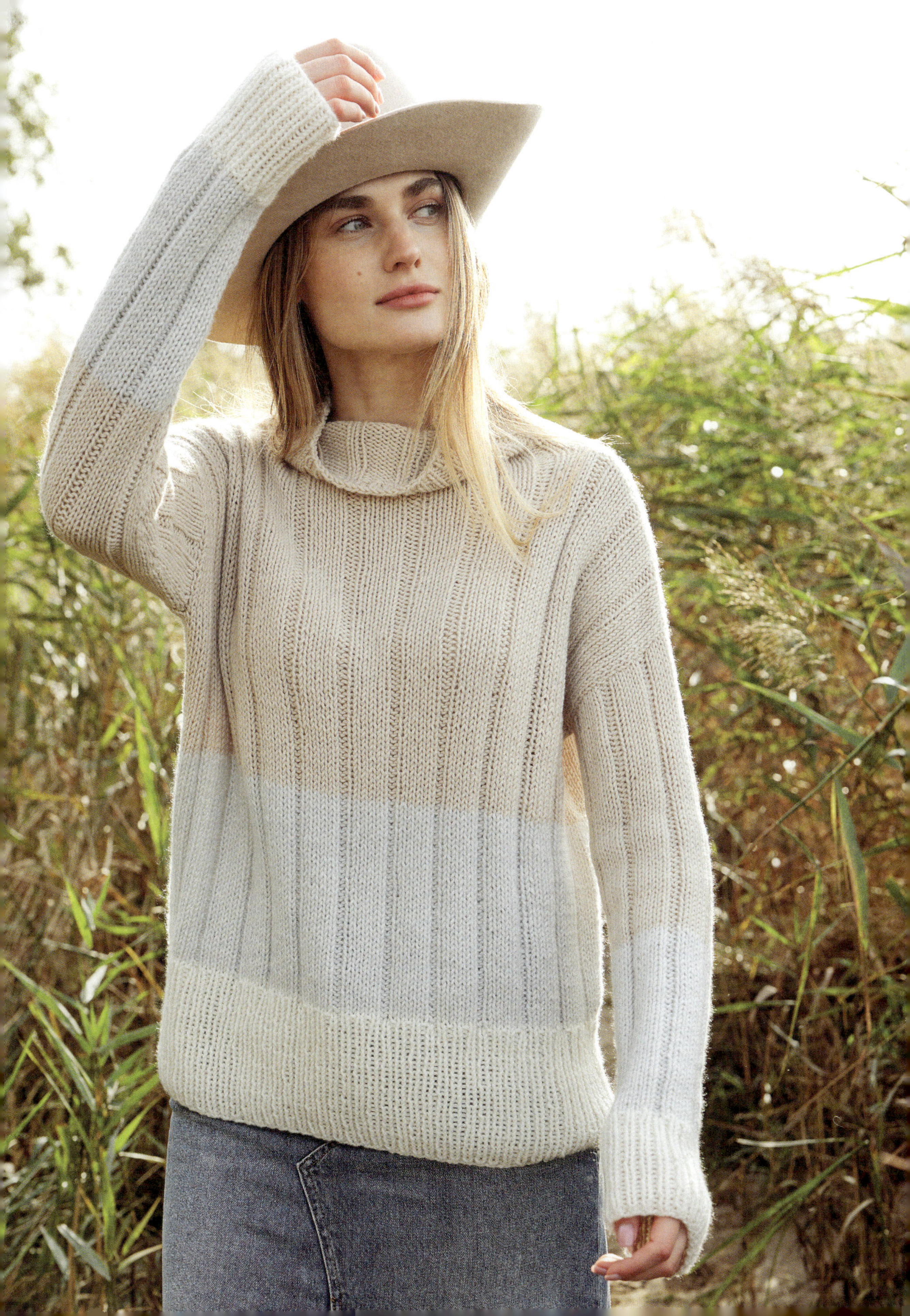

Muster und Maschen

Breites Rippenmuster

(Maschenzahl teilbar durch 7 + 5 M + 2 Randm)

5 M rechts, 2 M links im Wechsel stricken.

Bündchenmuster

1 M rechts, 1 M links im Wechsel stricken.

Elastisches Abketten

1 M rechts stricken, * 1 M rechts stricken, beide M zurück auf die linke Nadel heben und rechts zusammenstricken, dabei in die hinteren Maschenglieder einstechen, ab * stets wiederholen.

So wird's gemacht

Rückenteil, Vorderteil und Ärmel werden in einzelnen Teilen von unten nach oben gestrickt. Die Maschen des Halsausschnitts werden zunächst stillgelegt und der Kragen daran nach Schließen der Schulternähte in Runden angestrickt.

Rückenteil

92 (98/102/107) M in Ecru mit Nadel 5,5 mm anschlagen und 12 cm im Bündchenmuster stricken.

Dann zu Nadel 6 mm wechseln und in Hellgrau im Rippenmuster weiterarbeiten, dabei in der 1. Reihe (Hinreihe) 1 (0/0/0) M zunehmen und die M wie folgt einteilen: Randm, 6 (5/7/6) M rechts, im Rippenmuster stricken, dabei mit 2 M links, 5 M rechts beginnen und mit 2 M links enden, 6 (5/7/6) M rechts, Randm = 93 (98/102/107) M.

In einer Höhe von 16 (16/17/17) cm in Hellgrau und 28 (28/29/29) cm nach Anschlag zu Beige wechseln und weiter im Rippenmuster arbeiten.

In einer Höhe von 55 (56/57/58) cm ab Anschlag und 27 (28/28/29) cm in Beige für die Schulterschrägen an beiden Seiten in jeder 2. Reihe 2× 8 M und 1× 9 M (3× 9 M / 1× 9 M und 2× 10 M / 2× 10 M und 1× 11 M) abketten und die mittleren 43 (44/44/45) M für den angestrickten Kragen stilllegen.

Vorderteil

Wie das Rückenteil arbeiten.

Ärmel

42 (42/44/44) M in Ecru mit Nadel 5,5 mm anschlagen und 9 cm im Bündchenmuster stricken. Zur Nadel 6 mm wechseln und in Hellgrau im Rippenmuster arbeiten.

In einer Höhe von 25 cm in Beige im Rippenmuster weiterstricken, dabei für die Armschrägen an beiden Seiten 7× in jeder 10. Reihe (8× in jeder 10. Reihe / 8× in jeder 10. Reihe / 9× in jeder 8. Reihe) je 1 M zunehmen = 56 (58/60/62) M. In 46 cm alle M abketten.

Fertigstellen

Die Schulternähte schließen. Die jeweils 43 (44/44/45) stillgelegten M des Halsausschnitts mit Nadel 6 mm aufnehmen und in Beige im Rippenmuster 11 cm in Runden stricken. Noch 1 cm im Bündchenmuster stricken, dann die M elastisch abketten. Die Ärmel einnähen und Ärmel- und Seitennähte schließen.

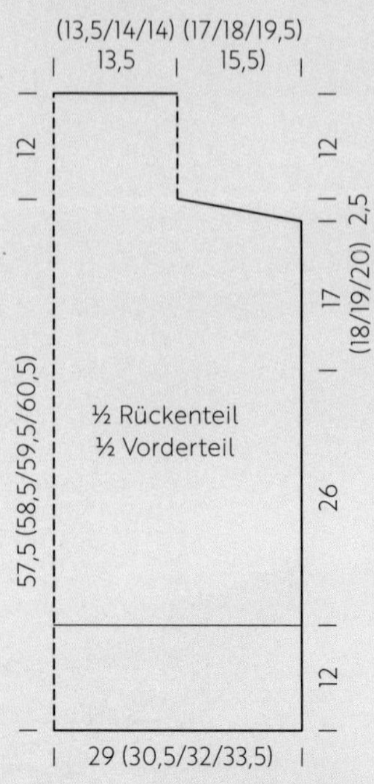

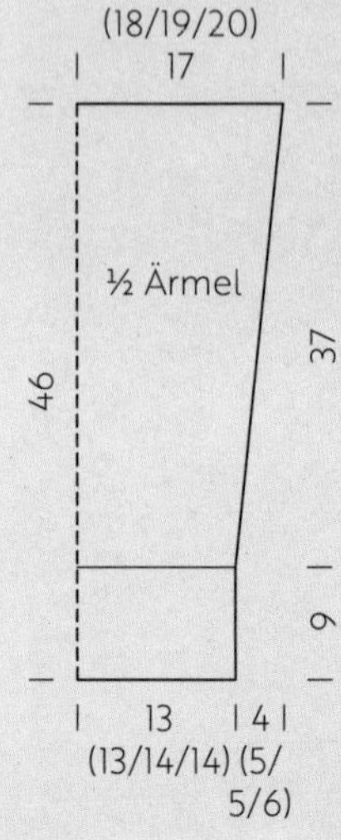

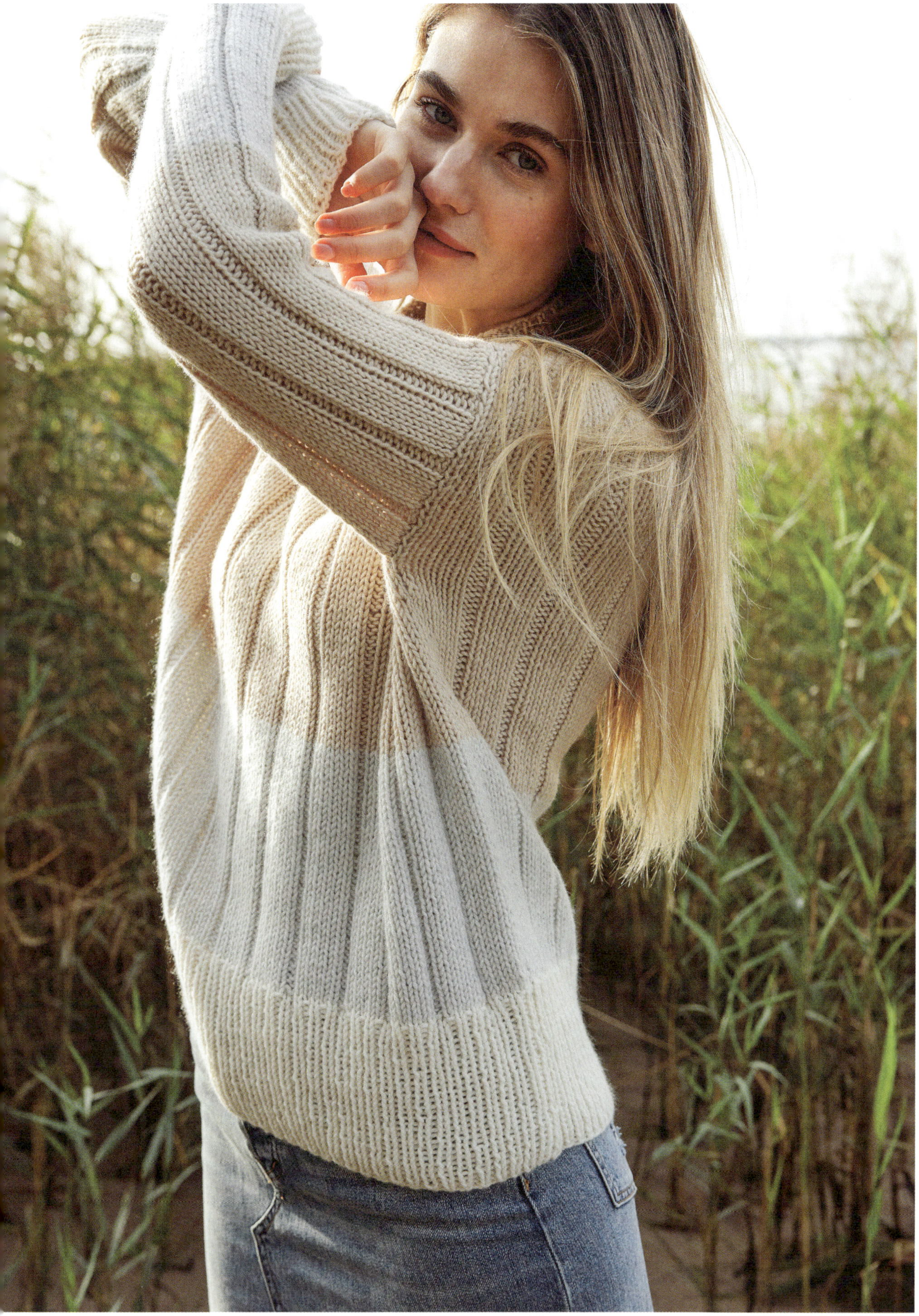

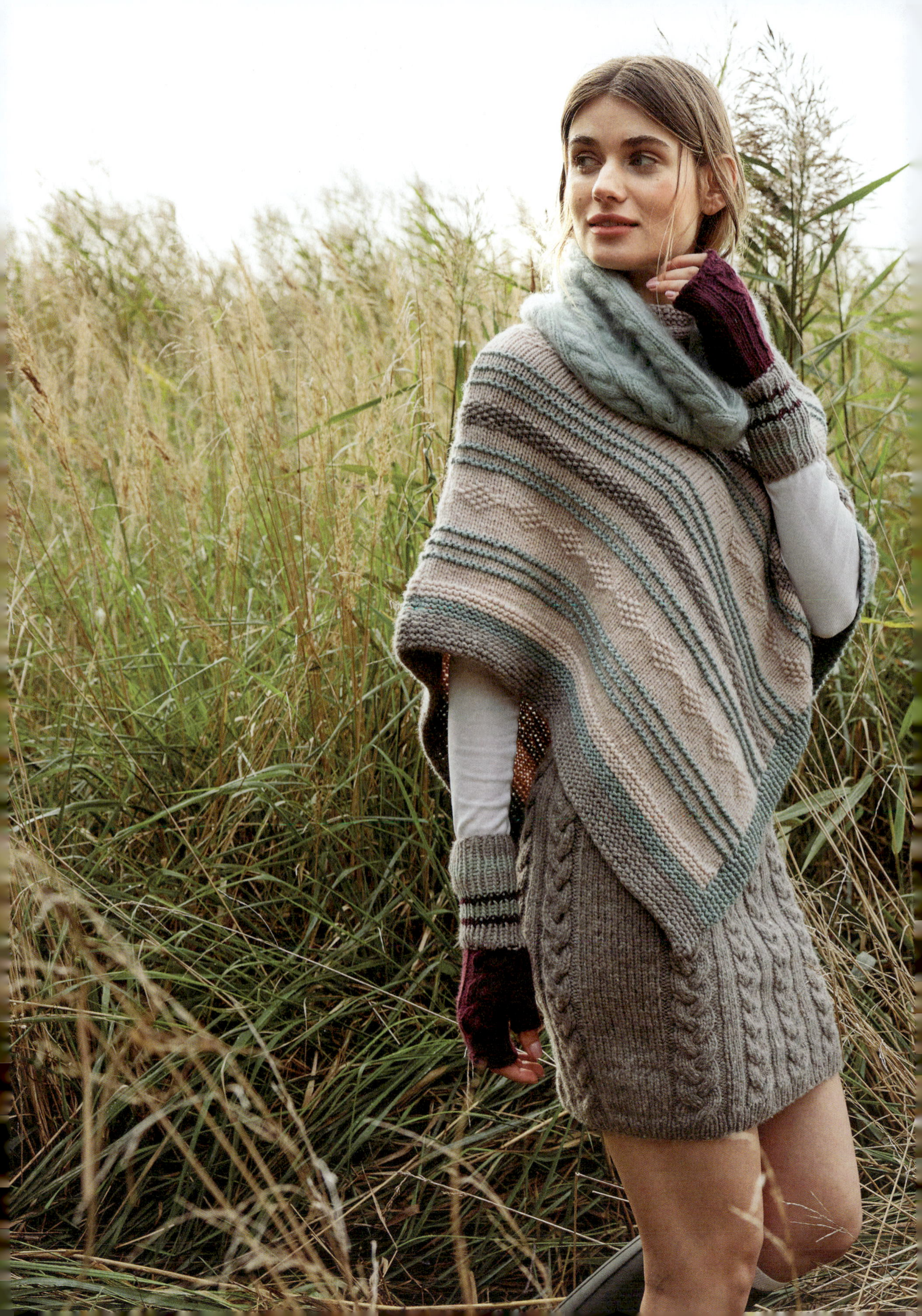

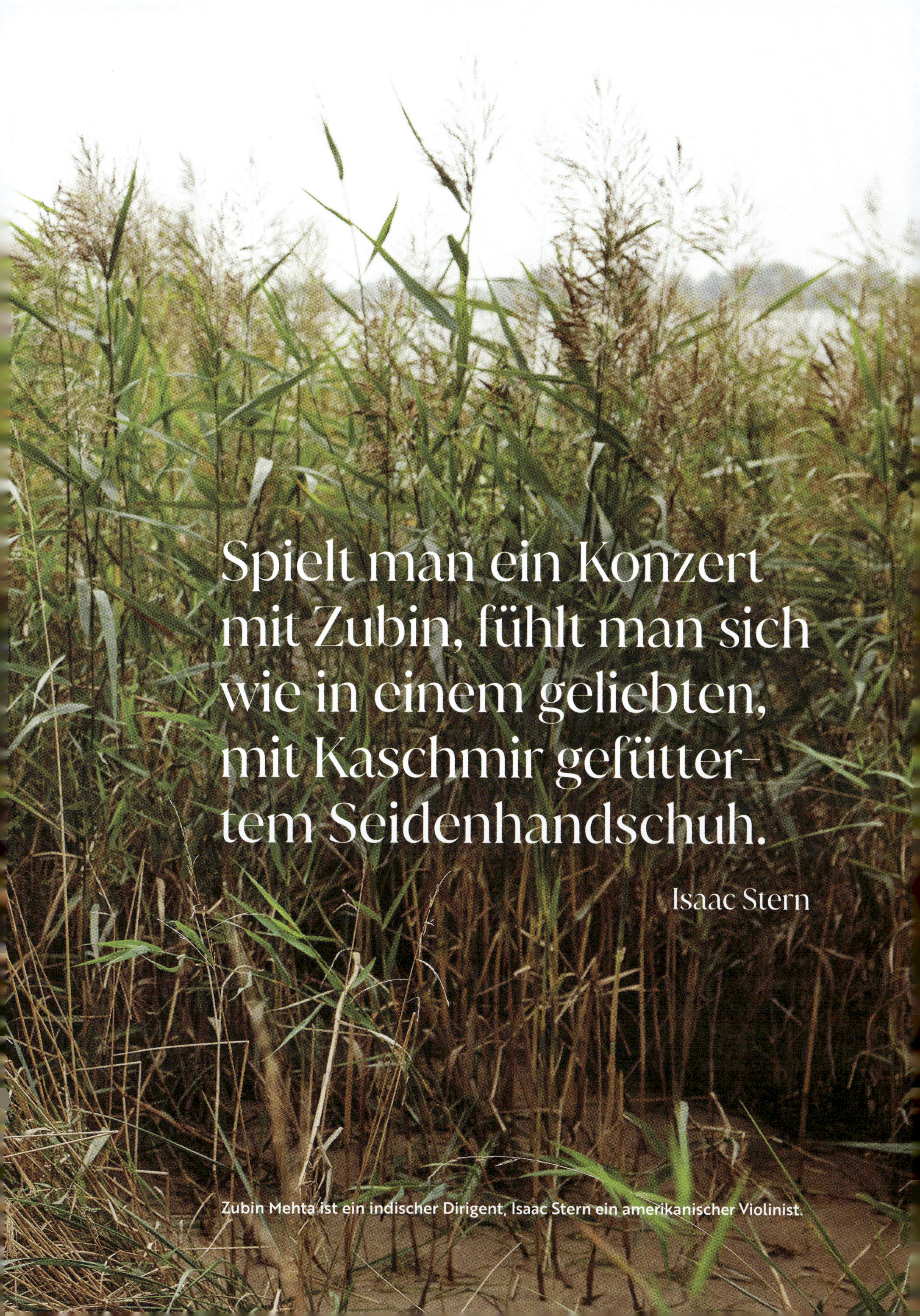

Spielt man ein Konzert mit Zubin, fühlt man sich wie in einem geliebten, mit Kaschmir gefüttertem Seidenhandschuh.

Isaac Stern

Zubin Mehta ist ein indischer Dirigent, Isaac Stern ein amerikanischer Violinist.

Poncho

Einheitsgröße

Schwierigkeitsgrad

mittel

Material

Lana Grossa Alta Moda Cashmere 16 fine

10 % Polyamid, 12 % Cashmere,
78 % Schurwolle
LL = 110 m/50 g
250 g Beigerosa (Fb 23),
100 g Taupe (Fb 3) und
100 g Minttürkis (Fb 34)

je eine Rundstricknadel 7 mm und 8 mm

Maschenproben

Glatt rechts mit Nadel 8 mm:

15 Maschen und 25 Reihen = 10 cm × 10 cm

Kraus rechts mit Nadel 8 mm:

15 Maschen und 32 Reihen = 10 cm × 10 cm

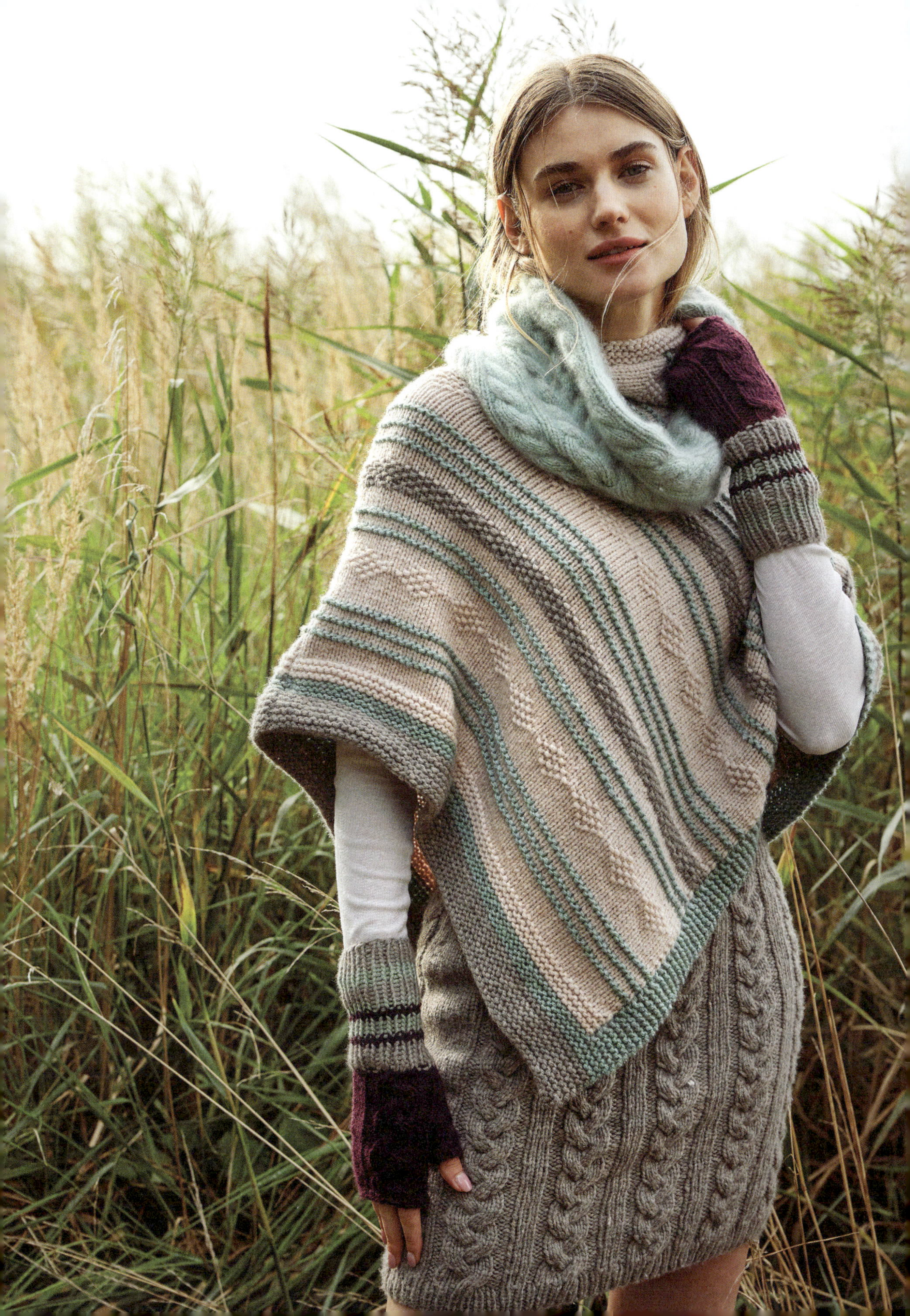

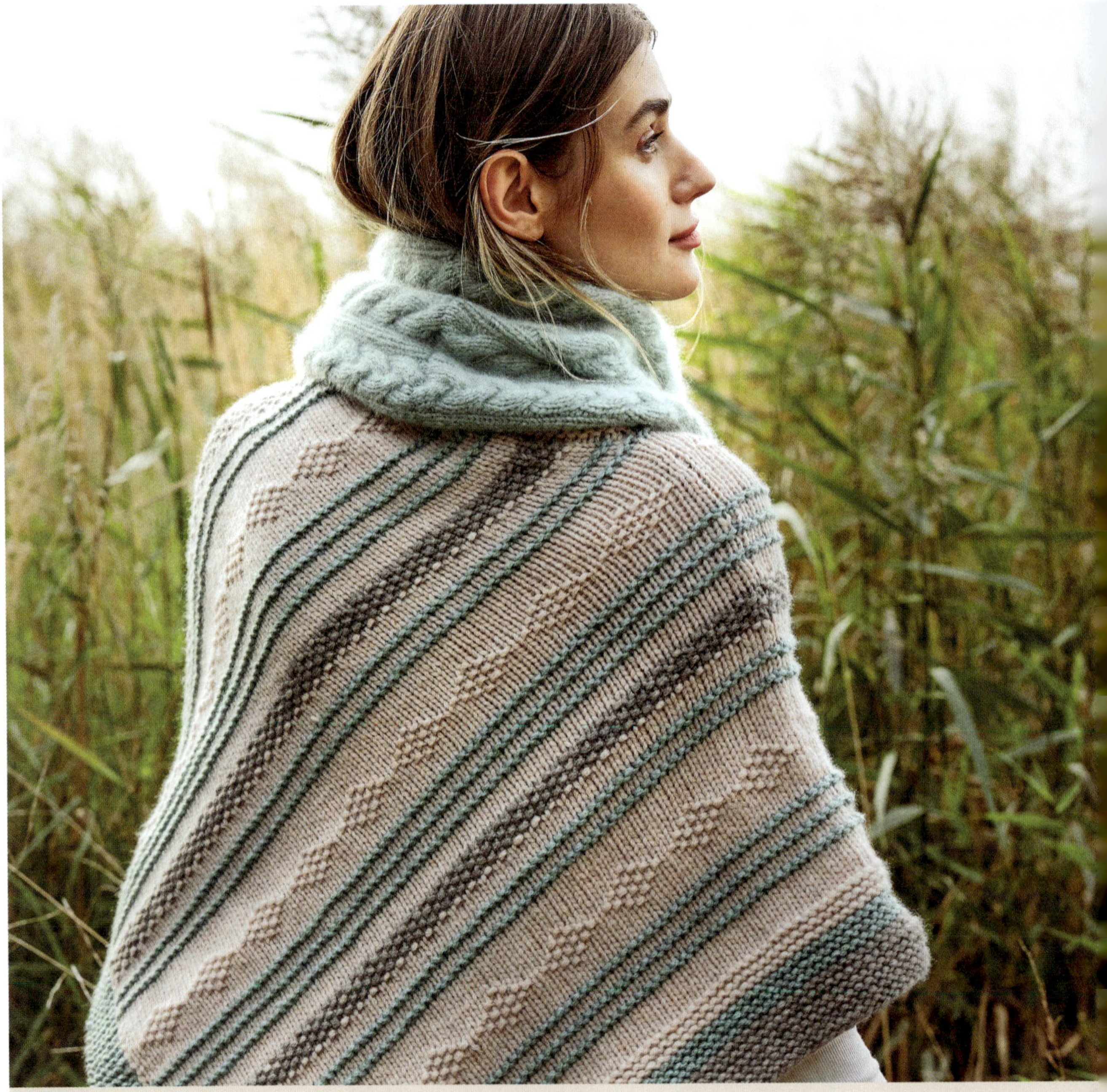

Muster und Maschen

Glatt rechts

In Hinreihen rechte M, in Rückreihen linke M stricken.

Kraus rechts

In Hin- und Rückreihen rechte M stricken.

Kleines Perlmuster

1 M rechts, 1 M links im Wechsel stricken. Das Muster in jeder Reihe um 1 M versetzen.

Rautenmuster

(M-Zahl teilbar durch 8 + 1 M + 1 Randm)

Nach der Strickschrift arbeiten. Es sind alle Reihen notiert. Die Zeichenerklärung beschreibt, wie die M in Hin- und Rückreihen gearbeitet werden. Mit der M vor dem Rapport beginnen, dann den Rapport von 8 M stets wiederholen. Die 1.–16. Reihe 1× arbeiten.

Streifenfolge

5 Reihen glatt rechts in Beigerosa,

* 2 Reihen kraus rechts in Minttürkis,

2 Reihen glatt rechts in Beigerosa,

2 Reihen kraus rechts in Minttürkis,

2 Reihen glatt rechts in Beigerosa,

2 Reihen kraus rechts in Minttürkis,

16 Reihen Rautenmuster nach der Strickschrift in Beigerosa,

2 Reihen kraus rechts in Minttürkis,

2 Reihen glatt rechts in Beigerosa,

2 Reihen kraus rechts in Minttürkis,

4 Reihen glatt rechts in Beigerosa,

6 Reihen im kleinen Perlmuster in Taupe,

4 Reihen glatt rechts in Beigerosa,

ab * insgesamt 3× arbeiten = 138 Reihen.

Dann für die 2. Hälfte die Streifenfolge in umgekehrte Reihenfolge noch einmal arbeiten.

So wird's gemacht

Es wird zunächst ein ca. 54 cm × 132 cm großes Rechteck gestrickt. Dieses wird anschließend längs zur Hälfte gelegt. Von beiden Seiten aus werden die Strickränder über eine Länge von ca. 40 cm geschlossen und in der Mitte für den Halsausschnitt offengelassen.

82 M mit Nadel 7 mm in Taupe anschlagen und 12 Reihen kraus rechts stricken. In einer Hinreihe zu Minttürkis wechseln und 6 Reihen kraus rechts stricken.

In der folgenden Hinreihe zu Beigerosa wechseln und wie folgt kraus rechts stricken: die ersten 76 M in Beigerosa (und im Folgenden in der jeweiligen Farbe der Streifenfolge) und die letzten 6 M in Minttürkis.

Anschließend die ersten 76 M in der angegebenen Streifenfolge, die letzten 6 M stets kraus rechts in Minttürkis stricken.

Nach den 138 Reihen der Streifenfolge diese für die 2. Hälfte in umgekehrter Reihenfolge arbeiten, dabei die letzten 6 M für die untere Blende weiterhin kraus rechts in Minttürkis stricken.

Anschließend 6 Reihen kraus rechts in Beigerosa mit 6 M Blende in Minttürkis, dann 6 Reihen kraus rechts in Minttürkis und noch 11 Reihen kraus rechts in Taupe über alle M stricken. Anschließend alle M abketten.

Fertigstellen

Den Schal so rechts auf rechts zur Hälfte legen, dass die kraus rechte Blende in Minttürkis beider Seiten aufeinanderliegt. Diese Blende bleibt offen, die Strickränder auf der anderen Seite der Blende vom offenen Rand aus über eine Länge von 40 cm in Richtung Bruch schließen. Mittig bleibt dabei eine Länge von ca. 26 cm offen. Die Blende in Minttürkis bildet den unteren Rand.

Aus dem Ausschnittrand 80 M in Beigerosa mit Nadel 7 mm herausstricken und 6 Reihen kraus rechts stricken, dann die M abketten.

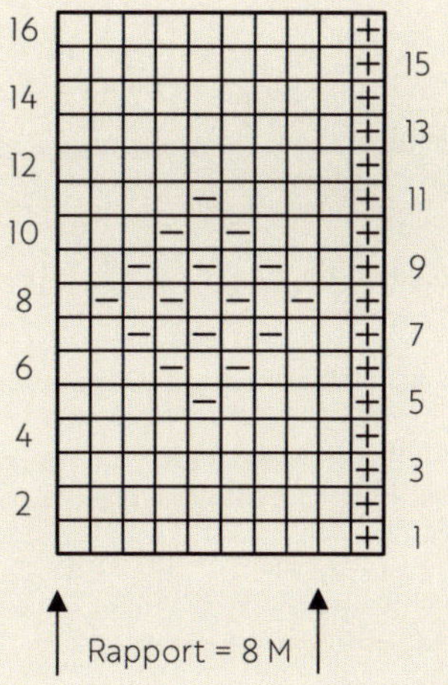

☐ = in Hinreihen 1 M rechts, in Rückreihen 1 M links stricken

⊟ = in Hinreihen 1 M links, in Rückreihen 1 M rechts stricken

⊞ = Randm

Loop

28 cm hoch, 36 cm Durchmesser

Schwierigkeitsgrad

leicht

Material

Langyarns Cashmere light
88 % Cashmere, 12 % Polyamid
LL = 85 m/25 g
125 g Pastellgrün (Fb 0091)

Stricknadel 6 mm

Maschenprobe

Zopfmuster mit Nadel 6 mm:

24–28 Maschen und 32 Reihen = 10 cm × 10 cm

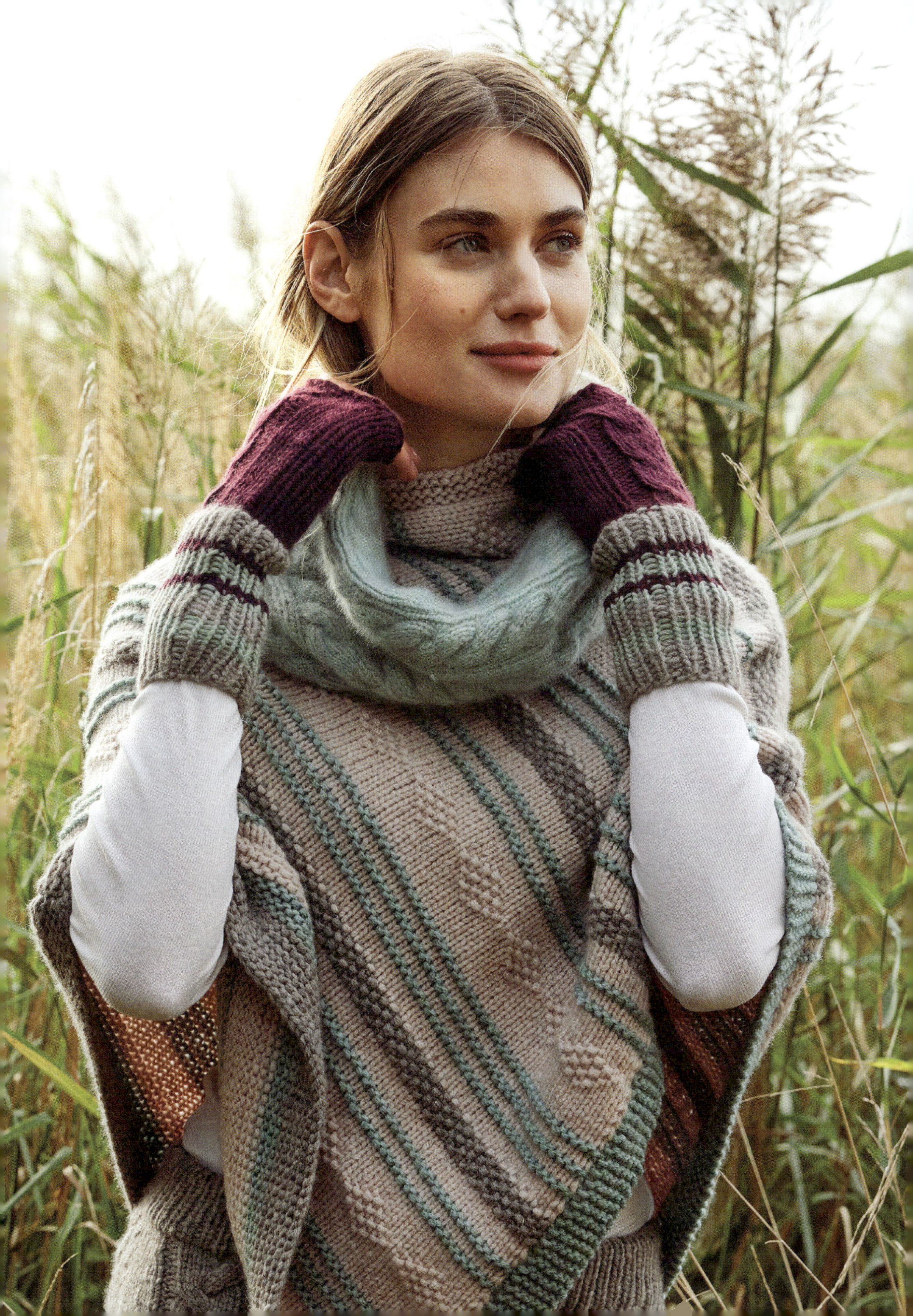

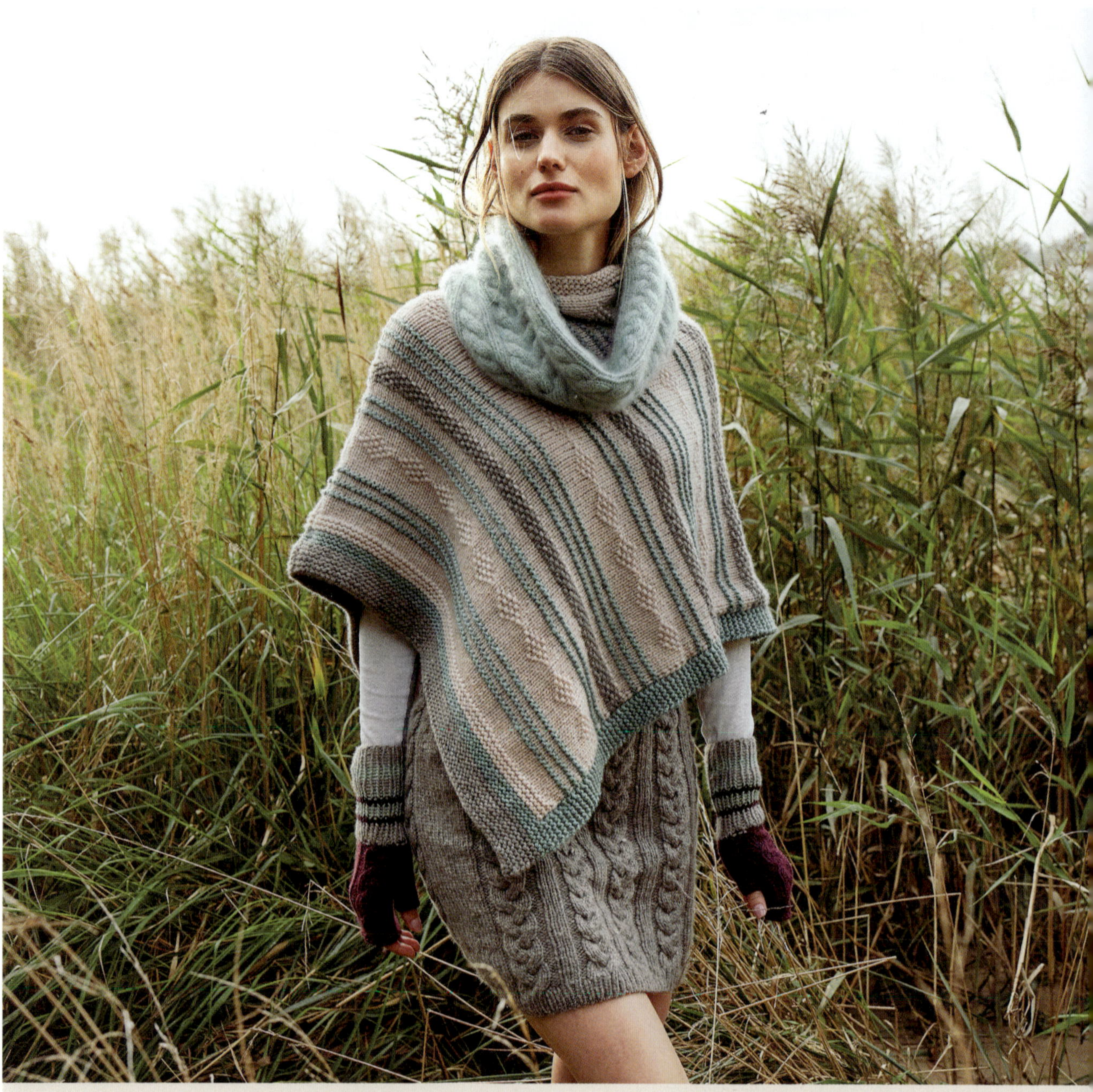

Muster und Maschen

Zopf 1

Einfach gedrehter Zopf über 8 M

1. Reihe (Hinreihe): alle M rechts stricken.

2. und alle weiteren Rückreihen: alle M links stricken.

3. Reihe (Hinreihe): 4 M auf eine Hilfsnadel VOR die Arbeit legen, 4 M rechts, dann die M der Hilfsnadel rechts stricken.

5. (Hinreihe): alle M rechts stricken.

7. (Hinreihe): alle M rechts stricken.

Die 1.–8. Reihe stets wiederholen.

Zopf 2

Geflochtener Zopf über 9 M

1. Reihe (Hinreihe): alle M rechts stricken.

2. und alle weiteren Rückreihen: alle M links stricken.

3. Reihe (Hinreihe): 3 M auf einer Hilfsnadel HINTER die Arbeit legen, 3 M rechts, dann die M der Hilfsnadel rechts stricken, 3 M rechts.

5. (Hinreihe): alle M rechts stricken.

7. (Hinreihe): 3 M rechts, 3 M auf eine Hilfsnadel VOR die Arbeit legen, 3 M rechts, dann die M der Hilfsnadel rechts stricken.

Die 1.–8. Reihe stets wiederholen.

Zopf 3

Hufeisenzopf über 16 M

1. Reihe (Hinreihe): alle M rechts stricken.

2. und alle weiteren Rückreihen: alle M links stricken.

3. Reihe (Hinreihe): 4 M auf eine Hilfsnadel HINTER die Arbeit legen, 4 M rechts, dann die M der Hilfsnadel rechts stricken, 4 M auf eine Hilfsnadel VOR die Arbeit legen, 4 M rechts, dann die M der Hilfsnadel rechts stricken.

5. (Hinreihe): alle M rechts stricken.

7. (Hinreihe): alle M rechts stricken.

Die 1.–8. Reihe stets wiederholen.

Blendenm (über jeweils 2 M)

In den Hinreihen: die 1. M mit dem Faden VOR der Arbeit wie zum Linksstricken abheben, 1 M rechts, bis zu den letzten 2 M im Muster stricken, 1 M rechts, 1 M mit dem Faden VOR der Arbeit wie zum Linksstricken abheben.

In den Rückreihen: die 1. M rechts, 1 M mit dem Faden VOR der Arbeit wie zum Linksstricken abheben, bis zu den letzten 2 M im Muster stricken, 1 M mit dem Faden VOR der Arbeit wie zum Linksstricken abheben, 1 M rechts.

Musterfolge

2 Blendenm, 2 M rechts, 1 M links,

Zopf 2 (9 M geflochtener Zopf),

1 M links, 2 M rechts, 1 M links,

Zopf 1 (8 M einfach gedrehter Zopf),

1 M links, 2 M rechts, 1 M links,

Zopf 3 (16 M Hufeisenzopf),

1 M links, 2 M rechts, 1 M links,

Zopf 1 (8 M einfach gedrehter Zopf),

1 M links, 2 M rechts, 1 M links,

Zopf 2 (9 M geflochtener Zopf),

1 M links, 2 M rechts, 2 Blendenm = 76 M.

So wird's gemacht

Der Loop wird quergestrickt und anschließend an der Anschlag- und Abkettkante zusammengenäht.

76 M anschlagen und in der 1. Hinreihe zunächst in folgender **Einteilung** arbeiten:

2 Blendenm, 2 M rechts, 1 M links, 9 M rechts, 1 M links, 2 M rechts, 1 M links, 8 M rechts, 1 M links, 2 M rechts, 1 M links, 16 M rechts, 1 M links, 2 M rechts, 1 M links, 8 M rechts, 1 M links, 2 M rechts, 1 M links, 9 M rechts, 1 M links, 2 M rechts, 2 Blendenm. In der folgenden Rückreihe alle M stricken, wie sie erscheinen.

Ab der nächsten Hinreihe in der Musterfolge arbeiten, in den Rückreihen alle M stricken, wie sie erscheinen. In einer Höhe von über 72 cm die M abketten.

Fertigstellen

Die Anschlag- und Abkettkante aneinandernähen.

Sherpamütze

54 cm – 58 cm Kopfumfang

Schwierigkeitsgrad

leicht

Material

Langyarns Cashmere classic
100 % Cashmere
LL = 50 m/25 g
50 g Wein (Fb 180),
25 g Beige Melange (Fb 0022) und
25 g Salbei (Fb 0092)

Nadelspiel 6 mm

Maschenprobe

Kraus rechts mit Nadel 6 mm:

16 Maschen und 32 Reihen = 10 cm × 10 cm

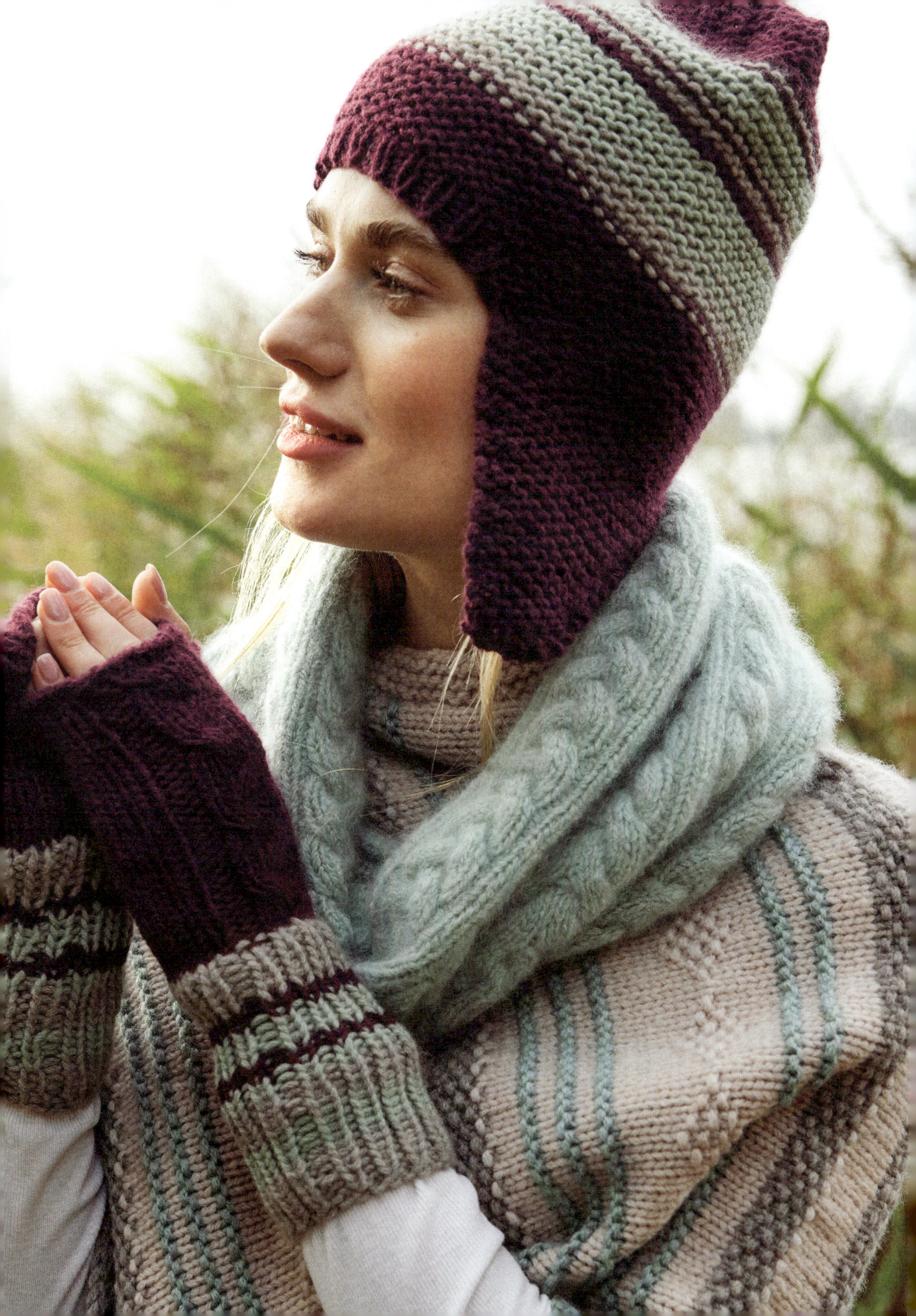

Muster und Maschen

Kraus rechts

In Hin- und Rückreihen rechte M stricken; in Runden stets 1 Runde rechte M und 1 Runde linke M im Wechsel stricken.

Streifenfolge

5 Runden Beige Melange, dabei mit 1 Runde links beginnen,

3 Runden in Salbei, dabei mit 1 Runde rechts beginnen,

1 linke Runde in Beige Melange,

8 Runden in Salbei,

2 Runden in Wein,

3 Runden in Beige Melange,

1 linke Runde in Wein,

6 Runden in Salbei,

1 Rund in Beige Melange.

1 rechtsgeneigte Zunahme

Den Querfaden zwischen 2 M von hinten nach vorne aufnehmen und mustergemäß rechts oder links stricken.

1 linksgeneigte Zunahme

Den Querfaden von vorne nach hinten aufnehmen und mustergemäß rechts verschränkt oder links verschränkt stricken.

So wird's gemacht

Es werden zunächst die Ohrenklappen in Reihen gearbeitet, dann werden Maschen zwischen den Ohrenklappen für Nacken und Stirn angeschlagen und in Runden weitergearbeitet.

Ohrenklappen (2×)

3 M mit Nadel 6 mm in Wein anschlagen und kraus rechts in Hin- und Rückreihen stricken.

1. Reihe (Hinreihe): alle M rechts stricken.

2. Reihe (Rückreihe und alle folgenden Rückreihen): alle M rechts stricken.

3. Reihe (Hinreihe): 1 M rechts, 1 linksgeneigte rechte Zunahme, 1 M rechts, 1 linksgeneigte rechte Zunahme, 1 M rechts = 5 M.

5. Reihe (Hinreihe): 1 M rechts (Randm), 1 linksgeneigte rechte Zunahme, bis zur letzten M rechts, 1 rechtsgeneigte rechte Zunahme, 1 M rechts (Randm) = 7 M.

Die 5. Reihe noch 2× in jeder 2. Reihe und 4× in jeder 4. Reihe wiederholen = 19 M.

In einer Gesamthöhe von 10 cm die M nach einer Rückreihe stilllegen und die **zweite Ohrenklappe** ebenso stricken.

Zwischen den beiden Ohrenklappen im Nacken und an der Stirn neue M anschlagen und zur Runde schließen: in Wein 3 M im Nacken anschlagen, die 19 M einer Ohrenklappe rechts, 25 M für die Stirn neu anschlagen, 19 M der anderen Ohrenklappe rechts, 4 M für den Nacken in Wein anschlagen = 70 M. Die M zur Runde schließen, der Rundenbeginn liegt in der hinteren Mitte.

Die M der Ohrenklappen weiter kraus rechts, die neu angeschlagenen M im Rippenmuster stricken, dabei jeweils mit 1 M rechts beginnen und enden. Nach 6 Runden im Rippenmuster über alle M kraus rechts in Runden stricken.

Nach 13 Runden kraus rechts über alle M und 19 Runden kraus rechte und Rippenmuster über den neu angeschlagenen M (= ca. 6 cm ab Anschlag für Stirn und Nacken) 1× die Streifenfolge arbeiten, dann weiter mit einer linksgestrickten Runde in Wein stricken. Nach 1 weiteren rechten Runde in Wein sind ca. 16 cm Höhe ab Anschlag erreicht.

Für die Abnahmen am Oberkopf Maschenmarkierer setzen: ab hinterer Mitte jeweils 1 MM nach der 11. M, nach der 25. M, nach der 47. M und nach der 61. M.

In der folgenden rechts gestrickten Runde vor dem 1. und dem 3. MM jeweils 2 M rechts zusammenstricken, vor dem 2. und dem 4. MM 2 M rechts verschränkt zusammenstricken (1 M wie zum Rechtsstricken abheben, wieder zurück auf die linke Nadel heben und mit der

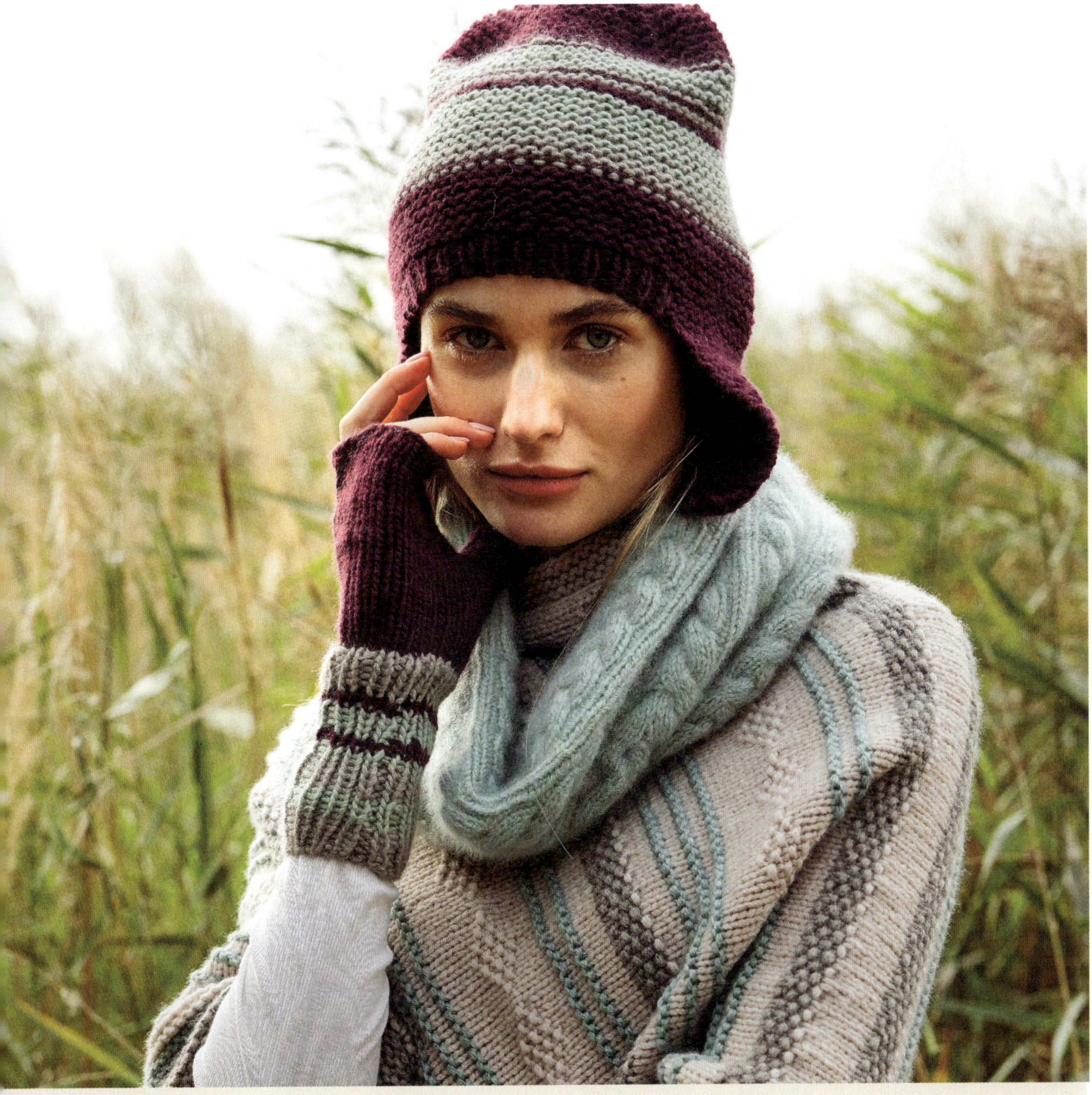

folgenden M rechts verschränkt zusammenstricken) = 4 Abnahmen pro Runde. Diese Abnahmen noch 4× in jeder 2. (= rechts gestrickten) Runde wiederholen = 50 M.

In der folgenden Runde 2 weitere zusätzliche MM nach der 14. M und nach der 39. M setzen. Davor jeweils 2 M mit aufliegender Mittelmasche abnehmen (2 M zusammen wie zum Rechtsstricken abheben, 1 M rechts, die abgehobenen M überziehen, siehe Seite 167), die MM jeweils 1 M nach hinten versetzen, damit diese Abnahmen übereinanderliegen.

Die übrigen Abnahmen wie zuvor weiterarbeiten = 6 Abnahmen pro Runde. Diese Abnahmerunde insgesamt 4× in jeder 2. Runde arbeiten = 26 M.

In der folgenden rechtsgestrickten Runde stets 2 M rechts zusammenstricken = 13 M. Noch je 1 Runde links und rechts stricken. Den Faden lang abschneiden, 2× durch die M fädeln und zusammenziehen. Den Faden nach innen ziehen und von innen vernähen.

Minirock mit Zopfmuster

34/36, 38/40, 42/44 und 46

Schwierigkeitsgrad

mittel

Material

Lana Grossa Alta Moda Cashmere 16
10 % Polyamid, 12 % Kaschmir, 78 % Schurwolle
LL = 110 m/50 g
250 (300/300/350) g Taupe (Fb 003)

je eine Rundstricknadel 6 mm und 7 mm
Zopfnadel
Gummiband in der benötigten Länge 3 mm

Maschenprobe

Zopfmuster mit Nadel 7 mm:

21 Maschen und 26 Reihen = 10 cm × 10 cm

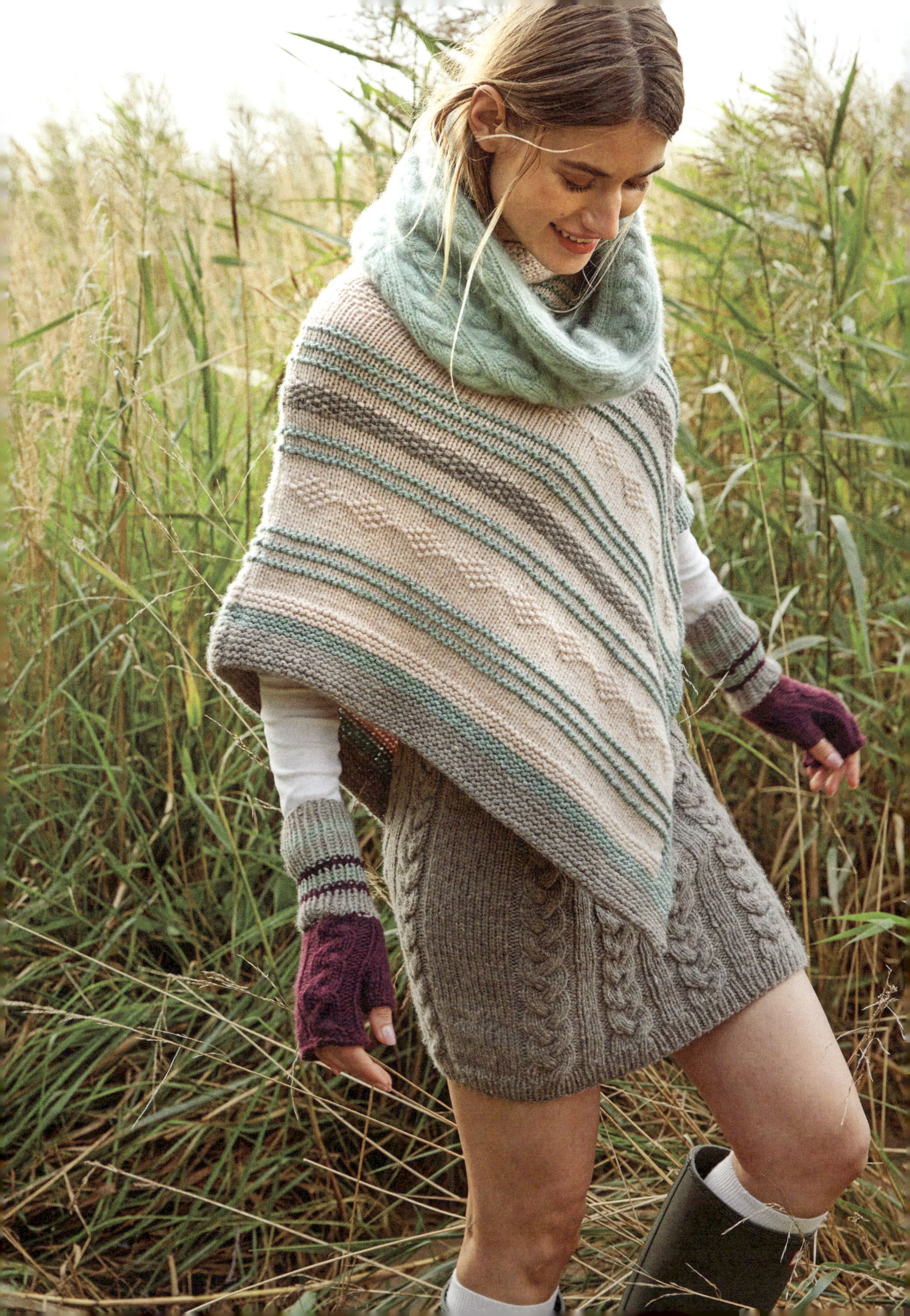

Muster und Maschen

Zopfmuster (über 9 M)

1. Reihe (Hinreihe): alle M rechts stricken.

2. Reihe (Rückreihe und alle weiteren Rückreihen): alle M links stricken.

3. Reihe (Hinreihe): 3 M auf eine Hilfsnadel HINTER die Arbeit legen, 3 M rechts, die 3 M der Hilfsnadel rechts, 3 M rechts.

5. Reihe (Hinreihe): alle M rechts stricken.

7. Reihe (Hinreihe): 3 M rechts, 3 M auf eine Hilfsnadel VOR die Arbeit legen, 3 M rechts, die M der Hilfsnadel rechts.

Die 1.–8. Reihe stets wiederholen.

Mustereinteilung

6 (8/12/7) M rechts,

* 2 M links, 9 M Zopf, 2 M links, 3 M rechts,

ab * 3× (3×/3×/4×) wiederholen,

2 M links, 9 M Zopf, 2 M links,

12 (16/24/14) M rechts,

* 2 M links, 9 M Zopf, 2 M links, 3 M rechts,

ab * 3× (3×/3×/4×) wiederholen,

2 M links, 9 M Zopf, 2 M links,

6 (8/12/7) M rechts.

Bündchenmuster

1 M rechts, 1 M links im Wechsel stricken.

Blendenm (über jeweils 6 M)

In den Hinreihen die 1. M mit dem Faden VOR der Arbeit wie zum Linksstricken abheben, 1 M rechts, * 1 M links, 1 M rechts, ab * 1× wiederholen, bis zu den letzten 6 M in der Mustereinteilung stricken, * 1 M rechts, 1 M links, ab * 1× wiederholen, 1 M rechts, 1 M mit dem Faden VOR der Arbeit wie zum Linksstricken abheben.

In den Rückreihen die 1. M rechts, 1 M mit dem Faden VOR der Arbeit wie zum Linksstricken abheben, * 1 M rechts, 1 M links, ab * 1× wiederholen, bis zu den letzten 6 M in der Mustereinteilung stricken, * 1 M links, 1 M rechts, ab * 1× wiederholen, 1 M mit dem Faden VOR der Arbeit wie zum Linksstricken abheben, 1 M rechts.

So wird's gemacht

Der Rock wird von unten nach oben gestrickt und zunächst in Reihen über die gesamte Breite von Vorderteil und Rückenteil gearbeitet. Dabei werden die ersten und letzten 6 Maschen als Blendenmaschen gearbeitet. In der gewünschten Höhe wird über alle Maschen in Runden und die Blendenmaschen dabei als rechte Maschen gearbeitet. Später werden Maschen für den Hüftbogen abgenommen. In der Taille werden die verbliebenen Maschen mit der kleineren Nadel im Bündchenmuster gestrickt, zur Hälfte gelegt und an der Innenseite festgenäht.

175 (185/195/205) M mit Nadel 6 mm anschlagen und 2,5 cm im Bündchenmuster stricken, dabei die ersten und letzten 6 M als Blendenm arbeiten und ins Bündchenmuster einfügen.

Dann zur Nadel 7 mm wechseln und in der angegebenen Mustereinteilung arbeiten, dabei in der 1. Reihe 3 (5/7/9) M zunehmen = 178 (190/202/214) M.

Die Blendenm bis zu einer Höhe von 12 (12/14/14) cm ab Anschlag arbeiten. Dann die M zur Runde schließen und über alle M in Mustereinteilung arbeiten. Den Rundenanfang auf der linken Arbeitsseite markieren.

In einer Höhe von 33 (34/36/39) cm ab Anschlag **für die Abnahmen für den Hüftbogen 4 MM setzen:** nach der 2. (2./2./2.) M, nach der 87.(93./99./105.) M, nach der 91. (97./103./109.) M und nach der 176. (188./200./212.) M jeweils 1 MM auf die rechte Nadel hängen. Dabei nach dem 1. und 3. MM 2 M rechts zusammenstricken und vor

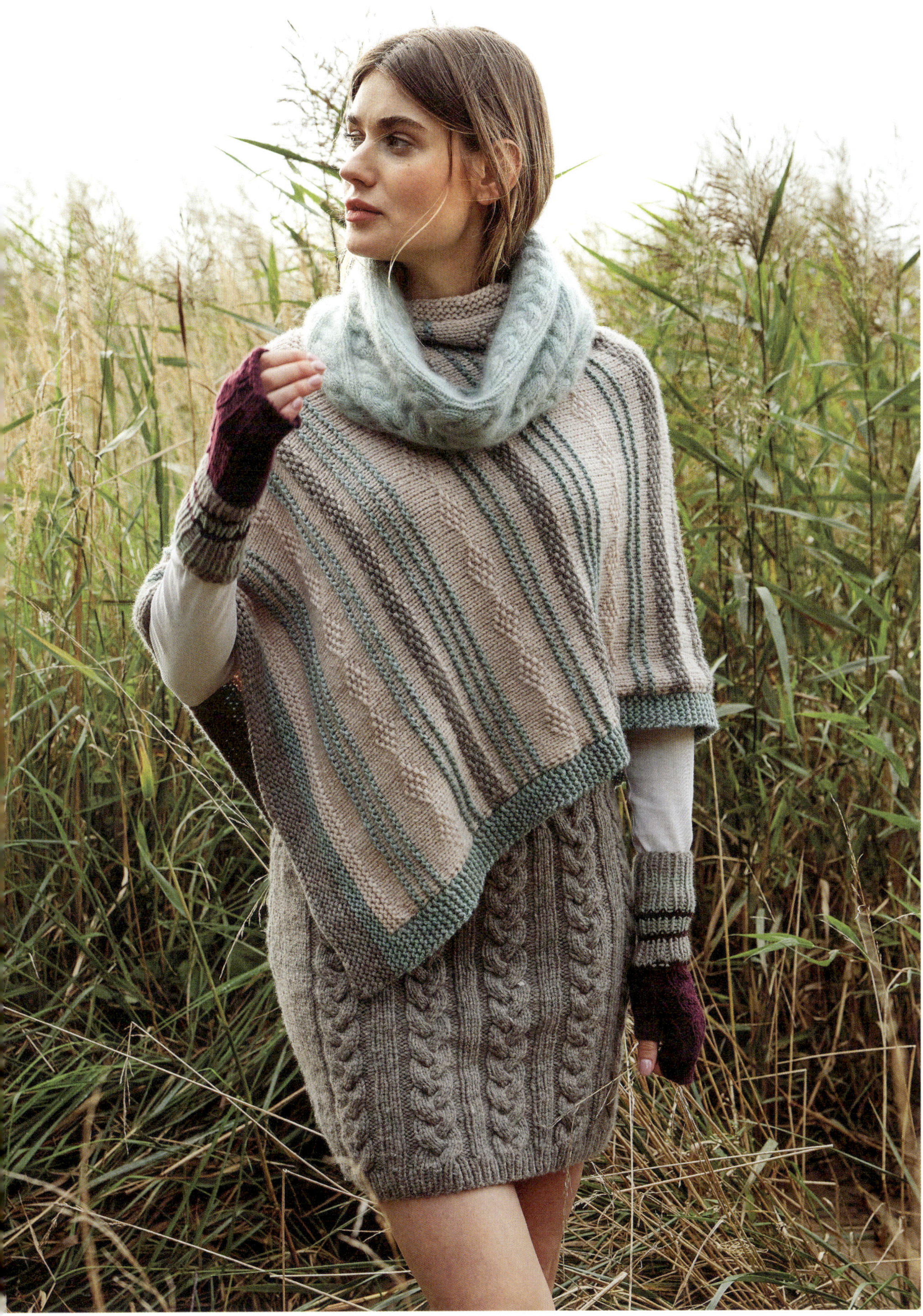

dem 2. und 4. MM einen Überzug arbeiten (1 M wie zum Rechtsstricken abheben, 1 M rechts stricken, dann die abgehobene M über die gestrickte M ziehen). Diese Abnahmen noch 2× (3×/4×/5×) in jeder 4. Runde wiederholen = 166 (174/182/190) M.

In der letzten Runde gleichzeitig in den Rippen aus 3 rechten M jeweils 2 M rechts zusammenstricken = 8 (8/8/10) Abnahmen = 158 (166/174/180) M.

In einer Höhe von 38 (41/44/48) cm zur Nadel 6 mm wechseln und im Bündchenmuster stricken, dabei in der 1. Runde 10 M abnehmen, dazu oberhalb der Zöpfe jeweils 1 M abnehmen = 148 (156/164/170) M.

Nach 4 cm Bündchenmuster für den Bruch 3 Runden im Doppelstrick arbeiten:

1. Runde: * 1 M rechts, 1 M mit dem Faden VOR der Arbeit wie zum Linksstricken abheben, ab * stets wiederholen.

2. Runde: * 1 M mit dem Faden HINTER der Arbeit wie zum Linksstricken abheben, 1 M links, ab * stets wiederholen.

3. Runde: wie die 1. Runde arbeiten.

Weitere 4 cm im Bündchenmuster stricken, dann die M abketten.

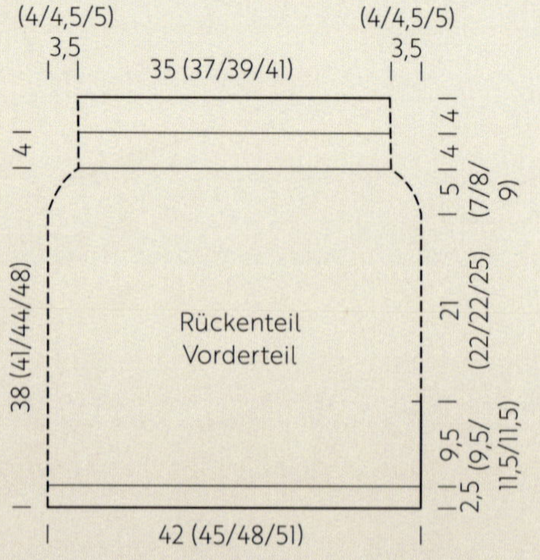

Fertigstellen

Das obere Bündchen im Bruch nach innen umschlagen und auf der Innenseite festnähen. Eine Öffnung für den Gummizug offenlassen. Das Gummiband einziehen, übereinanderlegen und festnähen.

Tipp: der Rock lässt sich leicht auf die gewünschte Länge anpassen. Dafür zwischen Schlitz und Hüftbogen die gewünschte Länge stricken.

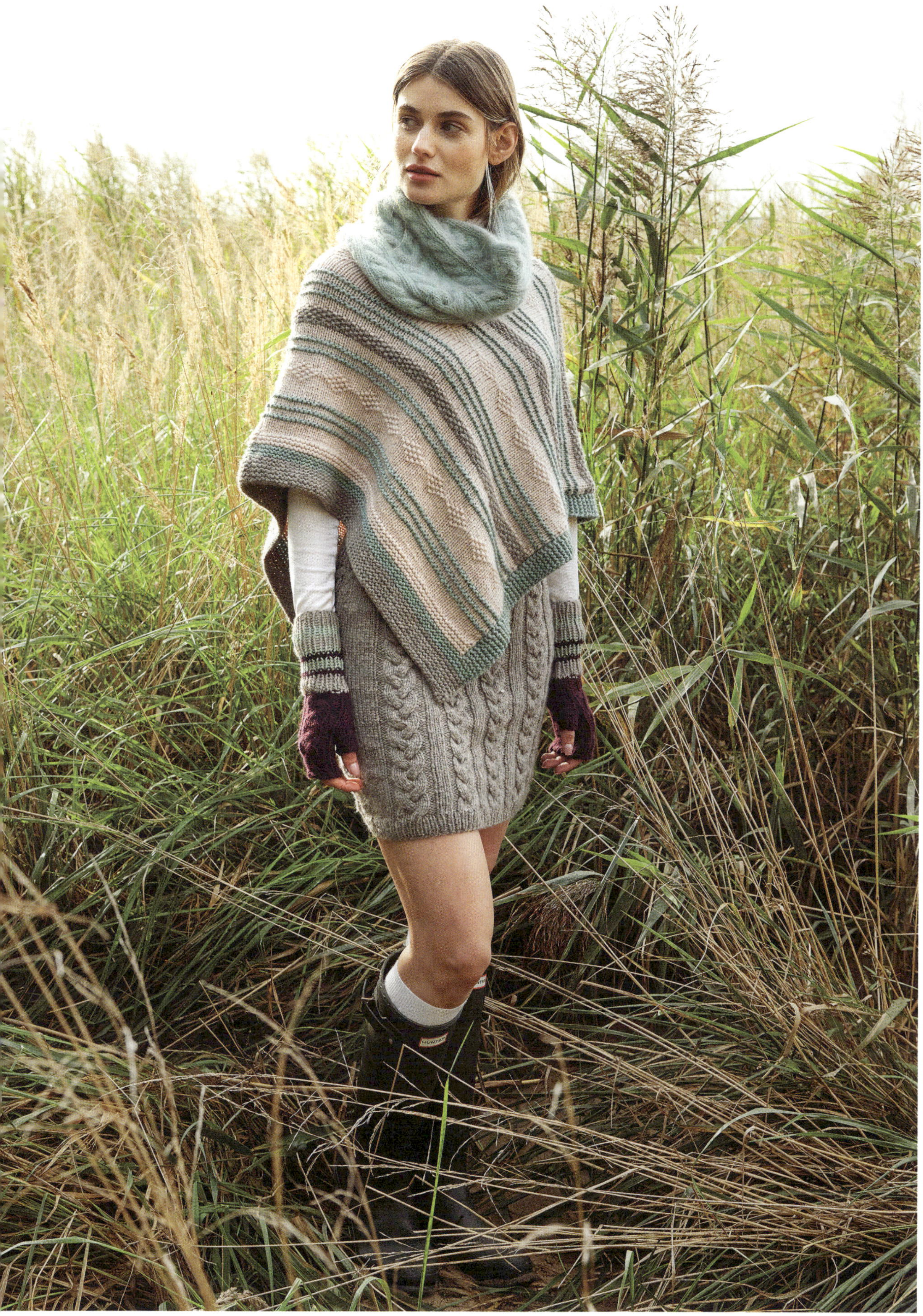

Handstulpen

Handschuhweite 6–7 und 8–9

Schwierigkeitsgrad

mittel

Material

Langyarns Cashmere classic 14-fädig
100 % Kaschmir
LL = 50 m/25 g
50 g Wein (Fb 0180),
25 g Beige Melange (Fb 0022) und
25 g Salbei (Fb 0092)

Nadelspiel 6 mm

Maschenprobe

Glatt rechts mit Nadel 6 mm:

16 Maschen und 24 Reihen = 10 cm × 10 cm

Rippenmuster mit Nadel 6 mm:

18 Maschen und 24 Reihen = 10 cm × 10 cm

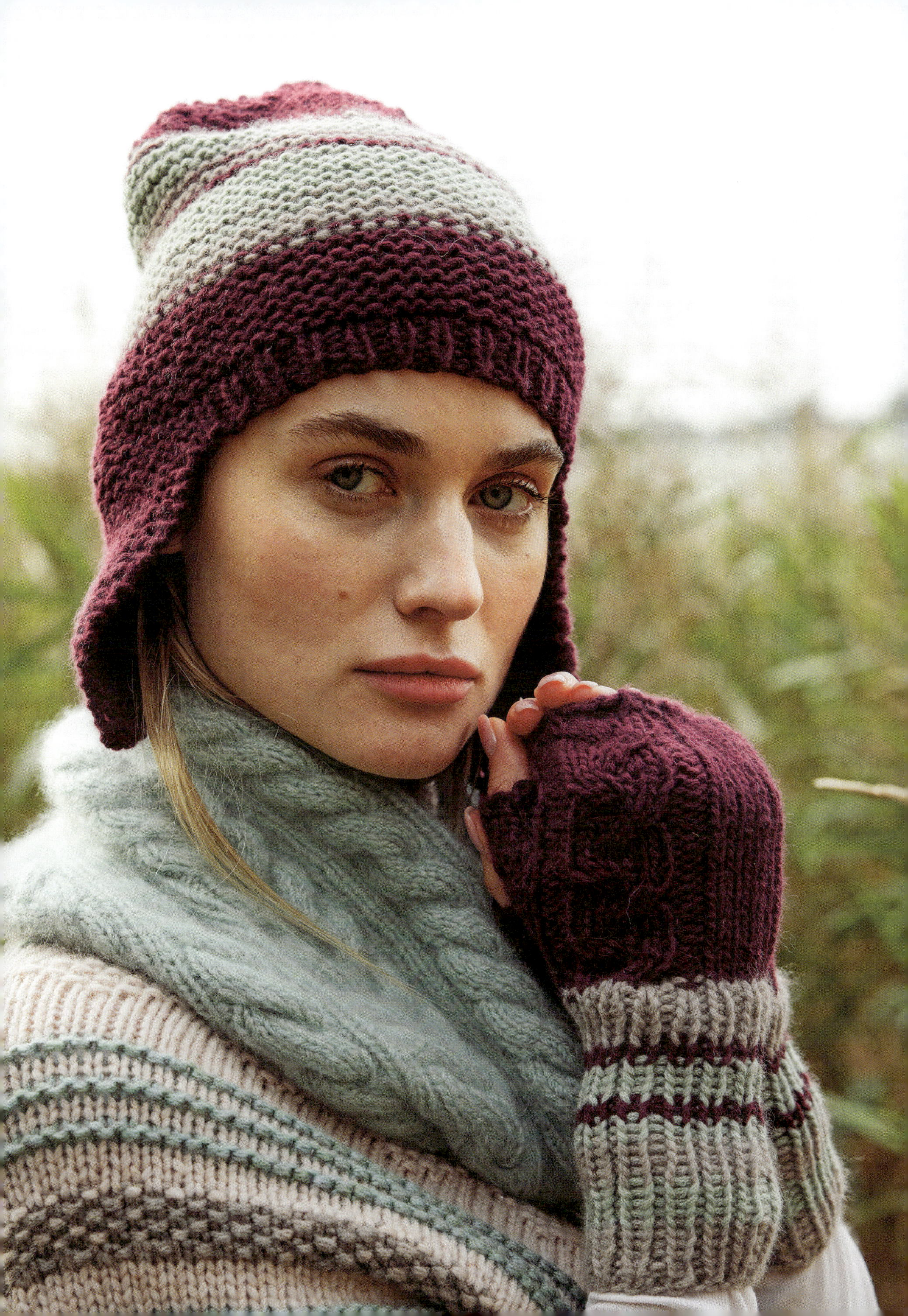

Muster und Maschen

Glatt rechts

In Hinreihen rechte M, in Rückreihen linke M stricken. In Runden stets rechte M stricken.

Rippenmuster

1 M rechts, 1 M links im Wechsel stricken

Zopfmuster

1. Runde (Hinreihe): 2 M links, 6 M rechts, 2 M links.

2. Runde (Rückreihe und alle folgenden Rückreihen): 2 M links, 6 M rechts, 2 M links.

3. Runde: 2 M links, 2 M auf eine Hilfsnadel HINTER die Arbeit legen, 2 M rechts, die M auf der Hilfsnadel rechts, 2 M rechts, 2 M links.

5. Runde (Hinreihe): 2 M links, 6 M rechts, 2 M links.

7. Runde (Hinreihe): 2 M links, 2 M rechts, 2 M auf eine Hilfsnadel VOR die Arbeit legen, 2 M rechts, die M der Hilfsnadel rechts, 2 M links.

9. Runde (Hinreihe): 2 M links, 6 M rechts, 2 M links.

Die 1.–10. Runde stets wiederholen.

Farbfolge Rippenmuster

6 Runden in Beige Melange,

4 Runden in Salbei,

4 Runden in Beige Melange,

2 Runden in Salbei,

2 Runden in Wein,

4 Runden in Salbei,

2 Runden in Wein,

6 Runden in Beige Melange = 30 Runden.

1 rechtsgeneigte Zunahme

Den Querfaden zwischen 2 M von hinten nach vorne aufnehmen und mustergemäß rechts oder links stricken.

1 linksgeneigte Zunahme

Den Querfaden von vorne nach hinten aufnehmen und mustergemäß rechts verschränkt oder links verschränkt stricken.

So wird's gemacht

Die Stulpen werden von unten nach oben in Runden gestrickt, zunächst im Rippenmuster, dann einfarbig mit einem Zopfmuster auf dem Handrücken. Für den Daumenkeil werden Maschen zugenommen und dann stillgelegt, bis der Handrücken fertig gestrickt ist.

Linke Stulpe

28 (32) M in Beige Melange anschlagen, auf 4 Nadeln des Strickspiels verteilen (jeweils 7 (8) M pro Nadel) und die M zur Runde schließen. Der Rundenanfang liegt in der Arminnenseite = 1. und 4. Nadel Innenseite, 2. und 3. Nadel Handrücken.

In der Farbfolge arbeiten, dann in Wein in folgender Aufteilung weiterstricken: 9 (11) M rechts, 10 M Zopfmuster, 9 (11) M rechts.

In der 9. Runde mit den **Zunahmen für den Daumenspickel** beginnen: bis vor die letzte M der 1. Nadel stricken, 1 rechtsgeneigte rechte Zunahme, 1 linksgeneigte rechte Zunahme. In jeder 2. Runde noch 2× die Zunahmen jeweils vor bzw. nach den zugenommenen M wiederholen = 34 (38) M.

Noch 1 Runde über alle M stricken, dann die 7 M für den Daumen auf einer Sicherheitsnadel stilllegen.

In der folgenden Runde oberhalb der stillgelegten M 1 M neu anschlingen und über die nun wieder 28 (32) weiter in Runden arbeiten. In einer Höhe von 14 cm ab Bündchen 2 Übergangsrunden im Doppelstrick arbeiten:

1. Runde: * 1 M rechts, 1 M mit dem Faden VOR der Arbeit wie zum Linksstricken abheben, ab * stets wiederholen.

2. Runde: * 1 M mit dem Faden VOR der Arbeit wie zum Linksstricken abheben, 1 M

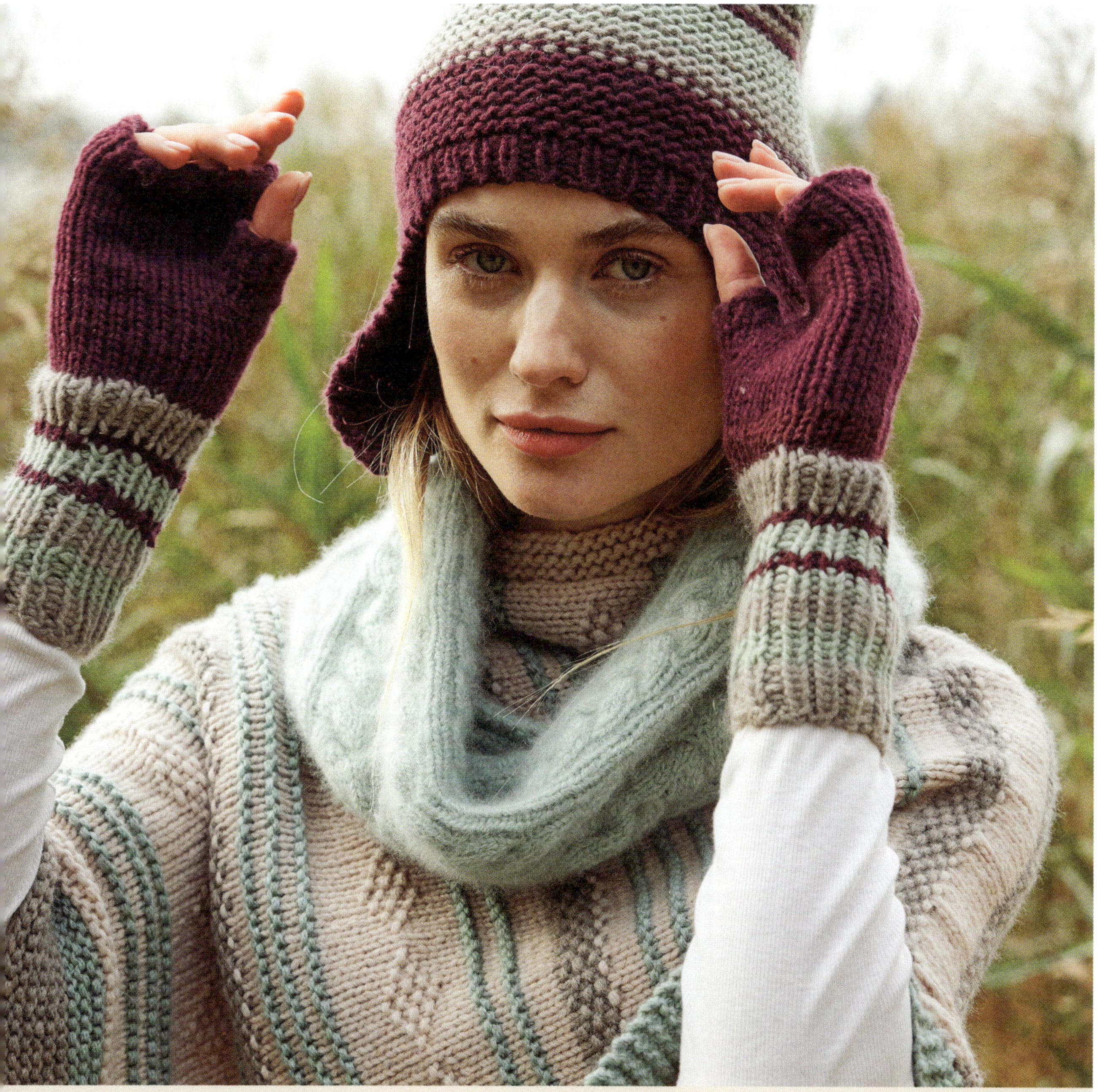

links stricken, ab * über die ganze Runde wiederholen.

Anschließend die M italienisch abnähen (siehe Seite 164).

Die stillgelegten 7 M des Daumens aufnehmen und auf 3 Nadeln verteilen. Am Übergang zwischen Daumen und Handrücken 3 (4) M neu anschlingen = 10 (11) M. 4 Runden rechts stricken, dann wie eben 2 Übergangsrunden stricken und die M italienisch abnähen.

Rechte Stulpe

Wie die linke Stulpe arbeiten. Die Zunahmen für den Daumenspickel dabei vor und nach der 1. M der 4. Nadel arbeiten.

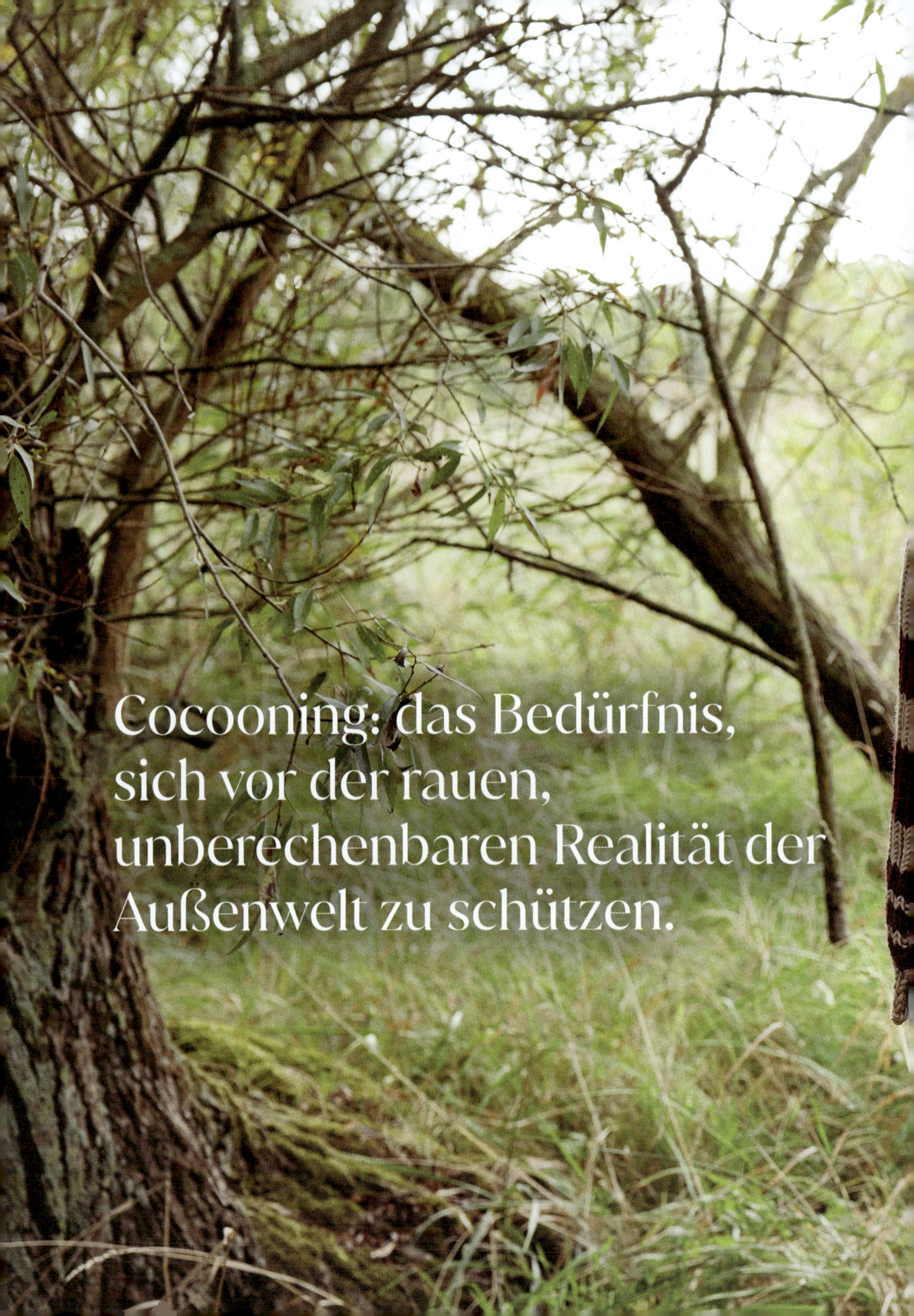

Cocooning: das Bedürfnis, sich vor der rauen, unberechenbaren Realität der Außenwelt zu schützen.

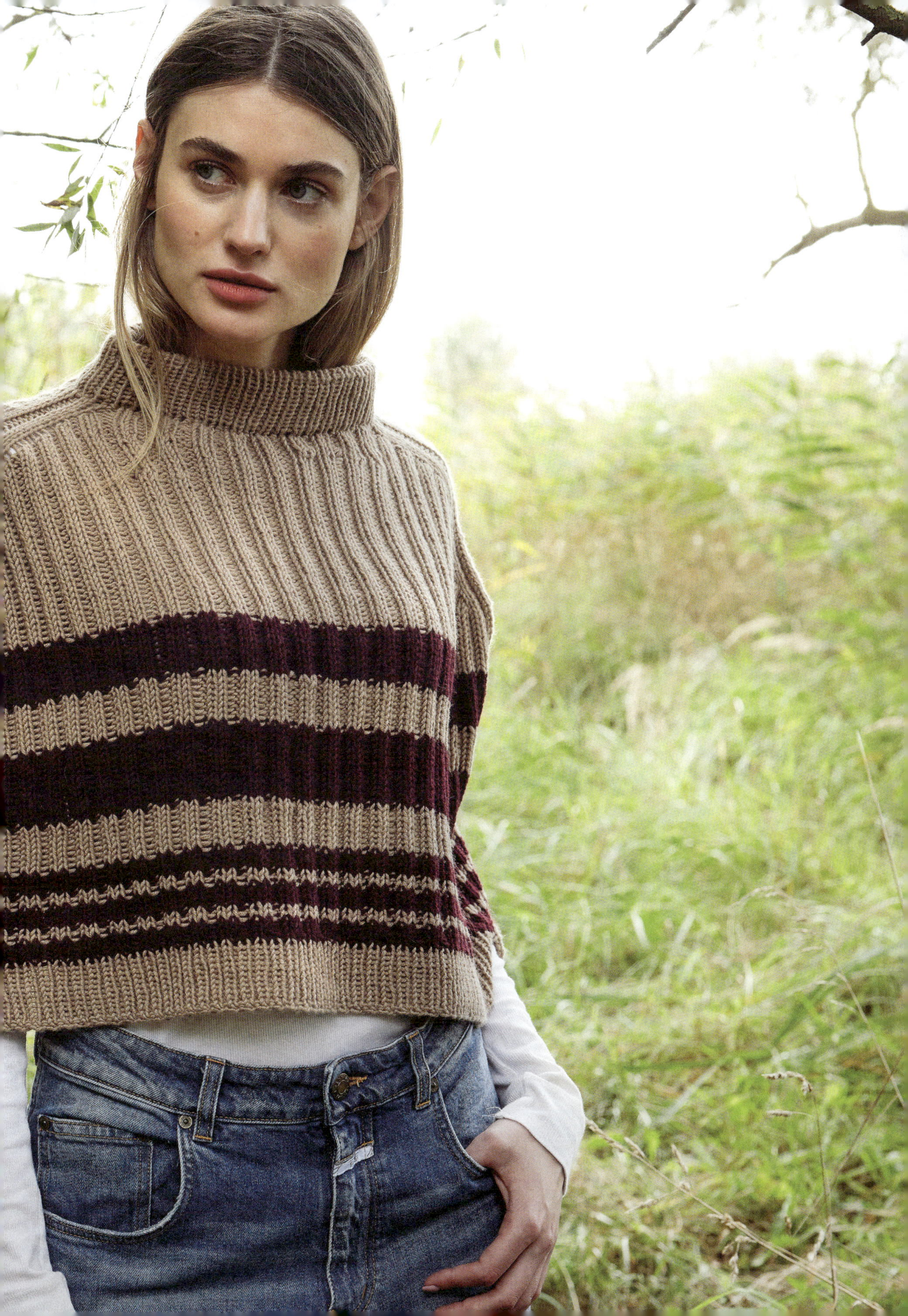

Cape

34–40 und 42–48

Schwierigkeitsgrad

anspruchsvoll

Material

Schulana Cashmere Trend
100 % Cashmere
LL = 58 m/25 g
225 (275) g Beige (Fb 611) und
100 (125) g Wein (Fb 693)

je eine Rundstricknadel 5,5 mm und 6 mm
eine kurze Rundstricknadel 5 mm
Maschenmarkierer
stumpfe Wollnadel

Maschenprobe

Rippenmuster mit Nadel 6 mm

(leicht gedehnt gemessen):

18 Maschen und 26 Reihen = 10 cm × 10 cm

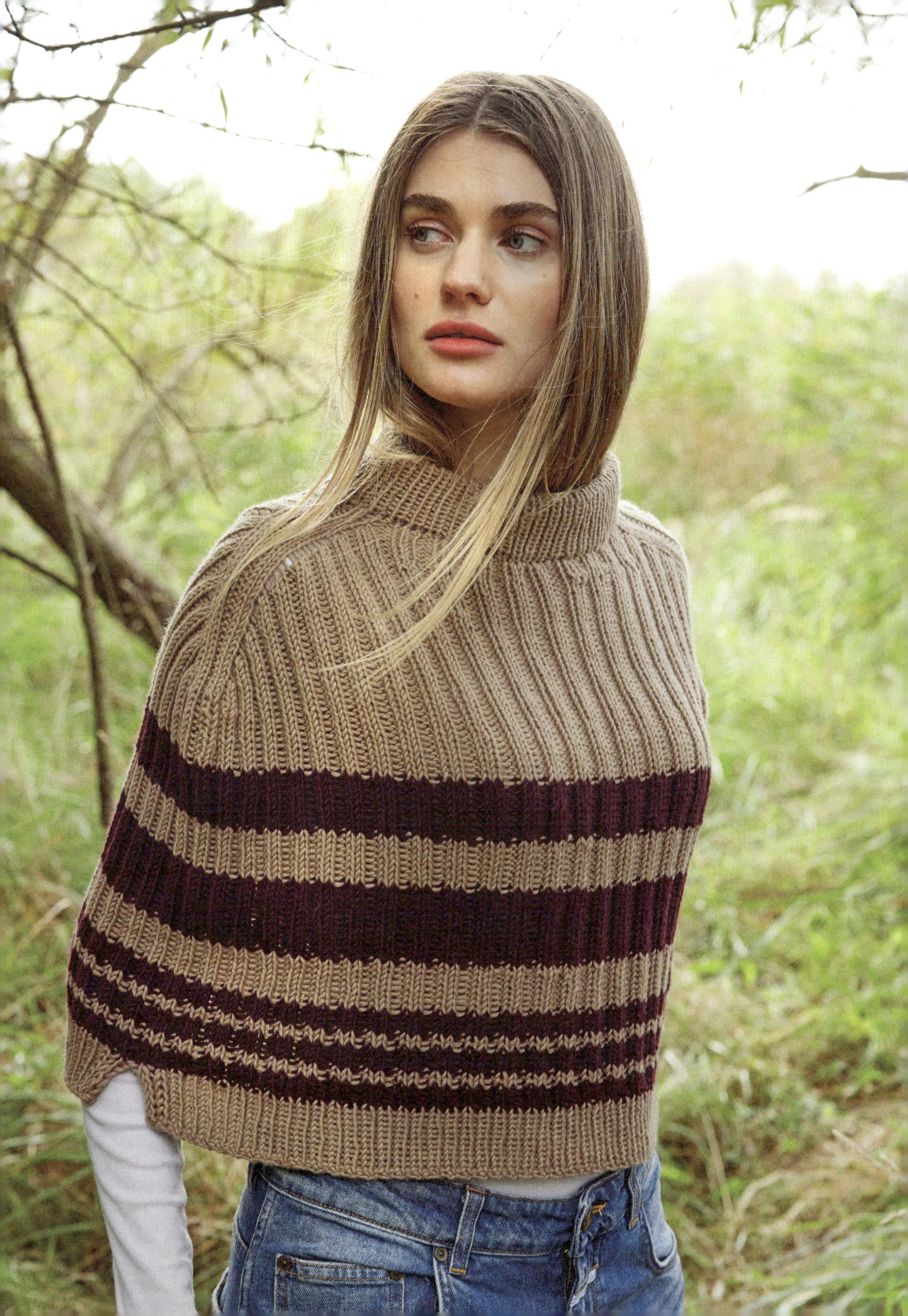

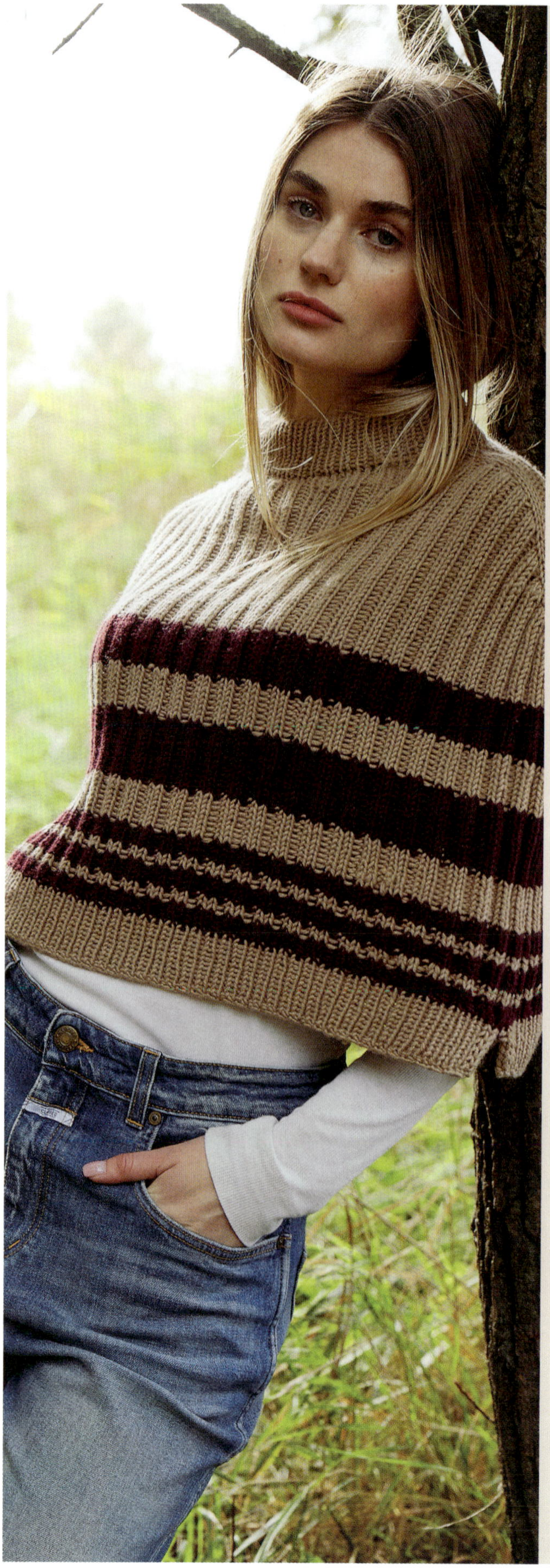

Muster und Maschen

Rippenmuster

2 M rechts, 2 M links im Wechsel stricken.

Streifenfolge

* 9 Runden in Wein, 8 Runden in Beige,
12 Runden in Wein, 8 Runden in Beige,
4 Runden in Wein, 2 Runden in Beige,
4 Runden in Wein, 2 Runden in Beige,
4 Runden in Wein, ab * 1× wiederholen,
dann noch 4 cm in Wein stricken.

1 rechtsgeneigte Zunahme

Den Querfaden zwischen 2 M von hinten nach vorne aufnehmen und mustergemäß rechts oder links stricken.

1 linksgeneigte Zunahme

Den Querfaden von vorne nach hinten aufnehmen und mustergemäß rechts verschränkt oder links verschränkt stricken.

Blendenm (über jeweils 3 M)

In den Hinreihen die ersten 3 M und die letzten 3 M wie folgt arbeiten: 1. M mit dem Faden VOR der Arbeit wie zum Linksstricken abheben, 1 M rechts, 1 M mit dem Faden VOR der Arbeit wie zum Linksstricken abheben.

In den Rückreihen die ersten 3 M und die letzten 3 M wie folgt arbeiten: 1 M rechts, 1 M mit dem Faden VOR der Arbeit wie zum Linksstricken abheben, 1 M rechts.

So wird's gemacht

Das Cape wird von oben nach unten in Runden gearbeitet. Zunächst wird der Halsausschnitt mit verkürzten Reihen geformt, gleichzeitig werden Maschen für die Schultern zugenommen. An der unteren Kante werden die Maschen in Rücken- und Vorderteil aufgeteilt und für die Schlitze separat beendet.

88 (92) M in Beige anschlagen und zur Runde schließen. Den Rundenanfang in der hinteren Mitte markieren, die Runde mit 1 M rechts beginnen, 2 M links, 2 M rechts im Wechsel arbeiten und mit 2 M links und 1 M rechts beenden. 2 Runden im Rippenmuster arbeiten.

Für die Zunahmen an der Schulter in der folgenden Runde 4 MM setzen: 19 (20) M, **1 MM** auf die rechte Nadel hängen, 2 M rechts, 2 M links, 2 M rechts = Schulter-M, **1 MM** auf die rechte Nadel hängen, 38 (40) M, **1 MM** auf die rechte Nadel hängen, 2 M rechts, 2 M links, 2 M rechts, **1 MM** auf die rechte Nadel hängen, 19 (20) M.

Nun weiter im Rippenmuster arbeiten, dabei in jeder Runde vor dem 1. und 3. MM jeweils mustergemäß 1 rechtsgeneigte Zunahme arbeiten, nach dem 2. und 4. MM mustergemäß 1 linksgeneigte Zunahme = 4 Zunahmen pro Runde. Die Zunahmen insgesamt 36× (40×) arbeiten = 144 (160) M zugenommen = 232 (252) M.

Gleichzeitig in der folgenden Runde **für den vorderen Halsausschnitt in verkürzten Reihen arbeiten:** 42 M stricken, wenden, 1 Doppelm, 85 M, wenden, 1 Doppelm. Nun in der nächsten Hin- und Rückreihe jeweils bis 4 M vor der Doppelm stricken, wenden, 1 Doppelm, dann in den nächsten je 2 Hin- und Rückreihen jeweils bis 2 M vor die Doppelm stricken und mit 1 Doppelm wenden. Anschließend wieder über alle M in Runden stricken, die Doppelm als 1 M arbeiten.

In einer Höhe von 20 (22) cm zu Wein wechseln und in der Streifenfolge arbeiten. Nach dem letzten Streifen die Arbeit in Vorder- und Rückenteil aufteilen = je 116 (126) M. Zunächst das **Rückenteil beenden**, die M für das Vorderteil stilllegen.

Rückenteil

Zu Nadel 5,5 mm wechseln und in Beige im Bündchenmuster stricken. Die ersten und letzten 3 M als Blendenm arbeiten und in der 1. Reihe 1 M abnehmen = 115 (125) M.

Nach 12 Reihen 2 Übergangsreihen arbeiten:

1. Reihe (Hinreihe): * 1 M mit dem Faden VOR der Arbeit wie zum Linksstricken abheben, 1 M rechts, ab * stets wiederholen, 1 M mit dem Faden VOR der Arbeit wie zum Linksstricken abheben.

2. Reihe (Rückreihe): * 1 M rechts, 1 M mit dem Faden VOR der Arbeit wie zum Linksstricken abheben, ab * stets wiederholen, 1 M rechts. Dann die M italienisch abketten (siehe Seite 164).

Vorderteil

Die stillgelegten M des Vorderteils aufnehmen und wie beim Rückenteil arbeiten.

Fertigstellen

Aus dem Halsausschnitt mit Nadel 5 mm 88 (92) M in Beige herausstricken und 12 Runden = 4 cm im Bündchenmuster stricken. Für die Umbruchkante **3 Runden im Doppelstrick arbeiten:**

1. Runde: * 1 M rechts, 1 M mit dem Faden VOR der Arbeit wie zum Linksstricken abheben, ab * stets wiederholen.

2. Runde: * 1 M mit dem Faden HINTER der Arbeit wie zum Linksstricken abheben, 1 M links, ab * stets wiederholen.

3. Runde: wie die 1. Runde arbeiten.

Im Anschluss 12 weitere Runden im Bündchenmuster stricken. Dann die M locker abketten. Das Bündchen an der Umbruchkante nach innen umschlagen und an der Anschlagkante festnähen.

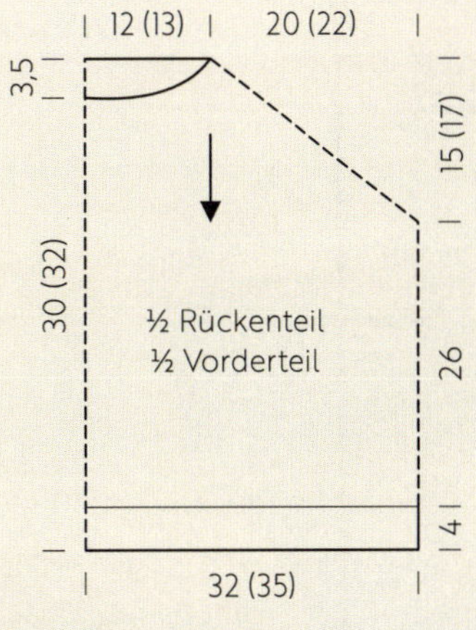

Astronautenmütze

Einheitsgröße

Schwierigkeitsgrad

mittel

Material

Lana Grossa Cashmere verde
100 % Cashmere
LL = 90 m/25 g
75 g Hellbraun (Fb 04)

Rundstricknadel 4 mm

Maschenprobe

Glatt rechts mit Nadel 4 mm:

22 Maschen und 34 Reihen = 10 cm × 10 cm

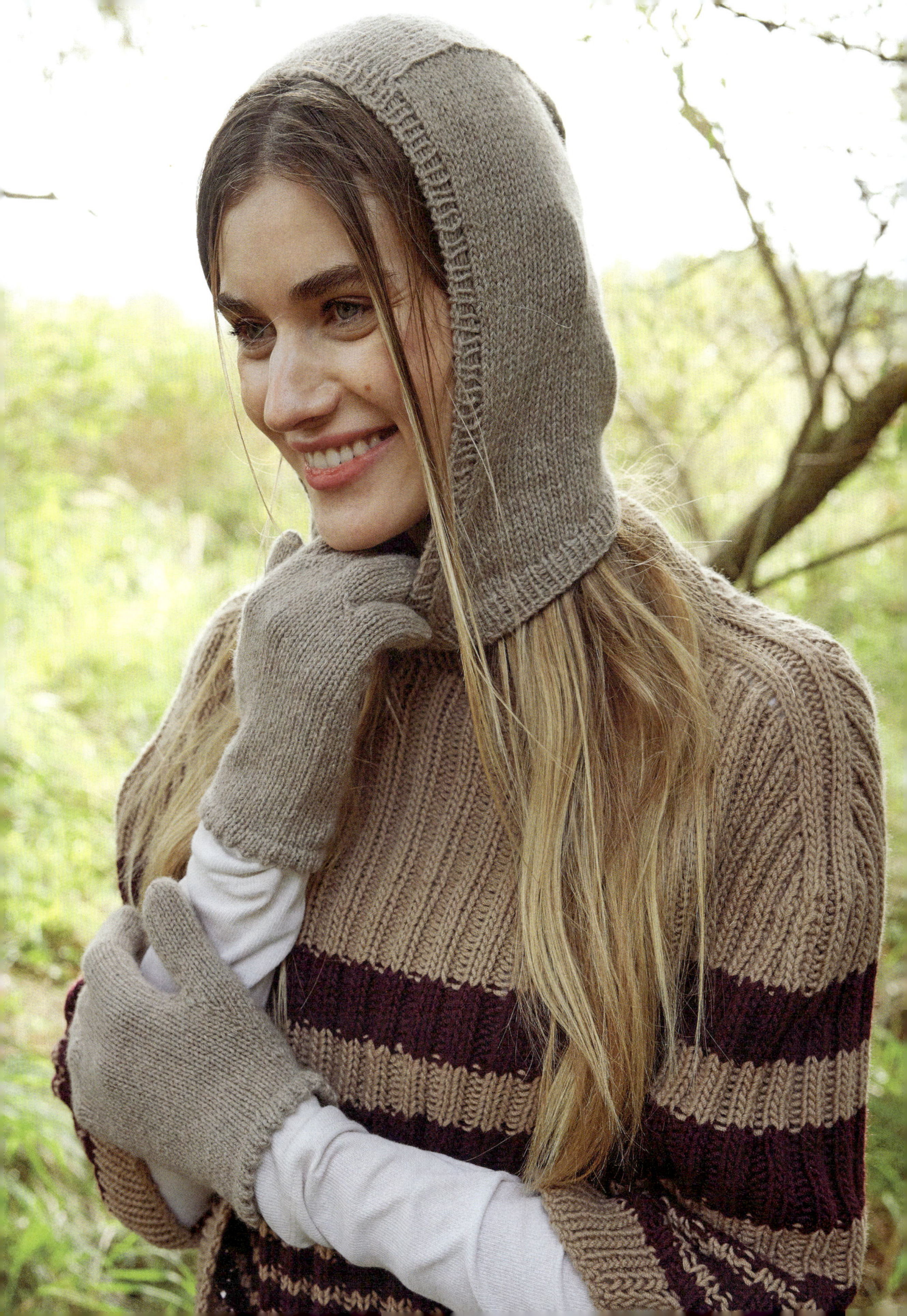

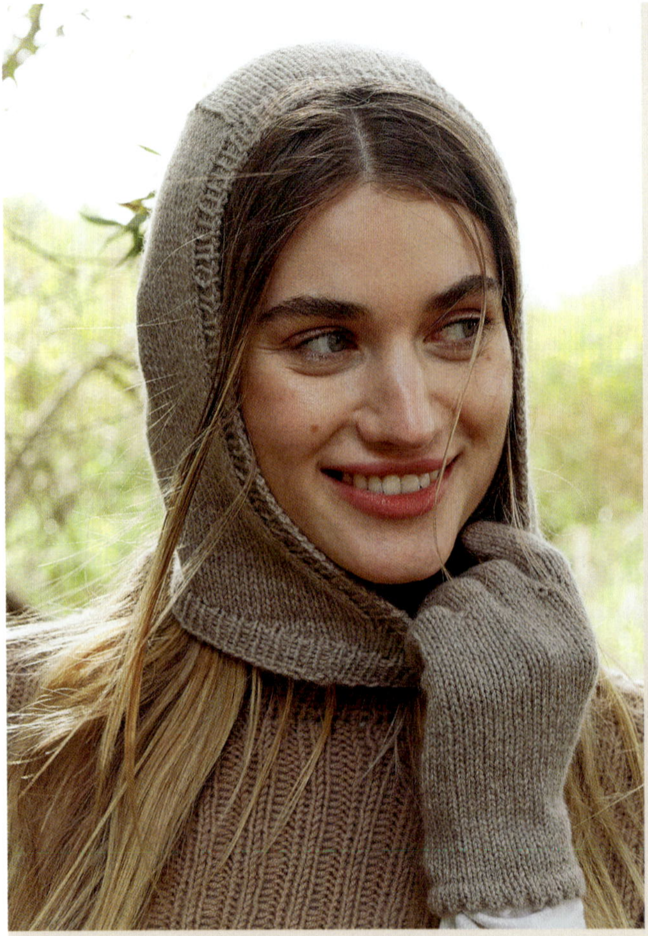

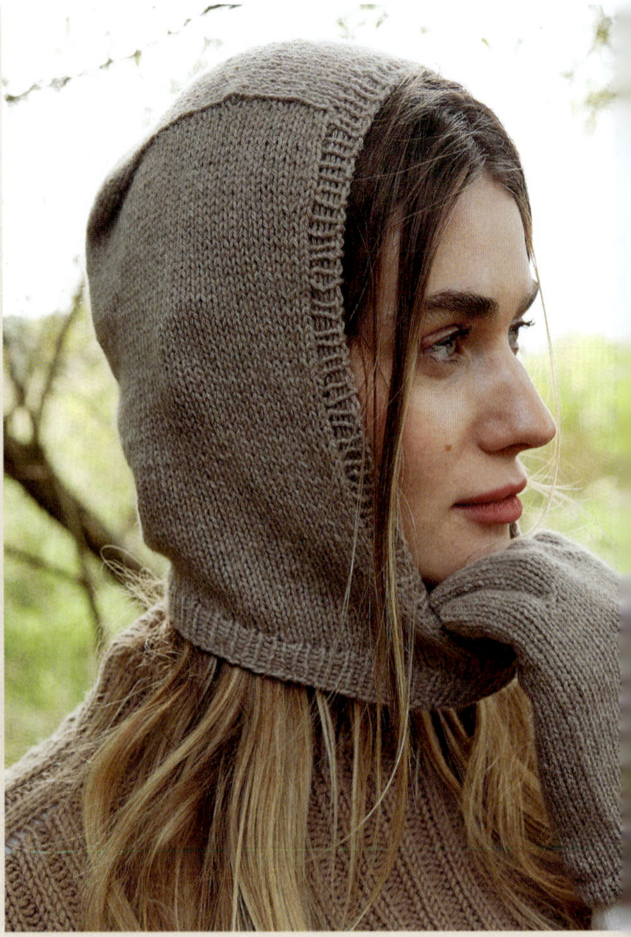

Muster und Maschen

Glatt rechts

In Hinreihen rechte M, in Rückreihen linke M stricken.

Bündchenmuster

1 M rechts, 1 M links im Wechsel stricken.

1 rechtsgeneigte Zunahme

Den Querfaden zwischen 2 M von hinten nach vorne aufnehmen und mustergemäß rechts oder links stricken.

1 linksgeneigte Zunahme

Den Querfaden von vorne nach hinten aufnehmen und mustergemäß rechts verschränkt oder links verschränkt stricken.

Stufenlos abketten

In der Reihe vor der Abnahme die letzte Masche ungestrickt lassen, wenden, sodass sich die noch nicht gestrickte M nun auf der rechten Nadel befindet. Die folgende M ebenfalls ungestrickt abheben, dann die 1. M über die 2. M ziehen = 1 M abgekettet.

Doppelstrick in Runden

1. Runde: * 1 M rechts, 1 M mit dem Faden VOR der Arbeit wie zum Linksstricken abheben, ab * stets wiederholen.

2. Runde: * 1 M mit dem Faden HINTER der Arbeit wie zum Linksstricken abheben, 1 M links, ab * stets wiederholen.

So wird's gemacht

Zunächst werden Maschen an der Stirn angeschlagen und der Mittelteil der Mütze gestrickt. Diese Maschen werden anschließend stillgelegt. Aus den seitlichen Strickrändern werden neue Maschen herausgestrickt und zusammen mit den stillgelegten Maschen nach unten gestrickt. An den vorderen Kanten werden dann Maschen abgenommen, später werden die Abnahmen für die Ausformung des Kopfes in der hinteren Mitte gearbeitet. Nachdem die Maschen in der hinteren Mitte abgekettet sind, werden im Kinnbereich rechts und links Maschen zugenommen und unter dem Kinn zusammengefügt.

21 M anschlagen und 17 cm glatt rechts stricken. Nach einer Rückreihe die M stilllegen und den Faden abschneiden.

In einer Hinreihe aus dem rechten Strickrand des Mittelteils 38 M herausstricken, die 21 stillgelegten M rechts stricken und 38 M aus dem linken Strickrand herausstricken = 97 M. Glatt rechts über alle M stricken.

In der folgenden 12. Reihe (Hinreihe) 2 M abnehmen: 1 Randm, 1 M rechts, 1 Überzug (1 M wie zum Rechtsstricken abheben, 1 M rechts stricken, dann die abgehobene M über die gestrickte M ziehen), bis 4 M vor Ende der Reihe stricken, 2 M rechts zusammenstricken, 1 M rechts, 1 Randm. Diese Abnahmen noch 3× in jeder 12. Reihe wiederholen.

Gleichzeitig **in einer Höhe von 12 cm ab Mittelteil** (es sind 3 Abnahmen für die vordere Kante gearbeitet = 91 M) für die Formgebung und die Abnahmen am Hinterkopf 2 MM setzen: 44 M rechts, 1 MM auf die rechte Nadel hängen, 3 M rechts, 1 MM auf die rechte Nadel hängen, 44 M rechts, dabei vor dem 1. MM 2 M rechts zusammenstricken und nach dem 2. MM 2 M rechts verschränkt zusammenstricken. Diese Abnahmen noch 4× in jeder 4. Reihe wiederholen.

Gleichzeitig **in der letzten Abnahmereihe 2 M zunehmen:** 1 Randm, 2 M rechts, 1 rechtsgeneigte Zunahme, bis 3 M vor Ende der Reihe die Abnahmen wie beschrieben stricken, 1 linksgeneigte Zunahme, 2 M rechts, 1 Randm. Diese Zunahmen noch 5× in jeder 2. Reihe wiederholen.

Gleichzeitig in der Reihe, in der die Zunahmen zum 3. Mal gearbeitet werden, die mittleren 23 M abketten = 34 M je Seitenteil.

Rechte Mützenhälfte

Glatt rechts weiterarbeiten, die Zunahmen noch 3× in jeder 2. Reihe wie beschrieben weiterarbeiten und gleichzeitig in jeder folgenden Hinreihe 1× 5 M, 3× 3 M, 2× 4 und 1× 5 M stufenlos abketten.

Gleichzeitig, wenn alle Zunahmen und 3 stufenlose Abkettungen (1× 5 M und 2× 3 M) gearbeitet wurden, die M nach einer Rückreihe zunächst stilllegen.

Die **linke Mützenhälfte** gegengleich arbeiten.

Beide Mützenhälften unter dem Kinn verbinden: in der folgenden Hinreihe zunächst die M der rechten Mützenhälfte arbeiten (die Abkettungen wie beschrieben weiterarbeiten), am Ende der Reihe 12 M neu anschlagen und dann die M der linken Mützenhälfte stricken. Über alle M glatt rechts weiterarbeiten, dabei die Abkettungen wie beschrieben fertigstellen.

Nach der letzten Rückreihe zu Nadel 3,5 mm wechseln, über die verbliebenen 24 M stricken, aus der unteren Kante 74 M herausstricken (in der hinteren Mitte etwas einhalten) und zur Runde schließen. Über die 98 M 6 Runden im Bündchenmuster stricken, dann noch 2 Runden im Doppelstrick und anschließend die M italienisch abketten (siehe Seite 164).

Aus der vorderen Kante 124 M mit Nadel 3,5 mm herausstricken (je 48 M aus den Seitenteilen, 19 M aus den Stirn-M, und 9 M unter dem Kinn). Die M zur Runde schließen und 4 Runden im Bündchenmuster stricken, 2 Runden im Doppelstrick arbeiten und anschließend die M italienisch abketten.

kurze Fingerhandschuhe

Handumfang 16 cm, Handschuhgröße 6,5

Schwierigkeitsgrad

mittel

Material

Lana Grossa Cashmere verde
100 % Cashmere
LL = 90 m/25 g
50 g Hellbraun (Fb 04)

je ein Nadelspiel 3 mm und 3,5 mm

Maschenprobe

Glatt rechts mit Nadel 3,5 mm:

24 Maschen und 38 Reihen = 10 cm × 10 cm

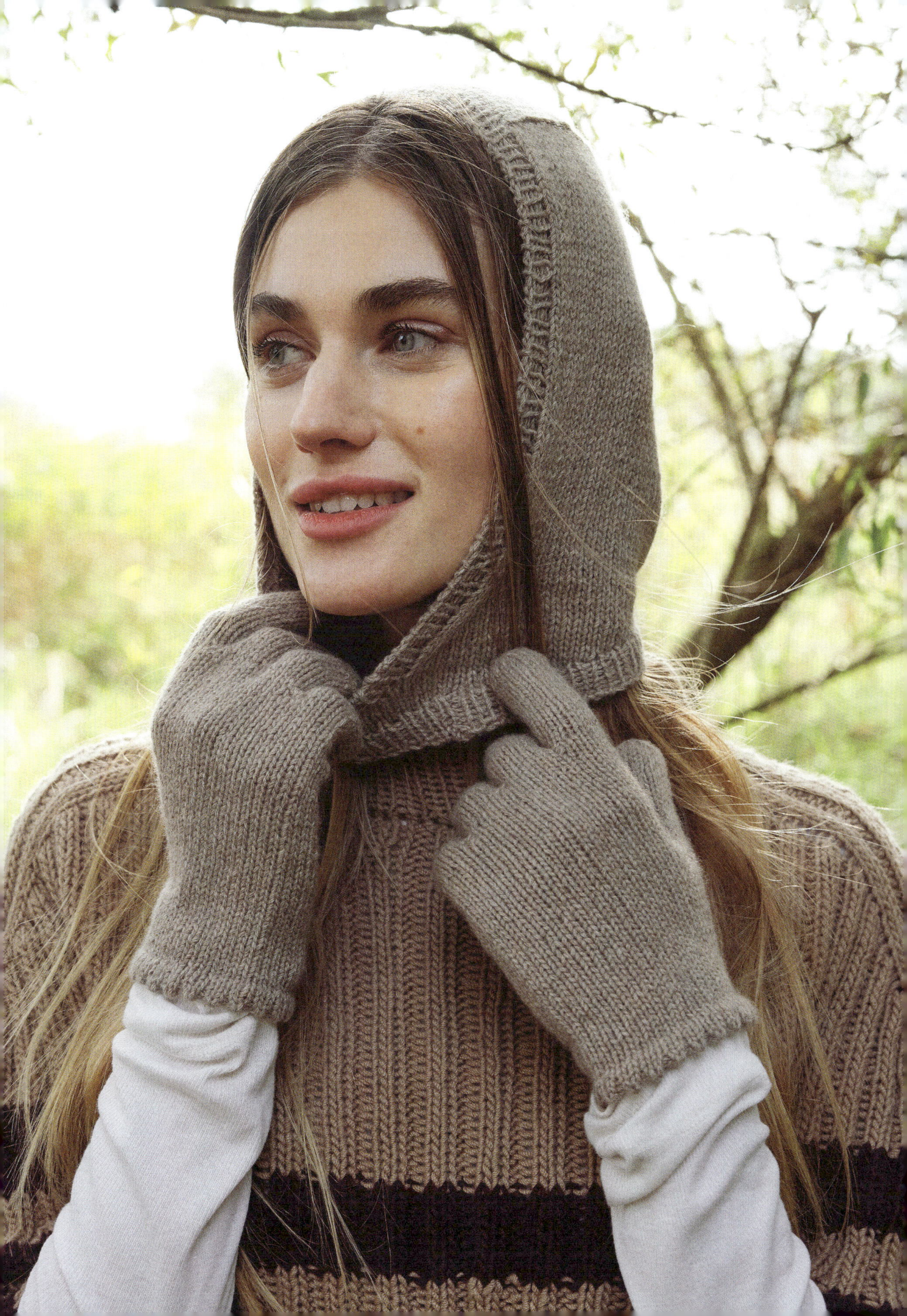

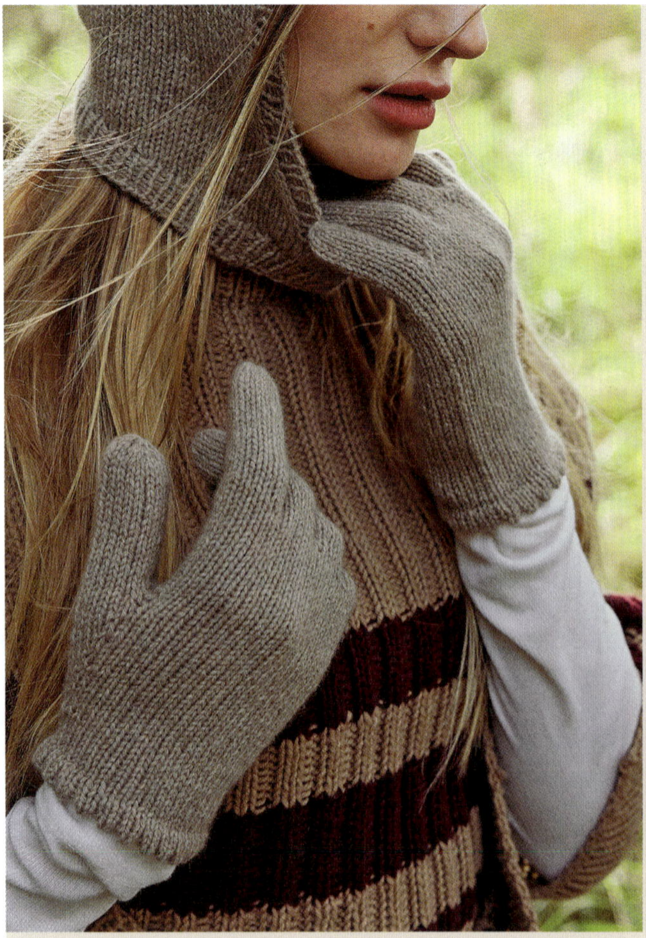

So wird's gemacht

Die Handschuhe werden an der unteren Kante begonnen und in Runden gestrickt. Zunächst wird ein Picotsaum gearbeitet.

Rechter Handschuh

42 M mit Nadel 3 mm anschlagen, auf die 4 Nadeln des Nadelspiels verteilen (2× je 10 M, 2× je 11 M pro Nadel) und zur Runde schließen. 4 Runden glatt rechts stricken, dann für den Picot Saum in der folgenden Runde
* 1 Umschlag, 2 M rechts zusammenstricken, ab * stets wiederholen.

Zur Nadel 3,5 mm wechseln und weitere 4 Runden glatt rechts stricken. Den Saum an der Bruchkante nach innen umschlagen und den Saumbeleg in einer Hinreihe feststricken (jede M mit der entsprechenden Schlinge der Anschlagkante rechts zusammenstricken).

Im Folgenden werden auf der 1. und 2. Nadel die Innenhand und auf der 3. und 4. Nadel der Handrücken gearbeitet. In der folgenden Runde für ein Motiv an der Innenhand auf der 1. Nadel bis 5 M vor Ende der Nadel stricken, dann 1 M links, 1 M rechts, 1 M links, 1 M rechts, 1 M links, auf der 2. Nadel 1 M rechts, 1 M links, 1 M rechts, 1 M links, 6 M rechts, alle übrigen M rechts stricken. In dieser Einteilung 6 Runden stricken.

Dann über alle M glatt rechts stricken und in der folgenden Runde **mit den Zunahmen für den Daumenspickel beginnen:** vor der 1. M der 1. Nadel 1 M rechts verschränkt aus dem Querfaden herausstricken, nach der 1. M 1 M links verschränkt herausstricken = 44 M. Diese 3 M bilden den Daumenspickel. Vor und nach den Spickel-M 2× in jeder 4. Runde und 3× in jeder 3. Runde wiederholen = 54 M. Noch 2 Runden glatt rechts stricken, dann die 13 Daumen-M stilllegen.

Nun die Hand arbeiten: 5 M für den Steg anschlagen und über alle 46 M 1 Runde stricken. In der folgenden Runde die 1. Steg-M mit der M zuvor rechts überzogen zusammenstricken (1 M wie zum Rechtsstricken abheben, 1 M rechts stricken, dann die abgehobene M über die gestrickte M ziehen), 3 M rechts, die letzte Steg-M mit der folgenden M rechts

Muster und Maschen

Glatt rechts

1 Runde rechte M und 1 Runde linke M im Wechsel arbeiten.

1 rechtsgeneigte Zunahme

Den Querfaden zwischen 2 M von hinten nach vorne aufnehmen und mustergemäß rechts oder links stricken.

1 linksgeneigte Zunahme

Den Querfaden von vorne nach hinten aufnehmen und mustergemäß rechts verschränkt oder links verschränkt stricken.

zusammenstricken = 44 M. Diese Abnahmen in der folgenden 2. Runde noch 1× wiederholen = 42 M.

Kleiner Finger: in einer Höhe von 4,5 cm ab Daumensteg die letzten 4 M der 2. Nadel und die ersten 5 M der 3. Nadel rechts stricken, dann 3 M für den Steg neu anschlagen und zur Runde schließen = 12 M. Die M auf 3 Nadeln verteilen und ca. 5 cm stricken. In der folgenden Runde 3× jede 3. und 4. M zusammenstricken = 9 M. In der folgenden Runde 4× 2 M rechts zusammenstricken, 1 M rechts = 5 M. Den Faden abschneiden, durch die M ziehen und fest zusammenziehen.

Aus dem Steg 5 M aufnehmen. In der folgenden Reihe die 1. M mit der Masche davor rechts überzogen zusammenstricken, die letzte M mit der M danach rechts zusammenstricken. Dann über 36 M 4 Runden glatt rechts stricken.

Ringfinger: für den Steg zwischen Ring- und Mittelfinger 3 M neu anschlagen, 5 M der Handinnenfläche, die 3 Steg-M vom kleinen Finger und 5 M vom Handrücken stricken = 16 M und auf 4 Nadeln verteilen. Nach ca. 6,5 cm (24 Runden) 4× jede 3. und 4. M zusammenstricken = 12 M. In der folgenden Runde stets 2 M rechts zusammenstricken = 6 M. Den Faden abschneiden, durch die Maschen ziehen und fest zusammenziehen.

Mittelfinger: für den Steg zwischen Mittel- und Zeigefinger 3 M neu anschlagen, 5 M der Handinnenfläche, die 5 Steg-M vom Ringfinger (in der Folgerunde die 1. M mit der M davor rechts überzogen zusammenstricken, die letzte M mit der M danach rechts zusammenstricken), 6 M des Handrückens stricken = 17 M. Die M auf 4 Nadeln verteilen und zur Runde schließen. Nach ca. 7 cm (26 Runden) 4× jede 3. und 4. M zusammenstricken = 13 M. In der folgenden Runde jeweils 2 M rechts zusammenstricken = 7 M. Den Faden abschneiden, durch die M ziehen und fest zusammenziehen.

Zeigefinger: die verbliebenen 12 M mit den 5 Steg-M aufnehmen (in der Folgerunde die 1. M mit der M davor rechts überzogen zusammenstricken, die letzte M mit der M danach rechts zusammenstricken) = 15 M. Die M auf 3 Nadeln verteilen und zur Runde schließen. Nach ca. 6,5 cm (24 Runden) 5× jede 2. und 3. M zusammenstricken = 10 M. In der folgenden Runde jeweils 2 M rechts zusammenstricken = 5 M. Den Faden abschneiden, durch die M ziehen und fest zusammenziehen.

Daumen: die 13 stillgelegten Daumen-M aufnehmen und aus den Steg-M 5 M herausstricken = 18 M. Die M auf 4 Nadeln verteilen und 5,5 cm (20 Runden) stricken. In der folgenden Runde 5× jede 3. und 4. M zusammenstricken = 13 M. In der darauffolgenden Reihe 6× 2 M rechts zusammenstricken, 1 M rechts = 7 M. Den Faden abschneiden, durch die M fädeln und fest zusammenziehen.

Linker Handschuh

Gegengleich zum rechten Handschuh stricken. Dazu die Abnahmen für den Daumenspickel vor und nach der letzten M der 2. Nadel arbeiten.

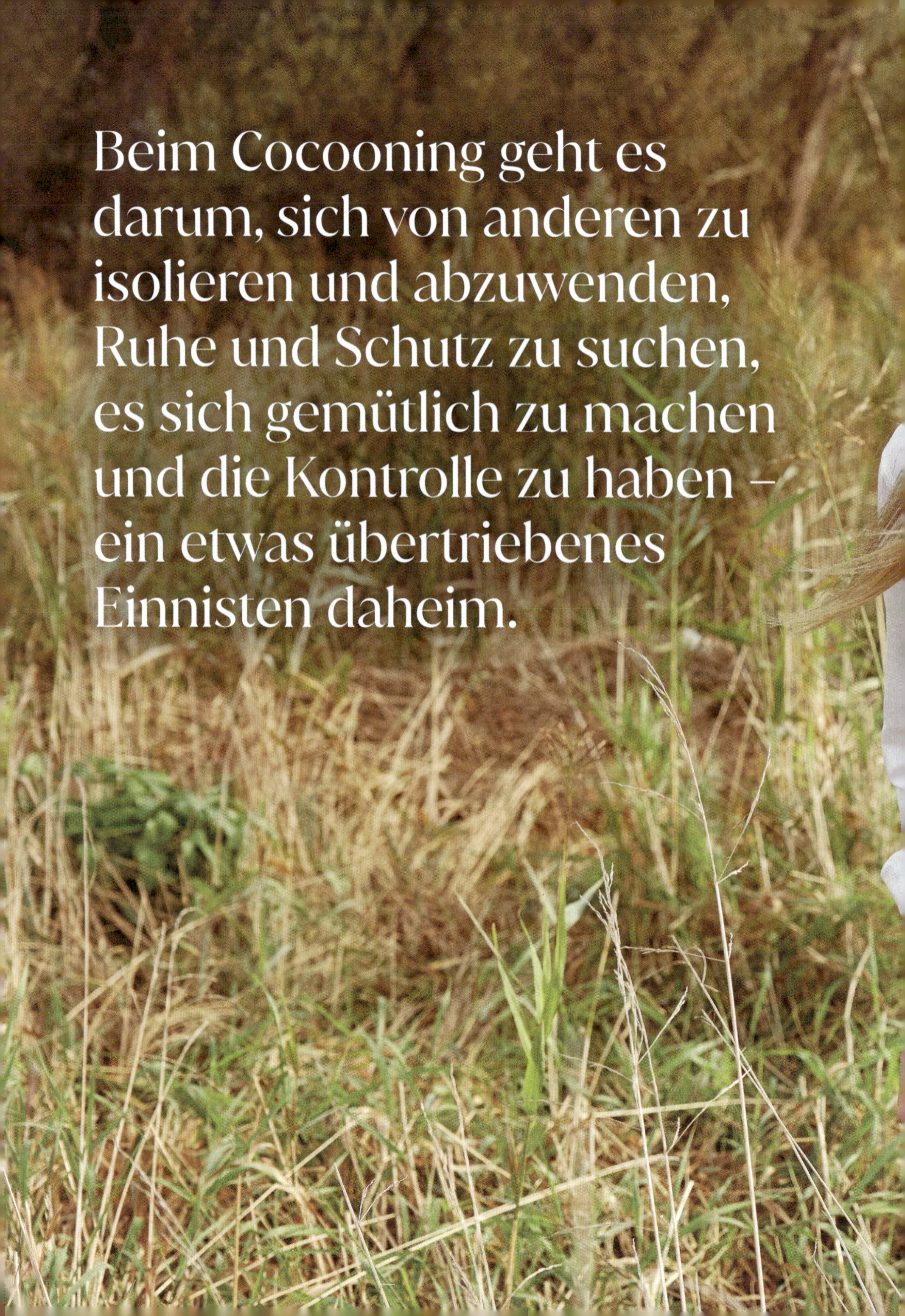

Beim Cocooning geht es darum, sich von anderen zu isolieren und abzuwenden, Ruhe und Schutz zu suchen, es sich gemütlich zu machen und die Kontrolle zu haben – ein etwas übertriebenes Einnisten daheim.

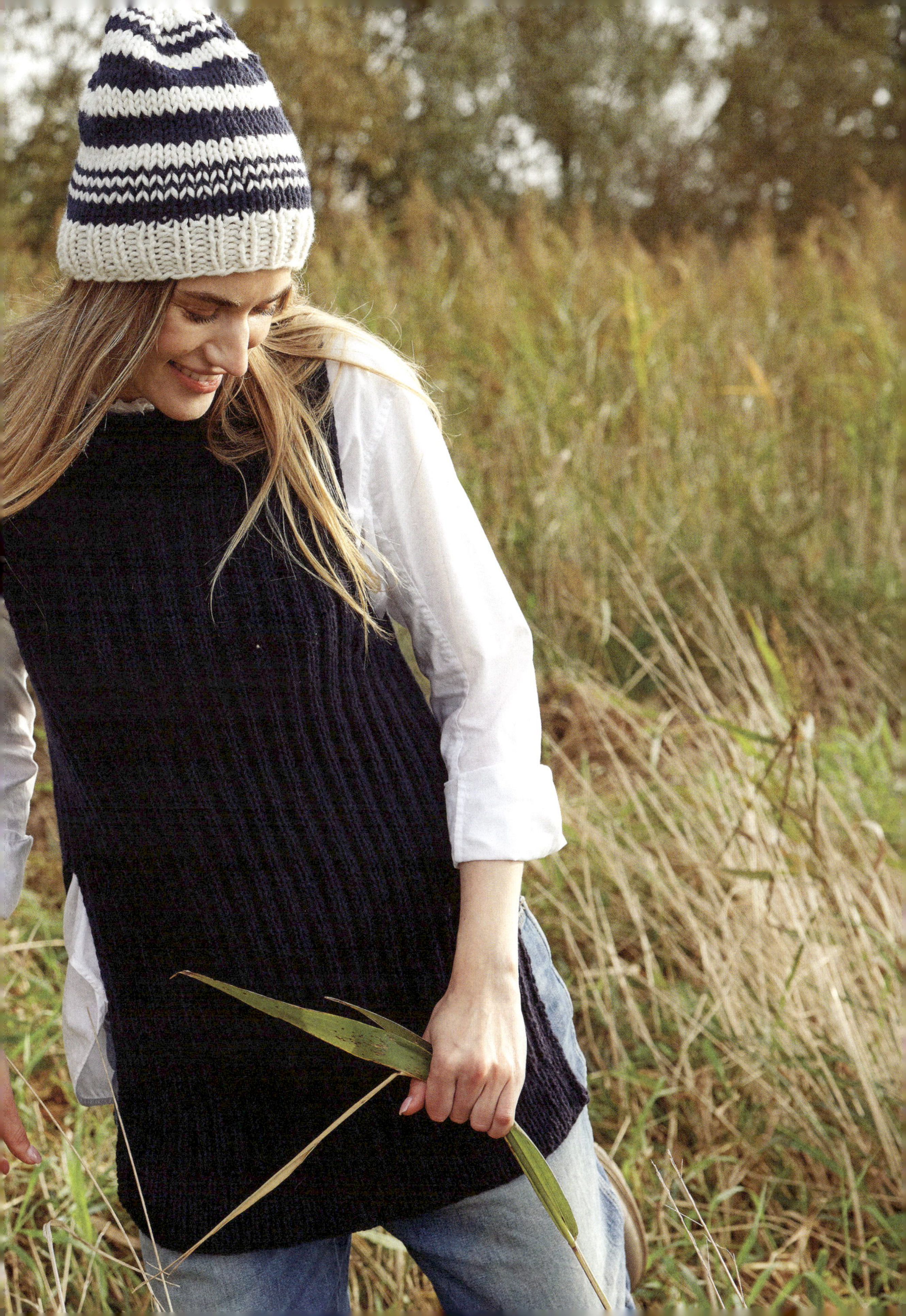

Slipover mit langen Seitenschlitzen

34–38, 40–44 und 46–48

Schwierigkeitsgrad

mittel

Material

Lana Grossa Cashmere verde
100 % Cashmere
LL = 90 m/25 g
275 (325/375) g Marine (Fb 013)

und

Lana Grossa Cool Wool Lace
100 % Schurwolle
LL = 400 m/50 g
100 (150/200) g Marine (Fb 023)

Stricknadeln 5,5 mm und 6 mm

Maschenprobe

Rippenmuster mit Nadel 6 mm:

20 Maschen und 24 Reihen = 10 cm × 10 cm

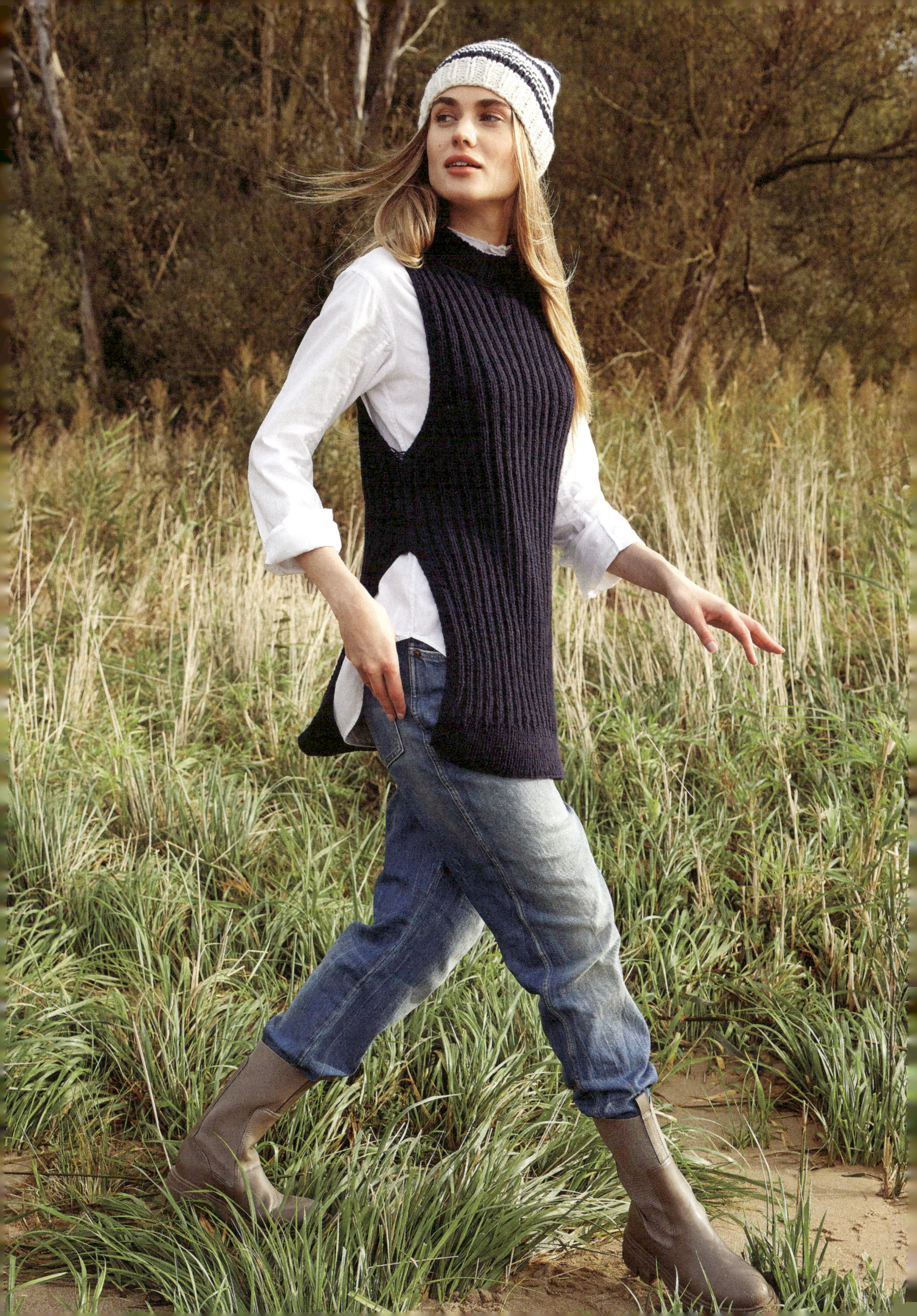

Muster und Maschen

Rippenmuster

2 M rechts, 2 M links im Wechsel stricken.

Bündchenmuster

1 M rechts, 1 M links im Wechsel stricken.

5 Blendenm (über je 5 M inklusive doppelter Randm)

für Armausschnitte und Blenden

In den Hinreihen: die 1. M mit dem Faden VOR der Arbeit wie zum Linksstricken abheben, 1 M rechts, 1 M links, 1 M rechts, 1 M links, bis zu den letzten 5 M im Muster stricken, 1 M links, 1 M rechts, 1 M links, 1 M rechts, 1 M mit dem Faden VOR der Arbeit wie zum Linksstricken abheben.

In den Rückreihen: die 1. M rechts, 1 M mit dem Faden VOR der Arbeit wie zum Linksstricken abheben, 1 M rechts, 1 M links, 1 M rechts, bis zu den letzten 5 M im Muster stricken, 1 M rechts, 1 M links, 1 M rechts, 1 M mit dem Faden VOR der Arbeit wie zum Linksstricken abheben, 1 M rechts.

1 rechtsgeneigte Zunahme

Den Querfaden zwischen 2 M von hinten nach vorne aufnehmen und mustergemäß rechts oder links stricken.

1 linksgeneigte Zunahme

Den Querfaden von vorne nach hinten aufnehmen und mustergemäß rechts verschränkt oder links verschränkt stricken.

Doppelstrick

1. Runde: * 1 M rechts, 1 M mit dem Faden VOR der Arbeit wie zum Linksstricken abheben, ab * stets wiederholen.

2. Runde: * 1 M mit dem Faden HINTER der Arbeit wie zum Linksstricken abheben, 1 M links, ab * stets wiederholen.

3. Runde: wie die 1. Runde arbeiten.

So wird's gemacht

Das Modell wird von oben nach unten gearbeitet. Zunächst werden Maschen für den rückwärtigen Halsausschnitt angeschlagen und in Hin- und Rückreihen an beiden Seiten Maschen für die angeschrägten Schultern zugenommen. Wenn die gesamte Breite erreicht ist, wird das Rückenteil gerade heruntergestrickt, bis für die Armausschnitte Maschen zugenommen und anschließend die Maschen des Rückenteils stillgelegt werden. Für beide Vorderteilhälften werden jeweils Maschen aus den seitlichen Schulterkanten aufgenommen, für die Schrägung des Halsausschnitts werden an beiden Teilen am Strickrand der Halsausschnittseite Maschen zugenommen, bis sie unter dem Halsausschnitt verbunden werden. Unter dem Armausschnitt werden die Maschen von Vorder- und Rückenteil zusammengefügt und der Rumpf zunächst in Runden gestrickt, bis die Maschen für die Schlitze wieder in Vorder- und Rückenteil aufgeteilt werden und separat beendet werden.

Es wird stets zweifädig mit je einem Faden beider Garne gearbeitet.

Rückenteil

40 (40/44) M mit Nadel 6 mm mit je einem Faden beider Garne anschlagen.

1. Reihe (Rückreihe): Randm, 6 M im Rippenmuster, dabei mit 2 M links, 2 M rechts beginnen, 1 MM auf die rechte Nadel setzen, 26 M im Rippenmuster, 1 MM setzen, 6 M im Rippenmuster, Randm.

2. Reihe (Hinreihe): bis zum 1. MM im in der Mustereinteilung stricken, nach dem MM 1 rechte M linksgeneigt zunehmen, bis zum 2. MM im Rippenmuster stricken, vor dem MM 1 rechte M rechtsgeneigt zunehmen, 6 M im Rippenmuster stricken, Randm = 42 (42/46) M.

3. Reihe (Rückreihe): Randm, 6 M im Rippenmuster, nach dem MM 1 linke M rechtsgeneigt zunehmen, bis zum 2. MM im Rippenmuster stricken. Vor dem MM 1 linke M linksgeneigt zunehmen, 6 M im Rippenmuster, Randm = 44 (44/48) M.

4. Reihe (Hinreihe): Randm, 6 M im Rippenmuster, nach dem MM 1 linke M linksgeneigt zunehmen, bis zum 2. MM im Rippenmuster, vor dem MM 1 linke M rechtsgeneigt zunehmen, 6 M im Rippenmuster, Randm = 46 (46/50) M.

5. Reihe (Rückreihe) Randm, 6 M im Rippenmuster, nach dem MM 1 rechte M rechtsgeneigt zunehmen, im Rippenmuster bis zum 2. MM, vor dem MM 1 rechte M linksgeneigt zunehmen = 48 (48/52) M.

Die 2.–5. Reihe noch 3× (4×/4×) wiederholen = 72 (80/84) M.

Dann ohne Zunahmen im Rippenmuster weiterarbeiten, dabei die ersten und die letzten 5 M als Blendenm stricken.

In einer Höhe von 16 (17/17) cm ab äußerer Schulterkante für die Formung der Armausschnitte in der folgenden Hinreihe wie folgt M zunehmen:

1. Zunahmereihe (Hinreihe): 5 Blendenm, 2 M rechts, 1 rechte M rechtsgeneigt zunehmen, bis zu den letzten 7 M stricken, 1 rechte M linksgeneigt zunehmen, 2 M rechts, 5 Blendenm = 74 (82/86) M.

2. Zunahmereihe (Rückreihe): 5 Blendenm, 2 M links, 1 linke M linksgeneigt zunehmen, bis zu den letzten 7 M im Rippenmuster stricken, 1 linke M rechtsgeneigt zunehmen, 2 M links, 5 Blendenm = 76 (84/88) M.

3. Zunahmereihe (Hinreihe): 5 Blendenm, 2 M rechts, 1 linke M rechtsgeneigt zunehmen, bis zu den letzten 7 M im Muster stricken, 1 linke M linksgeneigt zunehmen, 2 M rechts, 5 Blendenm = 78 (86/90) M.

4. Zunahmereihe (Rückreihe): 5 Blendenm, 2 M links, 1 rechte M linksgeneigt zunehmen, bis zu den letzten 7 M im Muster stricken, 1 rechte M rechtsgeneigt zunehmen, 2 M links, 5 Blendenm = 80 (88/92) M.

Diese 4 Zunahmereihen noch 3× (3×/4×) wiederholen = 104 (112/124) M.

Anschließend, in einer Höhe von 24 (25/26) cm ab äußerer Schulterkante, die M nach einer Rückreihe auf einer Hilfsnadel stilllegen.

Linke Schulter

In einer Hinreihe mit je 1 Faden beider Garne 16 (20/20) M aus der linken Schulter des Rückenteils vom Halsausschnitt zum Armausschnitt herausstricken und zunächst 1 Rückreihe stricken, dabei mit 5 Blendenm beginnen, * 2 M links, 2 M rechts, ab * 1 × wiederholen, 2 M links, Randm. 4 weitere Reihen in der Einteilung stricken.

In der folgenden Reihe mit den Zunahmen für den Halsausschnitt beginnen:

1. Zunahmereihe (Hinreihe): 1 Randm, 2 M rechts, 2 M links, (= 5 M), 1 rechte M rechtsgeneigt zunehmen, 1 MM abhängen, 2 M rechts, 2 M links im Wechsel stricken, 2 M rechts, 5 Blendenm.

2. Zunahmereihe (Rückreihe): 5 Blendenm, 2 M links, 2 M rechts, 2 M links bis zum MM im Wechsel stricken (= 6 M vor Ende der Reihe), MM abheben, 1 linke M linksgeneigt zunehmen, 1 M links, 2 M rechts, 2 M links, 1 Randm.

3. Zunahmereihe (Hinreihe): 1 Randm, 2 M rechts, 2 M links, 2 M rechts bis zum MM im Wechsel stricken, 1 linke M rechtsgeneigt zunehmen, den MM abheben, 2 M rechts, 2 M links, 2 M rechts, 5 Blendenm.

4. Zunahmereihe (Rückreihe): 5 Blendenm, 2 M links, 2 M rechts, 2 M links bis zum MM im Wechsel stricken, 1 rechte M linksgeneigt zunehmen, 1 M rechts, 2 M links, 2 M rechts, 2 M links, 1 Randm.

Diese 4 Zunahmereihen noch 2× (2×/3×) wiederholen, dabei den MM in jeder 4. Zunahmereihe entfernen und in der folgenden 1. Zunahmereihe wieder neu nach der 5. M einhängen.

Es sind nun 17 (17/21) Reihen gestrickt und 28 (32/36) M auf der Nadel. Die M auf einer Hilfsnadel stilllegen.

Rechte Schulter

Gegengleich zur linken Schulter arbeiten. Die M werden dazu vom Armausschnitt bis zum Halsausschnitt aus der Schulter des Rückenteils herausgestrickt.

Vorderteil

In der folgenden Hinreihe zunächst die 28 (32/36) M der rechten Schulter im Muster stricken, dabei die Randm als linke M stricken. Dann 16 (16/12) M neu anschlingen und die 28 (32/36) M der linken Schulter im Muster stricken, dabei die 1. Randm als linke M stricken = 72 (80/84) M. Über alle 72 (80/84) M im Muster stricken, dabei die ersten und die letzten 5 M als Blendenm arbeiten, dazwischen im Rippenmuster arbeiten.

In einer Höhe von 18 (19/19) cm ab äußerer Schulterkante die Zunahmen für die Armausschnitte wie beim Rückenteil arbeiten = 208 (224/248) M. Anschließend, in einer Höhe von 26 (27/28) cm ab äußerer Schulterkante, mit einer Rückreihe enden.

In der folgenden Hinreihe Vorder- und Rückenteil verbinden:

die jeweils 104 (112/124) M von Vorder- und Rückenteil nacheinander abstricken und zur Runde schließen, dabei die beiden Seiten jeweils mit 1 MM markieren und über die seitlichen Blendenm im Rippenmuster arbeiten. Der Rundenübergang liegt unter dem rechten Arm und jede Runde beginnt und endet mit 1 M links.

In einer Höhe von 12 cm ab Armausschnitt **Vorder- und Rückenteil für die seitlichen Schlitze wieder teilen** und zunächst das **Rückenteil** stricken:

an den Seiten wieder jeweils 5 Blendenm arbeiten. In einer Höhe von 36 cm ab Armausschnitt und 24 cm ab Schlitzbeginn zwischen den Blendenm mit Nadel 5,5 mm 6 cm im Bündchenmuster arbeiten. Dann die M abketten.

Die 104 (112/124) M des **Vorderteils** wie das Rückenteil arbeiten.

Fertigstellen

Aus dem Halsausschnitt mit Nadel 5,5 mm 86 (86/90) M mit je einem Faden beider Garne herausstricken und im Bündchenmuster stricken. In einer Höhe von 4 cm 3 Runden im Doppelstrick arbeiten, weitere 4 cm im Bündchenmuster stricken, dann die M abketten. Die Ausschnittblende zur Hälfte nach innen umlegen und festnähen.

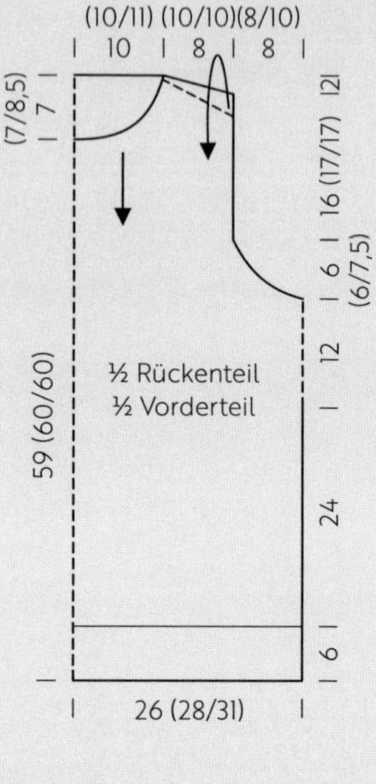

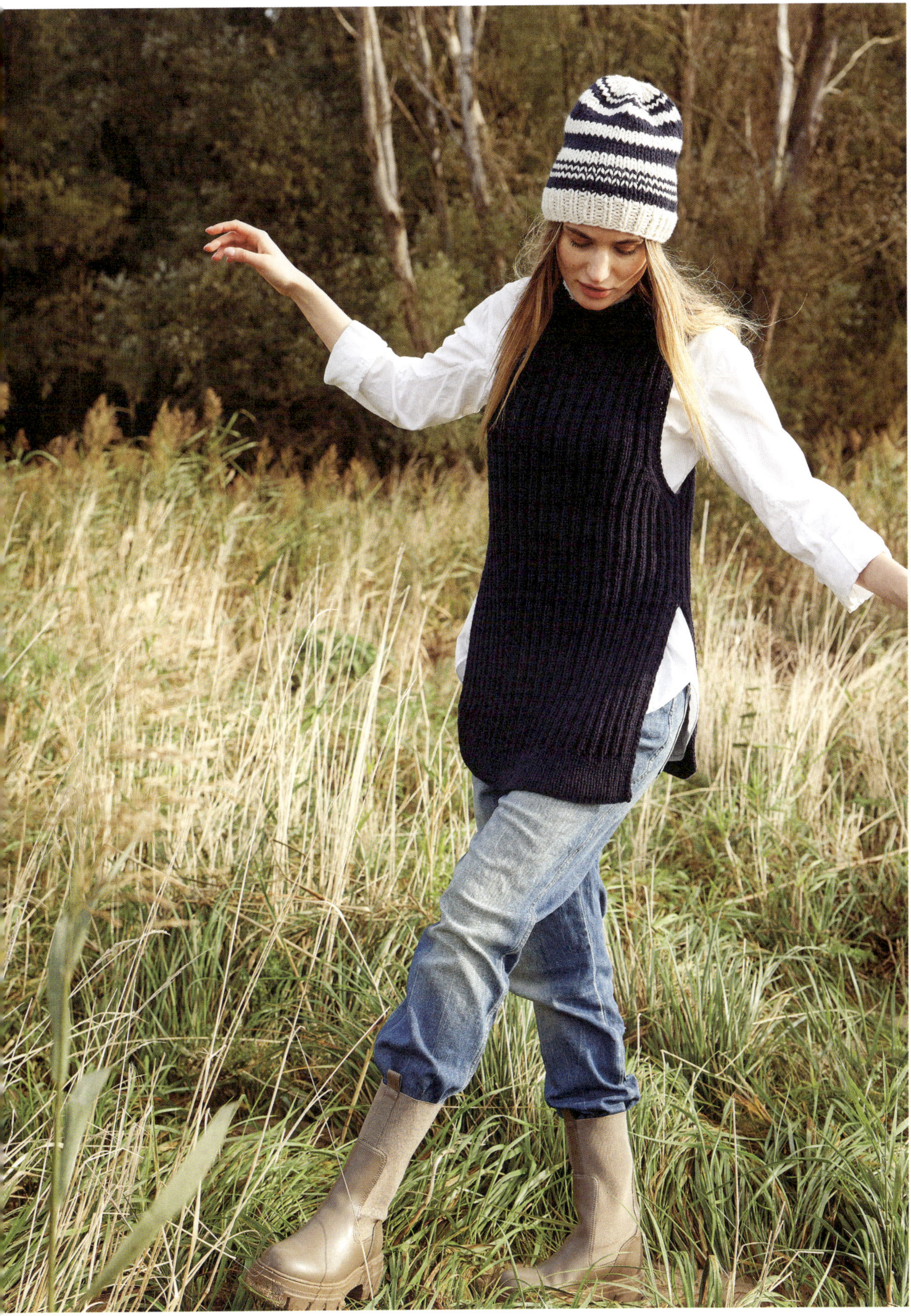

Ringelmütze

53 cm – 57 cm Kopfumfang

Schwierigkeitsgrad

leicht

Material

Langyarns Cashmere big
100 % Cashmere
LL = 44 m/50 g
50 g Off-White (Fb 0094) und
50 g Navy (Fb 0025)

je ein Nadelspiel 8 mm und 9 mm

Maschenprobe

Glatt rechts mit Nadel 9 mm:

12 Maschen und 17 Reihen = 10 cm × 10 cm

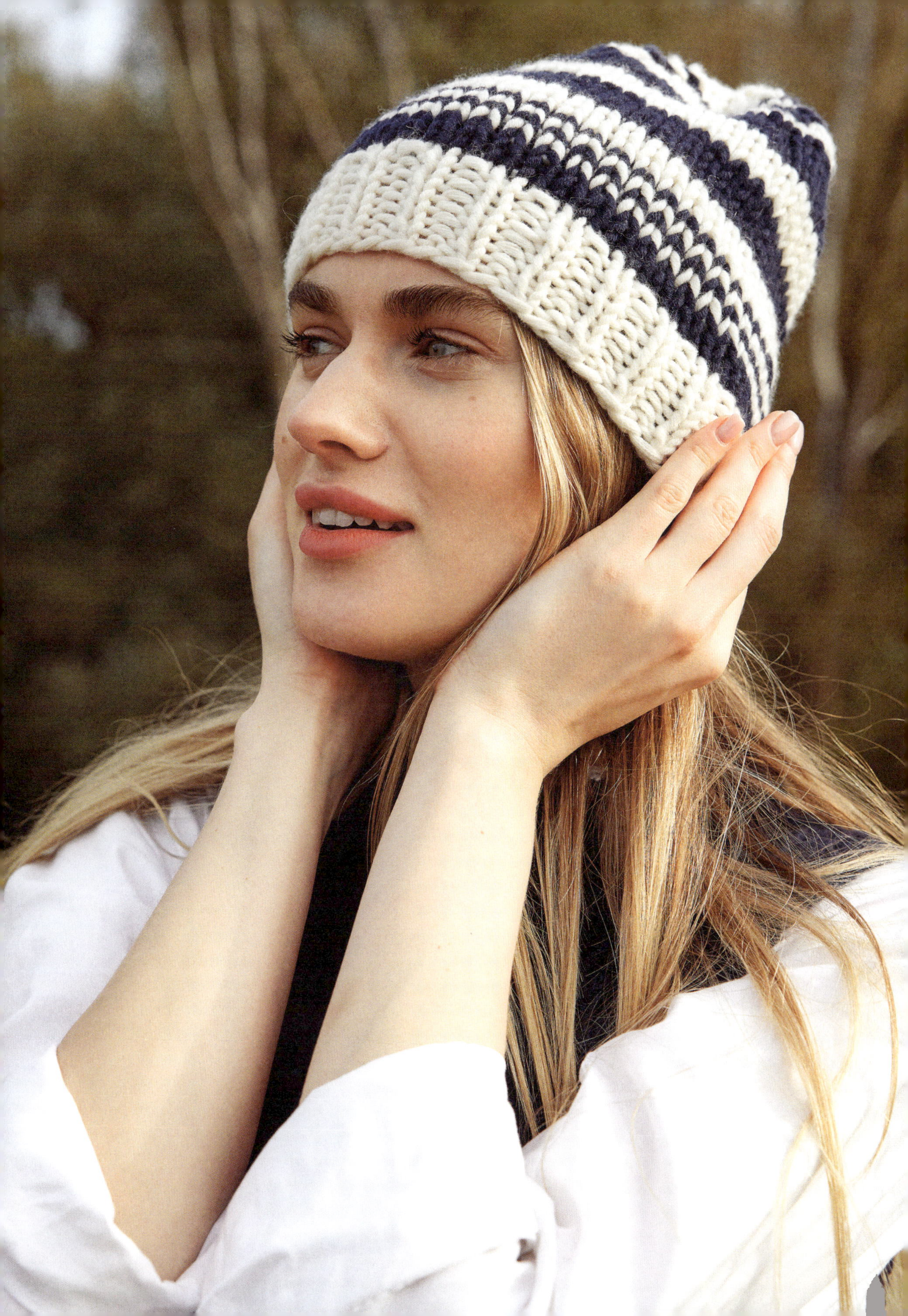

Muster und Maschen

Glatt rechts

1 Runde rechte M und 1 Runde linke M im Wechsel stricken.

Rippenmuster

1 M rechts, 1 M links im Wechsel stricken.

Streifenfolge

3 Runden in Navy,

1 Runde in Off-White,

1 Runde in Navy,

1 Runde in Off-White,

1 Runde in Navy,

3 Runden in Off-White,

4 Runden in Navy,

3 Runden in Off-White,

4 Runden in Navy,

3 Runden in Off-White,

2 Runden in Navy,

1 Runde in Off-White,

1 Runde in Navy = 28 Runden.

6 Runden in Off-White und in Off-White zu Ende stricken.

So wird's gemacht

Die Mütze wird an der unteren Kante begonnen und in Runden bis zur oberen Spitze gearbeitet.

50 M mit Nadel 8 mm in Off-White anschlagen, die M auf 4 Nadeln des Nadelspiels verteilen (2× 12 M und 2× 13 M pro Nadel) und zur Runde schließen. Der Rundenbeginn liegt in der hinteren Mitte. 8 Runden im Rippenmuster arbeiten, dann mit Nadelspiel 9 mm glatt rechts in der angegebenen Streifenfolge arbeiten.

In einer Höhe von 12 cm ab Bündchen (= nach 20 Runden glatt rechts) **mit den Abnahmen für den Oberkopf beginnen:**

21. Runde: 4 M rechts, 2 M rechts zusammenstricken, * 8 M rechts, 2 M rechts zusammenstricken, ab * 3× wiederholen, 4 M rechts = 45 M.

25. Runde: 3 M rechts, 2 M rechts zusammenstricken, * 7 M rechts, 2 M rechts zusammenstricken, ab * 3× wiederholen, 4 M rechts = 40 M.

27. Runde: 3 M rechts, 2 M rechts zusammenstricken, * 6 M rechts, 2 M rechts zusammenstricken, ab * 3× wiederholen, 3 M rechts = 35 M.

29. Runde: 3 M rechts, 2 M rechts zusammenstricken, * 5 M rechts, 2 M rechts zusammenstricken, ab * 3× wiederholen, 2 M rechts = 30 M.

31. Runde: stets 2 M rechts zusammenstricken = 15 M.

33. Runde: 7× 2 M rechts zusammenstricken, 1 M rechts = 8 M.

Anschließend den Faden abschneiden und durch die M fädeln, nach innen ziehen und vernähen.

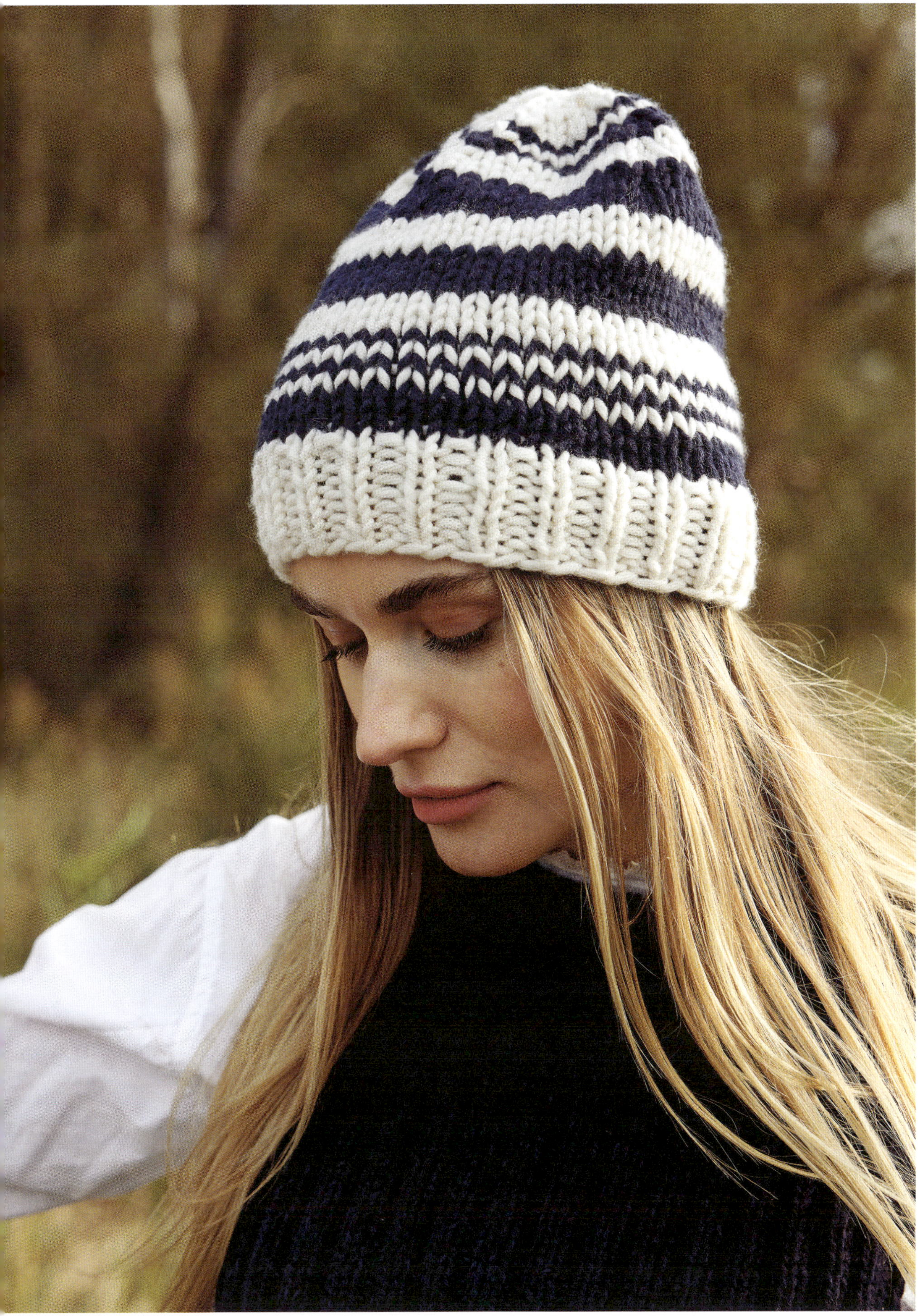

TECHNIKEN

Italienischer Maschenanschlag

Mit diesem Anschlag lässt sich eine elastische, runde Anschlagkante arbeiten, die nahtlos in ein 1/1-Rippenbündchen übergeht.

Den Faden wie gewohnt um die linke Hand und dann über den Daumen legen. Das Fadenende hängt über dem Daumen und muss, wie bei allen anderen Anschlägen, etwa dreimal so lang sein, wie das Strickstück breit sein soll.

Das Fadenende zwischen Mittel- und Ringfinger festhalten. Den Anschlag und die folgenden zwei bis vier Übergangsreihen mit gleicher oder einer halben Nadelstärke mehr arbeiten.

Hinweis: Zur besseren Übersichtlichkeit der einzelnen Arbeitsgänge sind Daumen- und Zeigefingerfaden in den Zeichnungen und in dem gestrickten Beispiel unterschiedlich gefärbt.

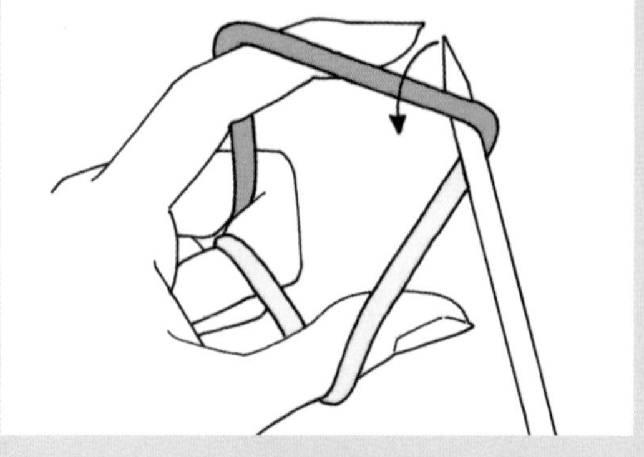

1 Die Nadelspitze von links nach rechts unter dem Faden durchführen und einmal gegen den Uhrzeigersinn in Pfeilrichtung drehen, ...

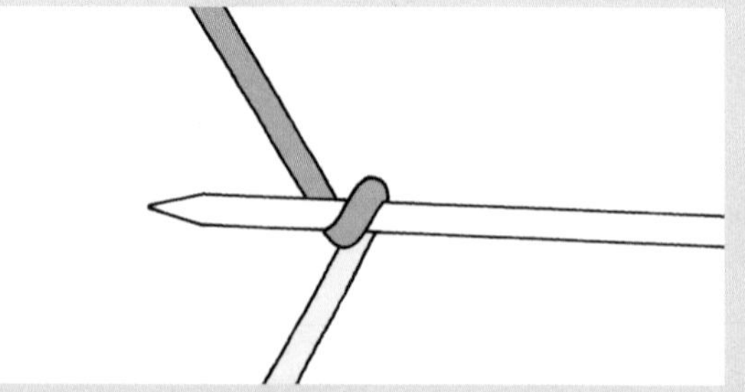

2 ... sodass eine Schlinge auf der Nadel entsteht. Diese erste Schlinge mit dem rechten Daumen festhalten.

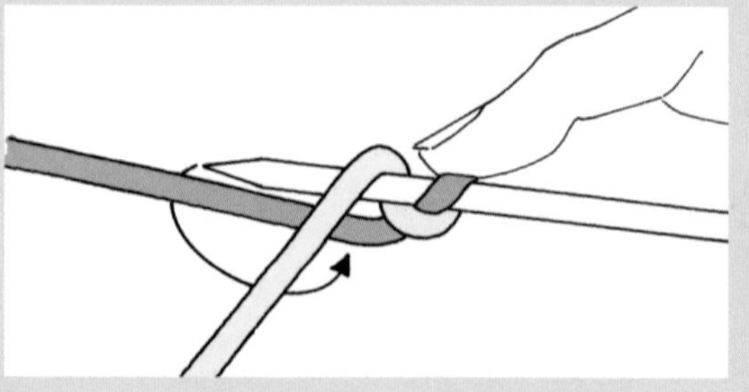

3 Nun die Nadel unter dem Daumenfaden hindurchführen, den Zeigefingerfaden von oben nach unten fassen und unter dem Daumenfaden hinweg nach vorne ziehen.

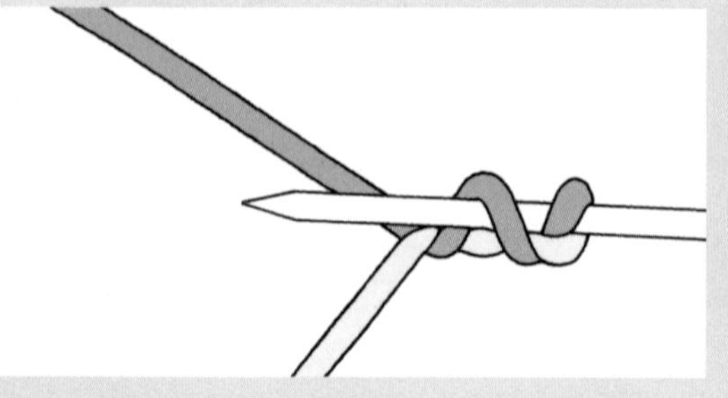

4 Der Daumenfaden liegt nun hinter der ersten (rechten) Masche und der Nadel.

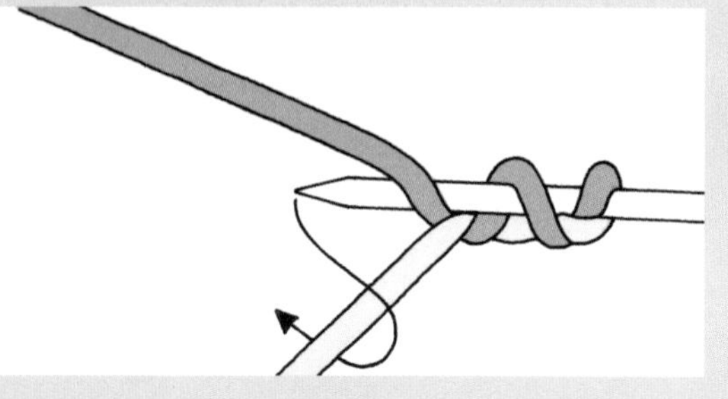

5 Nun die Nadel von hinten nach vorn unter dem Zeigefingerfaden hindurchführen, den Daumenfaden von oben nach unten fassen und unter dem Zeigefingerfaden nach hinten durchziehen.

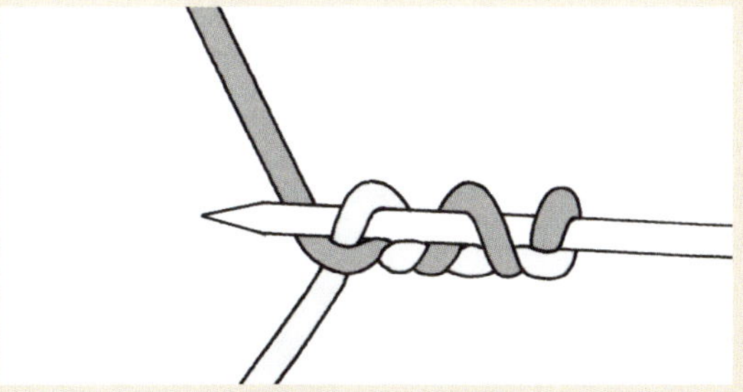

6 Der Zeigefingerfaden liegt jetzt vor der (linken) Masche und der Nadel. Die linken Maschen liegen mit dem anderen Maschenbeinchen nach vorne auf der Nadel als üblich und werden in der ersten Hinreihe verschränkt abgestrickt.

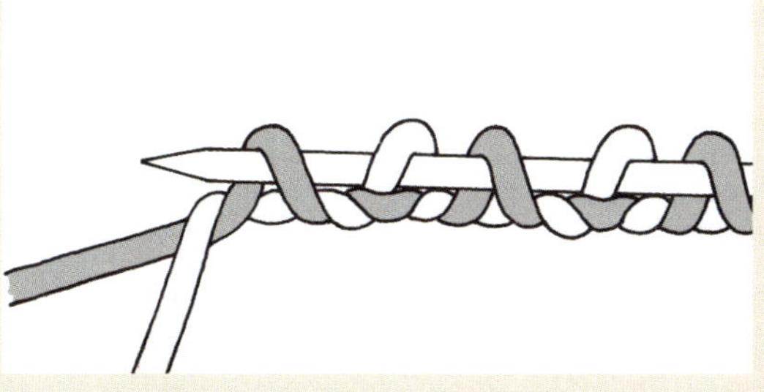

7 Die Arbeitsgänge **3 bis 6** stets wiederholen, bis die erforderliche Anzahl an Maschen angeschlagen ist.

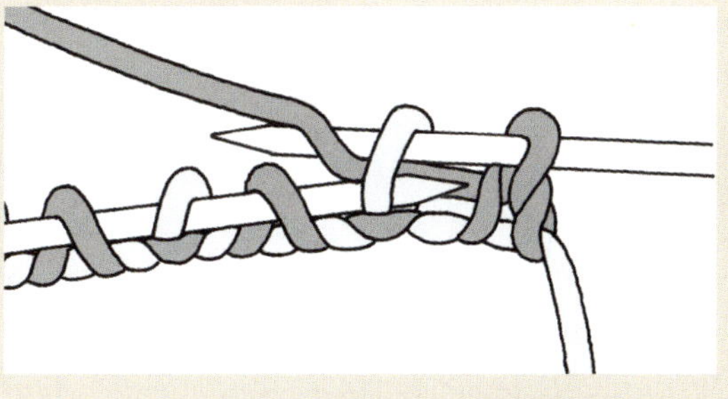

8 Nun folgt die **erste Übergangsreihe**: die erste Masche als Randmasche arbeiten. Nun in alle folgenden Maschen, die verschränkt auf der Nadel liegen, hinten von rechts nach links einstechen und abstricken ...

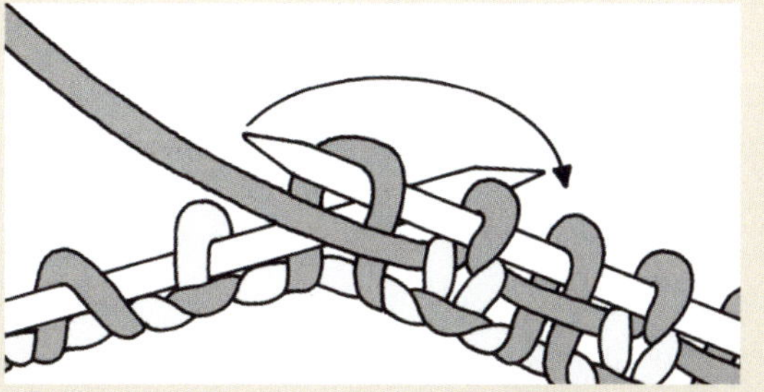

9 ... und alle folgenden Maschen, die wie üblich auf der Nadel liegen, mit dem Faden VOR der Arbeit wie zum Linksstricken abheben. Auf diese Weise alle Maschen der ersten Übergangsreihe arbeiten.

In den **drei folgenden Übergangsreihen** alle rechten Maschen rechts stricken, alle linken Maschen mit dem Faden VOR der Arbeit wie zum Linksstricken abheben. Nach diesen vier Übergangsreihen im Bündchenmuster weiterarbeiten.

Hinweis: sollen bei einem Modell nur zwei statt vier Übergangsreihen gearbeitet werden, wird dies gesondert erwähnt. Dazu die erste und zweite Übergangsreihe wie beschrieben arbeiten und die dritte und vierte Übergangsreihe auslassen.

Hinweis: sollen Übergangsrunden gearbeitet werden, **in der 1. Runde** wie in der 1. Übergangsreihe alle rechten Maschen rechts stricken, alle linken Maschen mit dem Faden VOR der Arbeit wie zum Linksstricken abheben **und in der 2. Runde** alle rechten Maschen mit dem Faden HINTER der Arbeit wie zum Linksstricken abheben und alle linken Maschen links stricken. Die erste und zweite Übergangsrunde stets abwechseln und auf diese Weise so viele Übergangsrunden arbeiten, wie in der Anleitung angegeben ist.

Italienisch Abketten (Abnähen)

Analog zum italienischen Anschlag gibt es auch einen besonders dekorativen Abschluss, das Abnähen oder italienische Abketten. Dabei legt sich jeweils eine Masche als runder Abschluss über die Abkettkante.

Dieser Rand wird besonders elastisch, wenn die letzten zwei bis vier Übergangsreihen oder -runden wie beim italienischen Anschlag möglichst mit einer halben Nadelstärke weniger im Doppelstrick gearbeitet werden.

Abgenäht wird dann mit einer dicken Wollnadel oder einer Sticknadel ohne Spitze. Der Faden sollte dazu etwa dreimal so lang sein, wie das Strickstück breit ist. Lassen Sie den Faden lieber etwas länger, denn ein späteres Ansetzen ist beim Abnähen nicht möglich! Den Faden nach jedem der folgenden Arbeitsgänge gut anziehen.

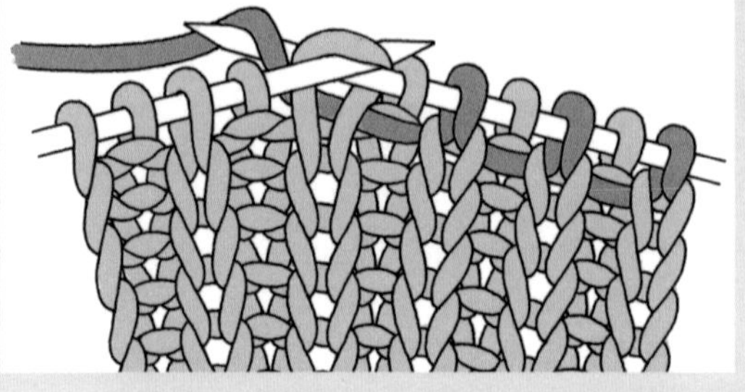

1 In den letzten beiden Reihen jede rechte Masche rechts stricken und jede linke Masche mit dem Faden VOR der Arbeit wie zum Linksstricken abheben.

Beginn: von links nach rechts in die Randmasche einstechen oder, wenn auf die Randmasche eine rechte Masche folgt, in beide Maschen gleichzeitig von links nach rechts einstechen. Die Masche bzw. die beiden Maschen von der Stricknadel gleiten lassen und den Faden fest anziehen.

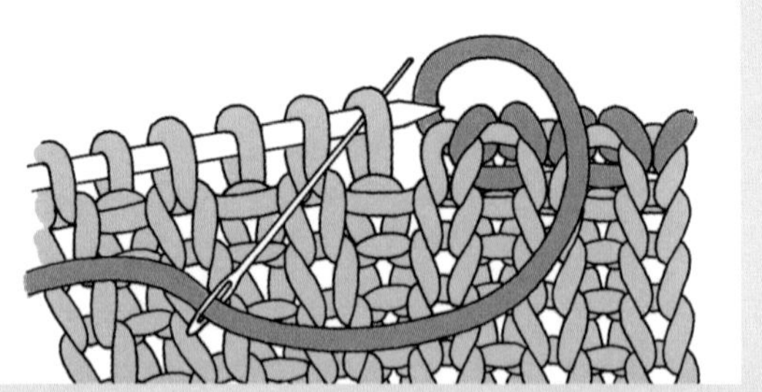

2 Nun von links nach rechts bzw. von vorn nach hinten in die linke Masche einstechen, den Faden anziehen. Die Masche noch auf der linken Nadel lassen.

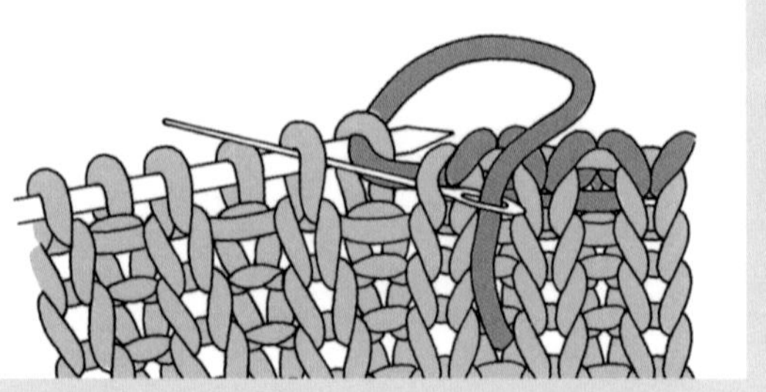

3 Von rechts nach links durch die letzte rechte, nicht mehr auf der Nadel liegende Masche und gleichzeitig durch die folgende rechte Masche einstechen und den Faden anziehen.

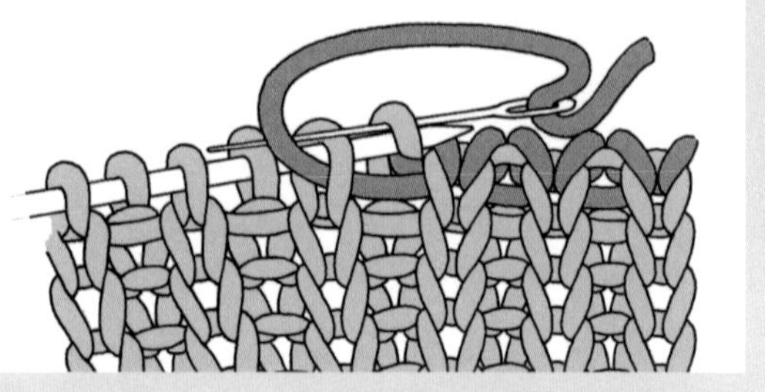

4 Dann von rechts nach links noch mal durch die linke Masche stechen, den Faden anziehen. Anschließend die beiden Maschen, eine linke und eine rechte Masche, von der Nadel gleiten lassen.

Die Arbeitsschritte 2 bis 4 stets wiederholen, dabei nach jedem Schritt den Faden gut anziehen.

Anschlingen

Sollen mehrere Maschen an einer Seite des Strickstückes angeschlagen werden, geht das nur am Reihenende, ohne den Faden dazu abschneiden zu müssen.

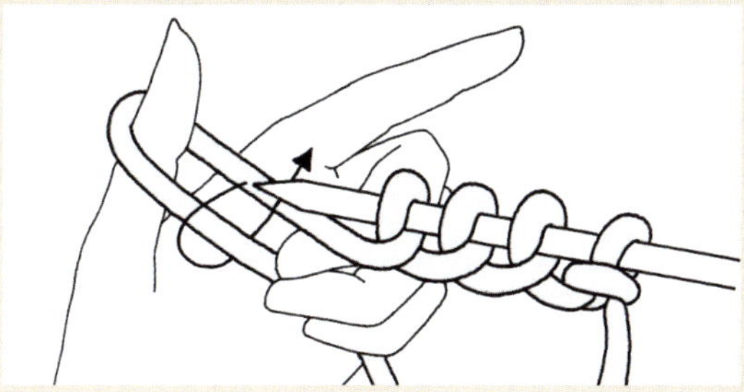

Für jede neu aufzuschlingende Masche den Faden um den Daumen legen ...

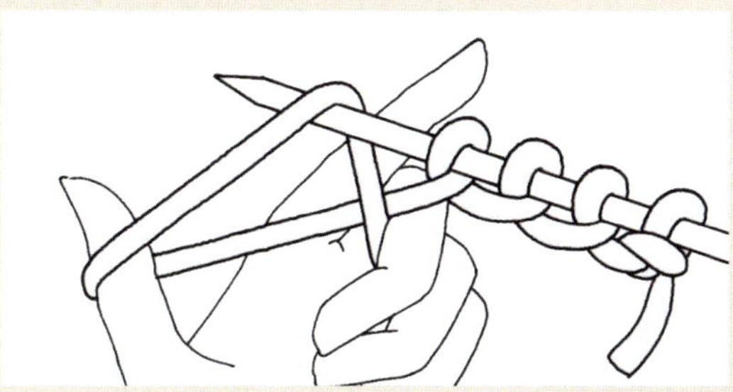

... und den vorderen Faden von unten auf die Nadel heben.

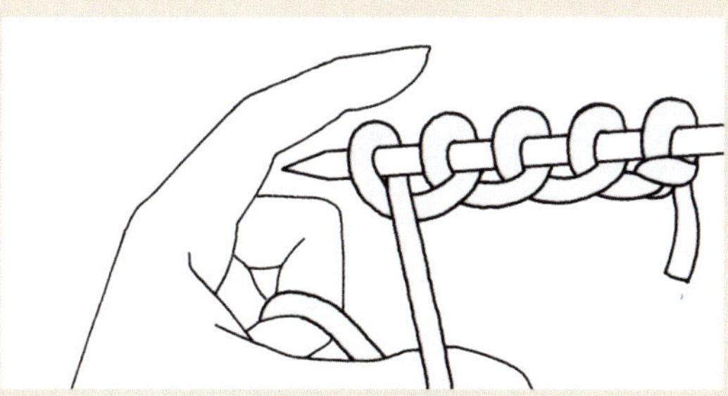

Die Schlinge mit dem Daumen leicht festziehen und die drei Arbeitsschritte wiederholen, bis die gewünschte Zahl an Maschen auf der Nadel liegt.

Zunahmen

Werden Maschen aus dem verschränkten Querfaden zugenommen, neigt sich die Basisschlinge nach rechts oder links, je nachdem, wie man den Querfaden aufnimmt. Da sich die Neigung der Basisschlingen mit ins Maschenbild einfügt, ganz besonders dann, wenn Zunahmen an immer derselben Stelle übereinander gearbeitet werden, lassen sich damit z. B. Raglanlinien besonders schön gestalten.

Rechtsgeneigte Zunahmen

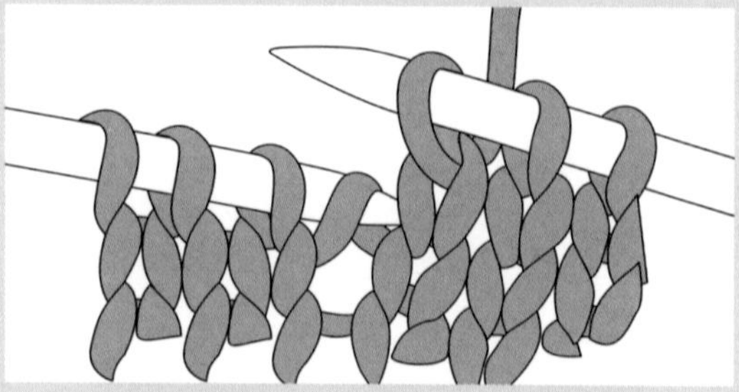

Den Querfaden zwischen zwei Maschen von hinten nach vorne aufnehmen.

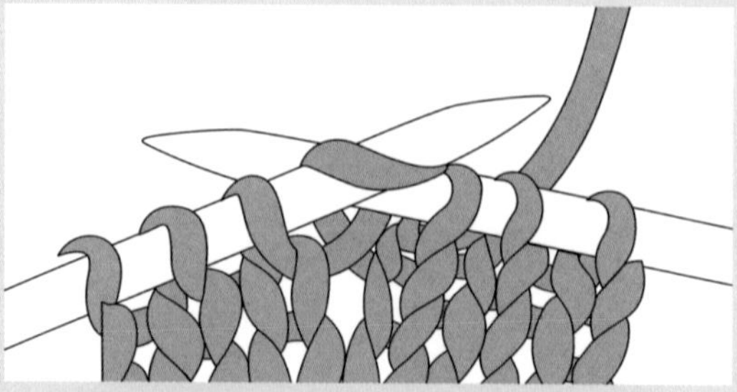

Um eine **rechte Masche rechtsgeneigt** zuzunehmen, den aufgenommenen Querfaden rechts stricken.

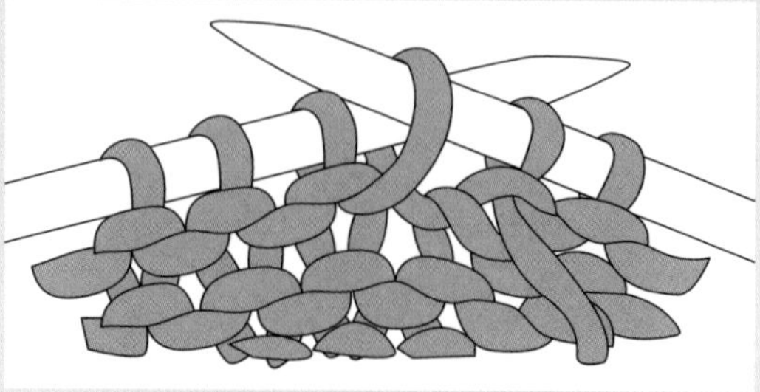

Um eine **linke Masche rechtsgeneigt** zuzunehmen, den aufgenommenen Querfaden links stricken.

Linksgeneigte Zunahmen

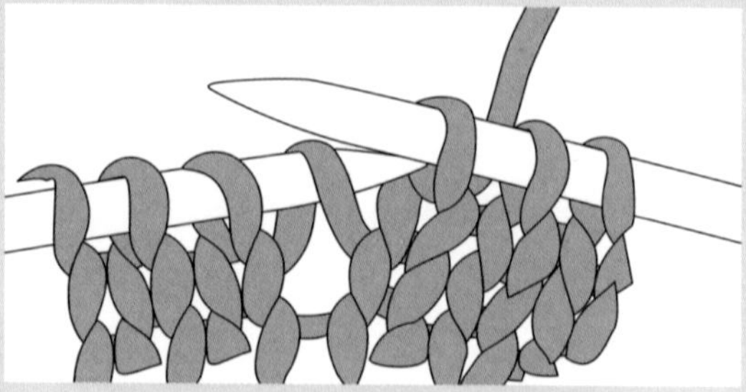

Den Querfaden zwischen zwei Maschen von vorne nach hinten aufnehmen.

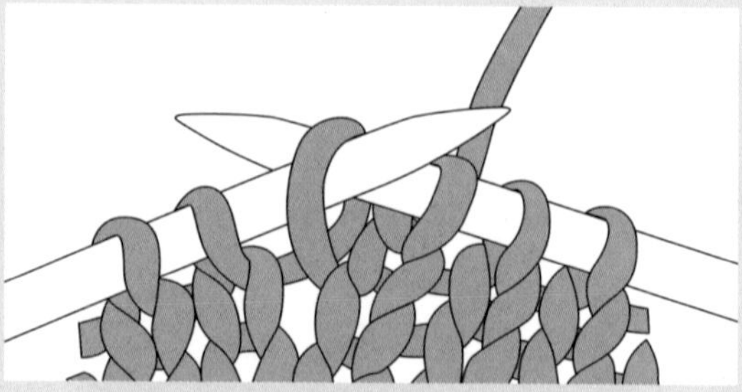

Um eine **rechte Masche linksgeneigt** zuzunehmen, den aufgenommenen Querfaden vorne rechts verschränkt stricken.

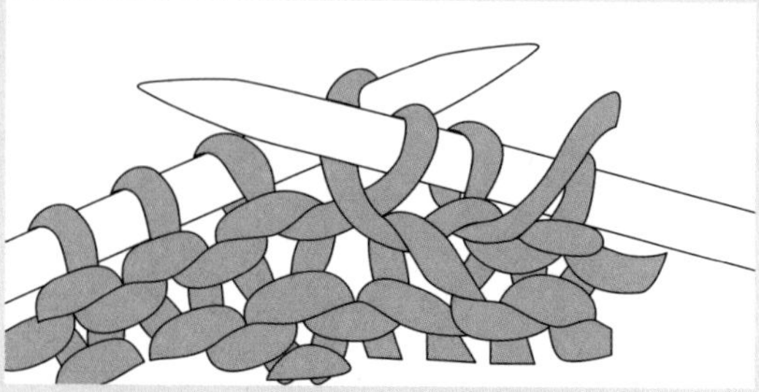

Um eine **linke Masche linksgeneigt** zuzunehmen, den aufgenommenen Querfaden hinten links verschränkt stricken.

Abnahmen

Auch bei den Abnahmen lassen sich Neigungen nach rechts oder links im Maschenbild erkennen, je nachdem, wie sie gearbeitet werden.

2 Maschen rechts zusammenstricken

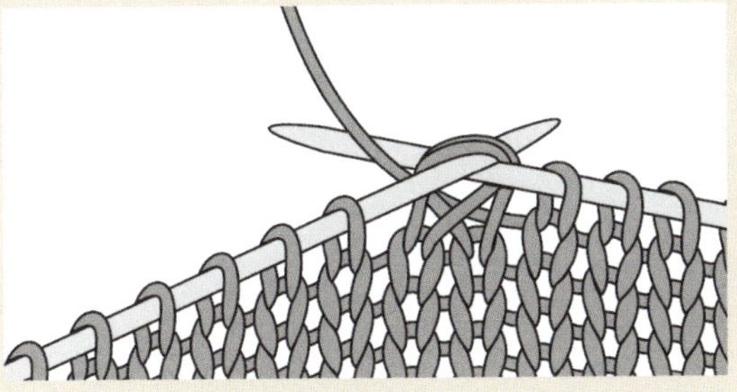

Der Faden liegt hinter der Arbeit. Mit der rechten Nadel von links nach rechts wie zum Rechtsstricken in die beiden Maschen zugleich einstechen.

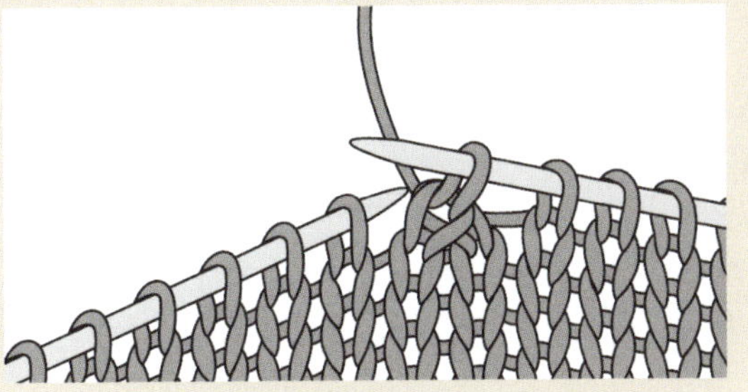

Den Faden holen und nach vorn durch beide Maschen ziehen. Die Maschen von der linken Nadel gleiten lassen. Die Abnahmemasche neigt sich im Maschenbild nach rechts.

2 Maschen überzogen rechts zusammenstricken (1 Überzug)

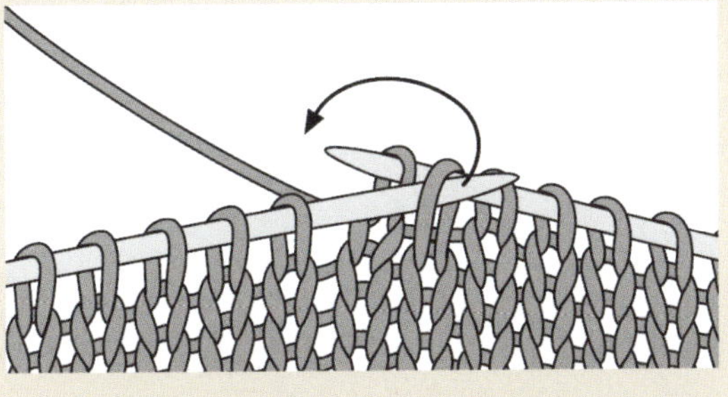

Zunächst eine Masche wie zum Rechtsstricken abheben. Die folgende Masche rechts stricken. Die abgehobene Masche über die gestrickte Masche ziehen.

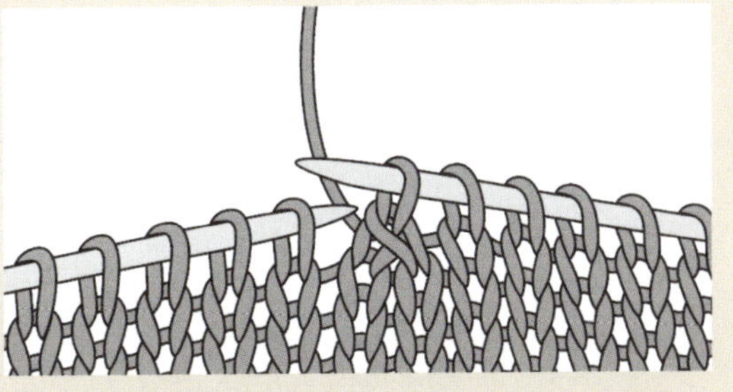

Die Abnahmemasche neigt sich im Maschenbild nach links.

3 Maschen mit aufliegender Mittelmasche rechts zusammenstricken

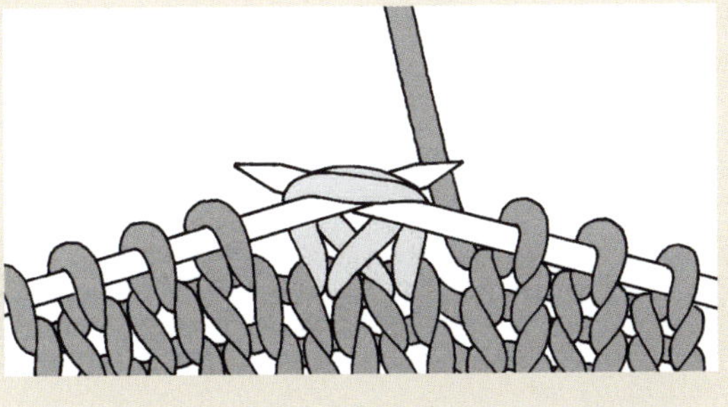

Zunächst zwei Maschen zusammen wie zum Rechtsstricken abheben.

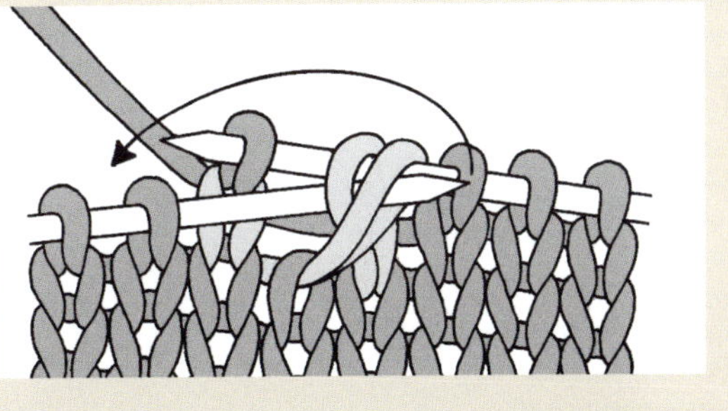

Die nächste Masche rechts stricken und die beiden abgehobenen Maschen über die gestrickte Masche ziehen. Die Abnahmemasche dieser doppelten Abnahme weist keine Neigung auf.

Maschenstich

Im Maschenstich lassen sich zwei Reihen offener Maschen so miteinander verbinden, dass sich die Naht als weitere rechte Maschenreihe ins Gestrickte einfügt. Eine solche Naht ist optisch kaum noch zu erkennen und bietet den Vorteil, dass keine überstehenden Nahtenden auf der Innenseite liegen.

Auf beiden Nadeln liegt dazu die gleiche Anzahl an Maschen. Gearbeitet wird mit einer stumpfen Wollnadel und einem Faden des Strickgarns, der etwa dreimal so lang ist wie die zu schließende Länge.

Die zu verbindenden Teile können sowohl auf zwei parallel gehaltenen Stricknadeln als auch flach auf dem Tisch liegend verbunden werden. Die Nadelspitzen zeigen beide nach rechts. Nach und nach werden die offenen Maschen der beiden Stricknadeln in Strickrichtung von rechts nach links verbunden.

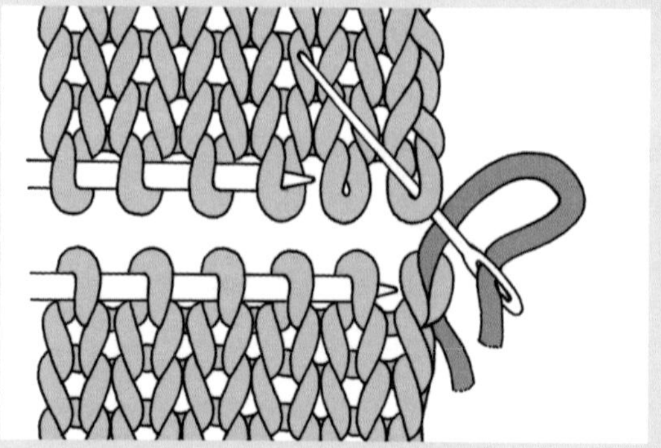

Beginn: von hinten nach vorne in die untere Randmasche, dann von hinten nach vorne in die obere Randmasche einstechen und den Faden bis auf ein letztes Fadenende zum Vernähen durchziehen.

*** In der unteren Reihe von vorne nach hinten in die Masche einstechen, die zuvor bereits einmal abgenäht wurde, dann von hinten nach vorne in die nächste Masche einstechen und den Faden durchziehen.

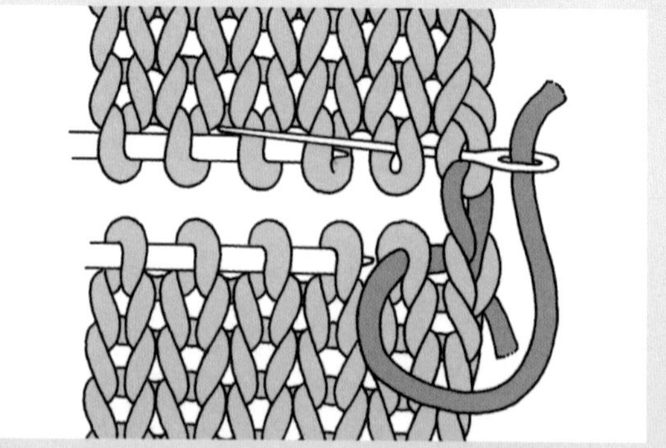

Dasselbe in der oberen Reihe wiederholen: von vorne nach hinten in die Masche einstechen, die zuvor bereits einmal abgenäht wurde, dann von hinten nach vorne in die nächste Masche einstechen und den Faden durchziehen.

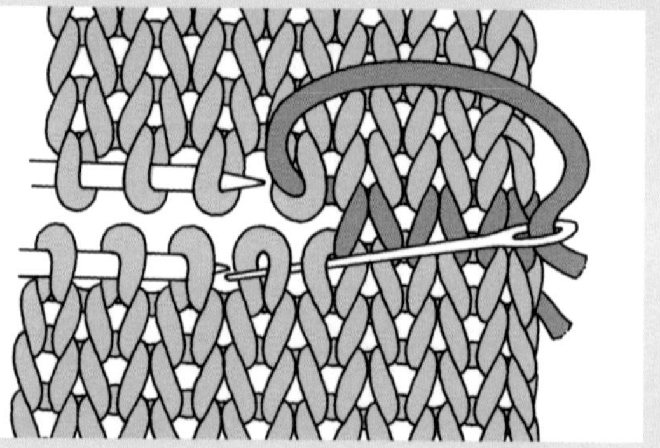

Die Arbeitsschritte ab *** fortlaufend wiederholen, dabei den Faden stets so fest anziehen, dass er sich genau ins Maschenbild einfügt. Auf diese Weise alle Maschen miteinander verbinden.

Schluss: noch einmal von vorne nach hinten in die untere Randmasche, dann von vorne nach hinten in die obere Randmasche einstechen, den Faden durchziehen und beide Fadenenden vernähen.

ABKÜRZUNGEN

Blendenm	Blendenmasche(n)
Doppelm	Doppelmasche(n)
M	Masche(n)
MM	Maschenmarkierer
Nahtrandm	Nahtrandmasche(n)
Randm	Randmasche(n)

1 MM setzen

Einen geschlossenen Maschenmarkierer auf die rechte Nadel hängen. Wird der Markierer beim Stricken wieder erreicht, wird dieser von der linken auf die rechte Nadel gehoben. Der Markierer wandert auf diese Weise von Reihe zu Reihe oder von Runde zu Runde mit und markiert in jeder Reihe/Runde dieselbe Stelle, z. B. Zu- oder Abnahmestellen oder Raglanlinien. Der Markierer wird dabei nicht eingestrickt und kann jederzeit wieder entfernt werden.

*** ..., ab * noch 3× wiederholen**

Die ab dem * beschriebenen Maschen noch 3-mal wiederholen.

[...] 4× arbeiten

Die Maschen innerhalb der eckigen Klammern insgesamt 4-mal stricken.

(siehe Seite xy)

Seitenverweise zu dem betreffenden Kapitel im Technikteil werden in runden Klammern angegeben.

DANKE!

Es war mir ein besonderes Vergnügen und eine Ehre, mit so luxuriösen Kaschmirgarnen arbeiten zu dürfen, die mir sehr großzügig zur Verfügung gestellt wurden. Dafür geht mein großer Dank an Lana Grossa, Langyarns und Schulana.

Bedanken möchte ich mich auch herzlich bei allen Strickerinnen, die trotz teils sehr sommerlicher Temperaturen und kurzfristigen Terminen tatkräftig mitgestrickt haben und meine Entwürfe so gut umgesetzt haben: Christine Dietz, Birgit Gack, Antje Gref, Ingrid Meyer.

Es hat mich sehr gefreut, dass ich dieses Mal auch bei der Fotoproduktion dabei sein konnte. Ich möchte mich bei dem gesamten Team für den wunderbaren, produktiven Tag bedanken: bei Nicolas Olonetzky für die stimmungsvollen Fotos, bei denen er das Licht so magisch eingefangen hat, bei Karin Gade für Hair & Make up, bei Arne Müller für die Unterstützung und natürlich bei unserem Model Sofiya, die den Strickmodellen ein wunderschönes Gesicht verliehen hat.

Mein Dank geht an Marcus Taeschner für die Art Direction und Gestaltung dieses Buches sowie an Helgrid van Impelen und den Christophorus Verlag, die mir dieses interessante Projekt anvertraut haben.

Last but not least möchte ich mich von Herzen bei Stephanie van der Linden bedanken, die mir als Projektleiterin und Lektorin wieder einmal mit viel Geduld und Empathie so uneingeschränkt zur Seite stand und immer ein offenes Ohr für alle Fragen hatte.

BILDER

Fotos der Strickmodelle von
Nicolas Olonetzky
www.olonetzky.com

Alle anderen Fotos und Illustrationen:

Seite 10–11: Claudia Laermann

Seite 12: Claudia Laermann privat

Seite 52: foto2rich/Shutterstock 300542936

Seite 53 links: tuvshu.thesolidstudio/ Shutterstock 1737600413

Seite 53 rechts: iTR Visuals/Shutterstock 2267549427

Seite 54: PV productions/Shutterstock 1171743784

Seite 55 links: Perfect Lazybones/Shutterstock 159529265

Seite 55 rechts: bart Ta/Shutterstock 1795286287

Seite 162–168: Christian-Verlag

Seite 171: Nicolas Olonetzky privat

ÜBER DEN FOTOGRAFEN

Nicolas Olonetzky – Eine Reise durch Kulturen

Nicolas Olonetzky, Sohn einer Französin und eines Ukrainers, wuchs in Zürich und den USA auf. Sein Interesse an Fotografie führte ihn zum Studium an der Fachhochschule in München, wo er auch seine berufliche Karriere startete. Vor etwa zehn Jahren zog er nach Hamburg, um dort seine Arbeit als Fotograf fortzusetzen. Seine Reisen führten ihn in die USA, Südafrika und viele andere Länder der Welt, wo er die Schönheit und Vielfalt der Menschen mit der Kamera festhielt. Sein Talent liegt darin, mit Menschen umzugehen, ihre Einzigartigkeit zu verstehen und gemeinsam mit ihnen berührende Geschichten zu erschaffen. Er lebt und arbeitet in Hamburg und setzt seine fotografische Reise vor allem in den Bereichen Werbung, Mode, Sport und Gesundheit fort.

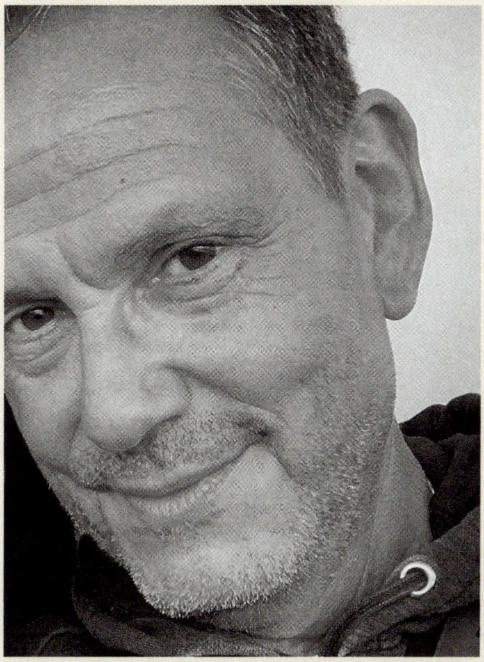

www.instagram.com/nicolasolonetzky
www.olonetzky.com

IMPRESSUM

Autorin: Claudia Laermann
Verantwortlich: Helgrid van Impelen
Lektorat und Projektmanagement:
Stephanie van der Linden
Korrektorat: Mareike Weber
Umschlaggestaltung: Mathias Frisch
Layout: Marcus Taeschner
Repro: LUDWIG:media
Herstellung: Julia Hegele
Printed in Poland by CGS Printing

★★★★★

Sind Sie mit diesem Titel zufrieden? Dann würden wir uns über Ihre Weiterempfehlung freuen. Erzählen Sie es im Freundeskreis, berichten Sie Ihrem Buchhändler oder bewerten Sie bei Onlinekauf. Und wenn Sie Kritik, Korrekturen, Aktualisierungen haben, freuen wir uns über Ihre Nachricht an: Christian Verlag,

Postfach 40 02 09, D-80702 München
oder per E-Mail an lektorat@verlagshaus.de.

Unser komplettes Programm finden Sie unter

www.christophorus-verlag.de

Wir danken den Firmen Lana Grossa www.lanagrossa.de, Langyarns www.langyarns.com und Schulana www.schulana.de, die uns die Garne zum Anfertigen der Modelle dieses Buch freundlich zur Verfügung stellten.

Die Deutsche Nationalbibliothek verzeichnet diese Publikation in der Deutschen Nationalbibliografie; detaillierte bibliografische Daten sind im Internet über http://dnb.d-nb.de abrufbar.

ISBN 978-3-8410-6759-3

Kreativ-Service

Sie haben Fragen zu den Büchern und Materialien? Wir beraten Sie gern rund um alle Kreativthemen. Rufen Sie uns einfach an! Wir interessieren uns auch für Ihre eigenen Ideen und Anregungen. Sie erreichen uns per E-Mail kreativ-service@c-verlag.de oder unter der Telefonnummer 0049-89-1306 99 577.

Besuchen Sie uns im Internet: **www.christophorus-verlag.de** & **www.selbstgemacht.de**

Ebenfalls erhältlich ...

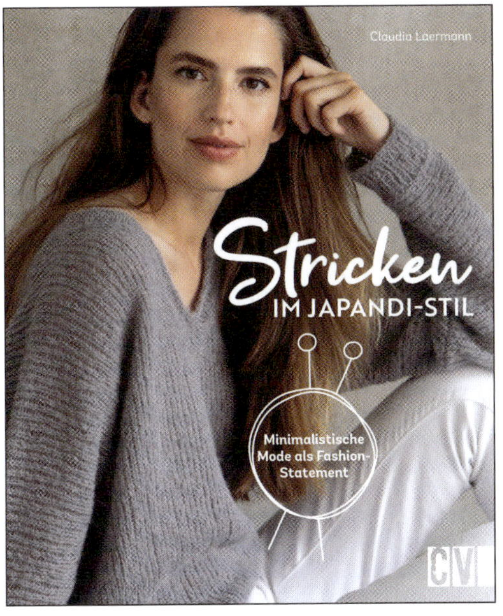

ISBN 978-3-8410-6679-4

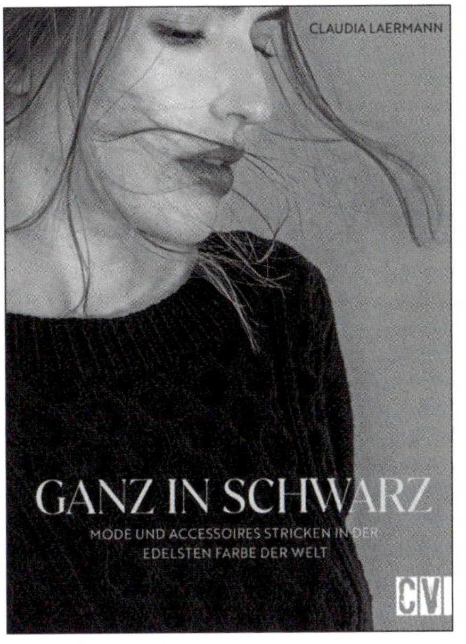

ISBN 978-3-8410-6758-6

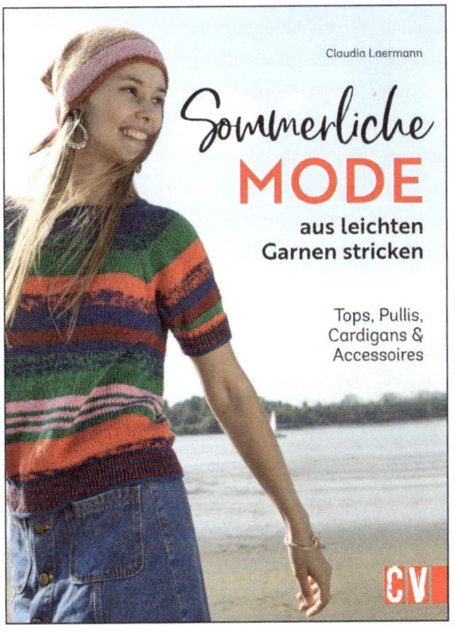

ISBN 978-3-8410-6709-8

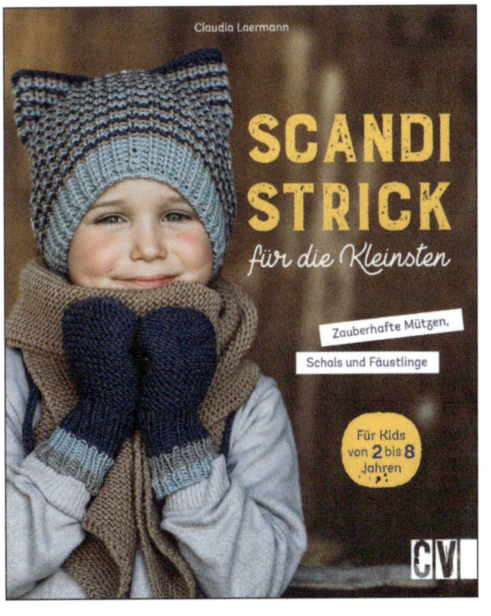

ISBN 978-3-8410-6674-9

www.christophorus-verlag.de

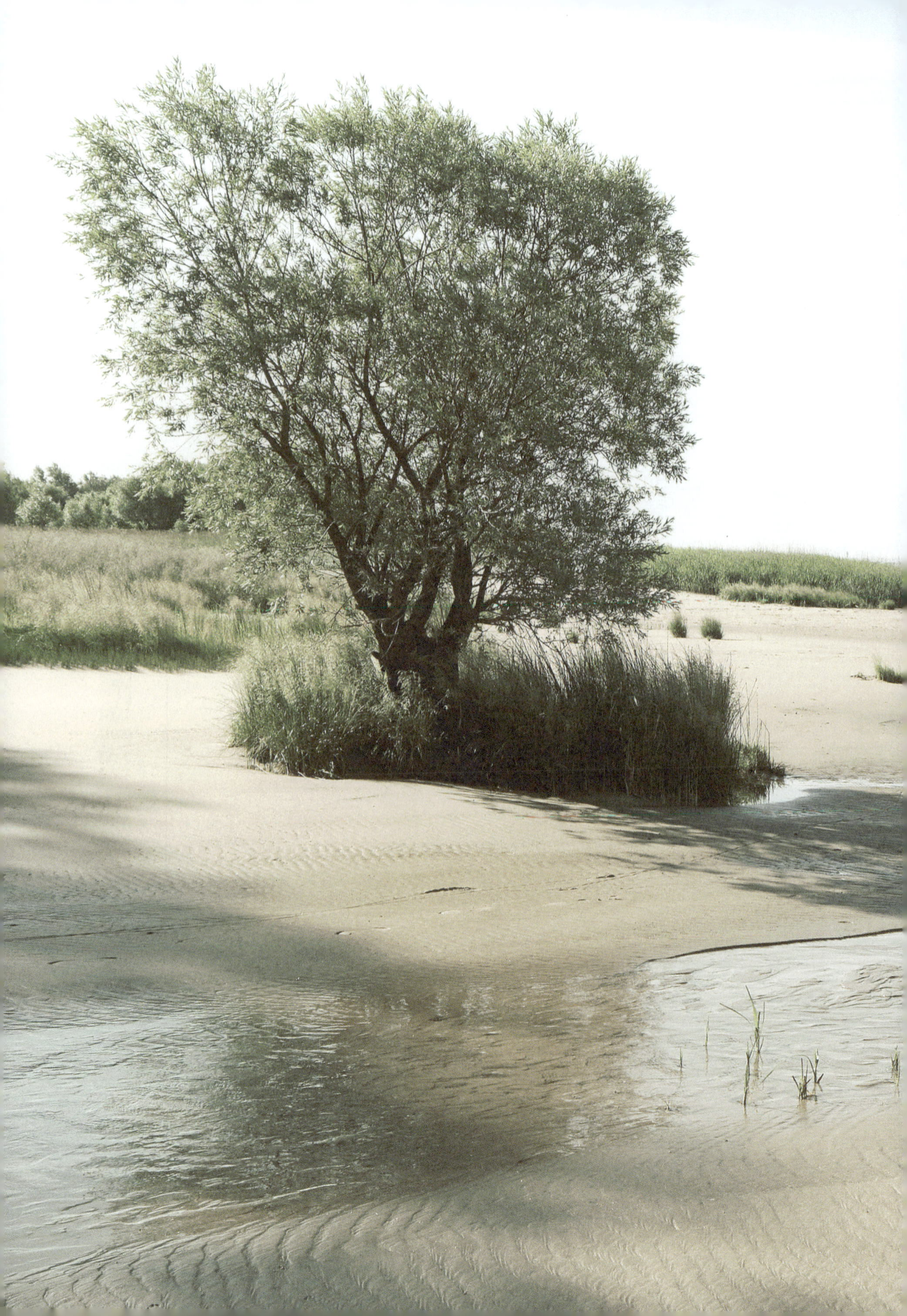